Bauwelt Fundamente 9

Herausgegeben von Ulrich Conrads
unter Mitarbeit von
Gerd Albers, Adolf Arndt,
Lucius Burckhardt, Werner Hebebrand,
Werner Kallmorgen, Hermann Mattern,
Julius Posener, Hans Scharoun,
Hansjörg Schneider

Jürgen Pahl

Die Stadt im Aufbruch der perspektivischen Welt

Versuch über einen neuen
Gestaltbegriff der Stadt

Ullstein Berlin Frankfurt/M Wien

VERLAG ULLSTEIN GMBH · BERLIN · FRANKFURT/M · WIEN
Umschlagentwurf von Helmut Lortz
© 1963 by Verlag Ullstein GmbH, Frankfurt/M—Berlin
Alle Rechte, auch das der photomechanischen Wiedergabe, vorbehalten
Printed in Germany, Berlin West 1963 · Gesamtherstellung Druckhaus Tempelhof

Inhalt

Grundlagen und Begriffe
Die Grundlagen 7
Begriffsdeutung 9
Zur Dynamik des Gestaltwandels 12

Die idealtypische Ausgangsstruktur
Zur Vorgeschichte 14
Die polare Spannung als Grundmotiv
mittelalterlicher Gestalt 16
Die Gestaltwirksamkeit ökonomisch-
politischer Kräfte 34
Die Gestaltwirksamkeit seelisch-geistiger
Kräfte 38

Der Gestaltwandel
Die gestaltwirkenden Kräfte 51
Die Entfaltung der räumlich-ästhetischen
Stadtbaukunst 63

    Die frühen Ansätze: Vor-Perspektive 63

    Die perspektivische Wandlung der Gesellschaft vom Frühkapitalismus zur Verstaatlichung des Bürgertums 79

    Die sektorierende Wirkung der Perspektive: Verherrlichung des Teiles vor der Ordnung des Ganzen 82

    Der Einbruch der Perspektive in die Stadt mittelalterlicher Prägung 83

    Stadtentwurf und Idealstadt 129

Die absolute Perspektive 136

Folgerungen 168

Literatur 174

Grundlagen und Begriffe

Die Grundlagen

> *»Was einer ersten groben Annäherung*
> *als bloße Sitte, Mode, Rezeption erscheinen möchte,*
> *in einem Hauptbeispiel etwa*
> *die bekannte Funktion der Baukunst als ›Gehäuse‹*
> *von Gesellschafts- und Staatsordnungen,*
> *ist in Wahrheit ›Repräsentation‹*
> *— nicht bloß von Macht und Reichtum,*
> *wie gewöhnlich angenommen wird,*
> *sondern innerster Wesenszüge dieser Ordnungen.«*[1]

Diese Bemerkung des Soziologen Karl Brinkmann führt sogleich auf das eigentliche, größere Thema, das hinter oder über dem hier gewählten steht und aus dem hier nur ein Ausschnitt angesprochen werden soll, auf die strukturellen Wechselwirkungen von Stadt und Gesellschaft, von baulicher und sozialer Gestalt der Stadt und auf die Geschichte dieser strukturellen Wechselwirkungen.

Das Problem unserer heutigen Stadt, das in seiner entscheidenden Bedeutung für die Zukunft unserer Kultur auch durch die gleißendste äußere Prosperität nicht gemindert, eher verschärft wird, ist ein alle menschlichen Bereiche umspannendes Gestalt-Problem. Es gibt keinen Zweifel daran, daß die Stadt Entfaltungs- und Pflegestätte jeglicher Hochkultur war und ist.[2] Es gibt aber auch ebensowenig Zweifel daran, daß unsere heutige Stadt nicht »in Ordnung« ist. Sie ist dem Menschen quantitativ entwachsen unter ständigem Verlust an Qualität und also »unmenschlich« geworden — ähnlich der Technik, die der Mensch sich schuf, um sie sich dienstbar zu machen, und die heute oft im Begriff scheint, sich den Menschen dienstbar zu machen. Die Stadt ist gestaltlos geworden. Formen und Wesenheiten, Funktionen und Bedeutungen gehen vielfach ihre eigenen getrennten Wege des Zufalls oder der Willkür. Die Stadt ist dem Menschen, der täglich in ihr lebt, als Ganzes nicht mehr bewußt, wie es auch die Technik nicht mehr ist, mit der er täglich umgeht. Die Problematik der Stadt ist die Problematik des modernen Menschen: Sie lösen wollen, verlangt, geistig-seelisch das zu bewältigen, zu gestalten, was die weit vorausgeeilte Ratio materiell entstehen ließ, bedeutet Bewußtmachen des Gewußten.

Das aber ist nicht erreichbar durch das Operieren an Symptomen, nicht durch die von speziellen Zweckmäßigkeiten bestimmte Lösung technischer Einzelfragen und

---

[1] Karl Brinkmann: »Die soziologische Dimension der Fachwissenschaften« in »Soziologie und Leben«, Tübingen 1952, S. 18.
[2] Vgl. bei Alexander Rüstow: »Ortsbestimmung der Gegenwart«, Bd. 1, Erlenbach-Zürich 1950, S. 251 ff. und 260 ff.

auch niemals im Streit über ästhetische Vorstellungen. Notwendig – in des Wortes buchstäblicher Bedeutung – ist vor allem die Verwirklichung und Gestaltung der vielfältigen geistigen Zusammenhänge in ihrer geschichtlichen Ganzheitlichkeit.[1] Diese Zusammenhänge umfassen alle geschichtlichen Vorgänge, die politischen wie die sozialen, die Geschichte der Arbeits- und Produktionstechniken wie des Handels und des Verkehrs, der Wirtschaft und des Rechtes, der Religion und der Philosophie, der Künste und ihrer Ausdrucksweisen. Die Gestalt der Stadt als »Repräsentation innerster Wesenszüge von Gesellschafts- und Staatsordnungen« kann und konnte zu jeder Zeit sich nur vollziehen in innerer Übereinstimmung mit dem jeweiligen Strukturbild dieser Zusammenhänge. Die vielfältige Auffächerung unserer heutigen Lebenswirklichkeit aber entzieht diese Übereinstimmung dem alleinigen Wirken der schöpferischen Intuition und setzt vor diese die Bemühung des Zusammendenkens aller Teile. Die geschichtliche Wahrheit der vielgestaltigen Zusammenhänge strukturell bewußt zu machen, zu gegenwärtigen, ist im buchstäblichen Sinne grundlegende Aufgabe. Ihr möchte im folgenden in bescheidenem Maße gedient sein.
Das Verhältnis der baulichen Gestalt zur sozialen Gestalt ist ein Verhältnis der Ebenbildlichkeit. Indem aber der Geist baulicher Gestalt auf die Gesellschaft, deren Wesen in dieser Gestalt sichtbar geworden ist, zurückwirkt, besteht eine Wechselwirkung zwischen baulicher und sozialer Gestalt. Solange eine Gesellschaft sich auf den Höhepunkt ihrer Kulturfähigkeit zubewegt, wirken die baulichen Ebenbilder, in denen sie sich selbst darstellt, bewußtmachend auf sie zurück. Ist der Höhepunkt überschritten, so befördern sie in ähnlichem Maße die Bewußtseinsentleerung, den Schwund an Kultur und Gestalt. (Auf diesen Begriff der »Gestalt«, der in unseren Überlegungen eine zentrale Stellung einnimmt, kommen wir noch ausführlicher zurück.)
Die Wechselwirkung zwischen baulicher und sozialer Gestalt ist vielfach strukturiert. Sie besteht nicht nur in den großen geschichtlichen Abläufen, sondern auch bis in kleine und kleinste Zusammenhänge hinein. Sie ist so bereits Gegenstand der Sozialwissenschaften geworden.
»Die Wechselwirkungen zwischen ›Raum‹ und sozialer Lebensform (›sozialer Raum‹) weisen zwei Richtungen auf:
1. Die von den Menschen auf den Raum ausgehenden Wirkungen (der Mensch als Gestalter des Raumes) und
2. die vom Raum auf den Menschen sozial integrierend oder desintegrierend wirkenden Faktoren (Raumdeterminiertheit der Lebensform). Im Sinne einer solchen Raumtheorie sozialer Lebensform kann man Zimmer, Haus, Hof, Dorf, Stadt usw. als Phänomen der Ausstrahlung menschlichen Lebens im Raum begreifen.«[2]
Verstehen wir aus diesen Sätzen Friedrich Bülows die »soziale Lebensform« in einem weiten Sinne: Als das durch die Eigenart des Lebensraumes, durch den

---

[1] »Ganzheitlich« nennen wir ein Geschehen, dessen Einzelheiten in überwiegendem oder doch wesentlichem Maße vom Ganzen her mitbestimmt werden. Siehe dazu im »Wörterbuch der Soziologie«, hrsg. v. Fr. Bülow und W. Bernsdorf, Stuttgart 1955 (Stichwort).

[2] Fr. Bülow in »Wörterbuch der Soziologie«, Abschnitt »Raum und Zeit«.

Bewußtseinsgrad und durch die politischen, wirtschaftlichen, technischen, geistigen und religiösen Neigungen einer bestimmten Gesellschaft bedingte Wesen des menschlichen Miteinander. Ein In- und Aneinanderwirken verschiedenartiger Kräfte, aus dem sich geschichtliche Gestaltungen vollziehen.
Wir wollen die Wechselwirkungen zwischen sozialer und baulicher Gestalt darlegen. Die Wechselwirkungen zwischen dem (Selbst-)Bewußtsein der Gesellschaft und seiner ebenbildlichen Darstellung in der Stadtgestalt, am Beispiel des Strukturwandels vom »Mittelalter« zur »Neuzeit«, des Aufbruchs der perspektivischen Welt. Wir stützen uns dabei im Grundsätzlichen auf einige Denkleistungen, die in neuester Zeit von verschiedenen Wissenschaftsgebieten her »auf das Ganze gehen«, ein ganzheitliches Denken und damit eine »integrale«[1] Bewußtseinsanreicherung deutlich zu befördern scheinen. Diese Studie muß ihrem Rahmen gemäß auf eine erschöpfende Darstellung verzichten. Sie wird sich auf die Zeichnung des Idealtypischen beschränken. Sie wird das auch dürfen, da es ihr nicht um eine historische Abhandlung im Sinne einer Aufzählung von Fakten getan ist, sondern vielmehr um die Darstellung eines Denkmodells im Aspekt der Stadtgestalt, dessen Anwendbarkeit auf die Problematik der heutigen und der zukünftigen Stadt zu prüfen sein wird.

Begriffsdeutung

Da der Sprachgebrauch häufig ein und demselben Wort mehrfache und oft sehr unterschiedliche Sinninhalte zuweist, ist es notwendig, zunächst einige, das innere Gerüst der Studie weitgehend bestimmende Hauptbegriffe zu präzisieren und den ihnen im folgenden unterlegten Sinninhalt abzugrenzen.
Gewissermaßen eine vertikale, das heißt ihren gesamten Verlauf ex origine mitbestimmende, Struktur der Menschheitsgeschichte ist die Entfaltung des menschlichen B e w u ß t s e i n s[2]. Sie ist kein einheitlicher, kein kontinuierlicher Vorgang. Während in den Entfaltungsperioden der Gesellschaftskörper[3] eine qualitative und

---

[1] Diese Anwendung des Begriffes geht auf Gebser zurück (siehe in »Ursprung und Gegenwart«, Bd. 1, S. 171 ff.). Außer Gebsers zweibändigem Hauptwerk sind unter den zugrunde gelegten Arbeiten vor allem zu nennen: Alfred Weber: »Kulturgeschichte als Kultursoziologie«, München 1950; Karl Jaspers: »Vom Ursprung und Ziel der Geschichte«, 2. Auflage, München und Zürich 1952; Alexander Rüstow: »Ortsbestimmung der Gegenwart«, Band 1 bis 3, Erlenbach-Zürich 1950/1952/1957; schließlich Hugo Härings Aufsatz »Über das Geheimnis der Gestalt« in »Anmerkungen zur Zeit«, hrsg. von der Akademie der Künste Berlin, Heft 3, 1957.
[2] Gebser bezeichnet die Entfaltung des menschlichen Bewußtseins als »das Grundthema aller menschlichen Bemühung« (a. a. O., Bd. 1, S. 64).
[3] So bezeichnet Toynbee auch seine »Sinneinheiten der Geschichte« (Arnold J. Toynbee: »Der Gang der Weltgeschichte«, Zürich/Wien, 2. Auflage 1949). A. Weber und Jaspers sprechen von »Geschichtskörpern«. Siehe hierzu bei Alfred Weber a. a. O., S. 25 ff.

quantitative Anreicherung des jeweiligen Ausgangsbewußtseins erfolgt, tritt in den Verfalls- oder Defizienzperioden[1] eine relative Abnahme der Bewußtheit und Zunahme mechanistischer Kultur-Verrichtung ein. Je mehr Gesellschaftskörper allerdings im Eltern-Kind-Verhältnis (Toynbee) aufeinander folgen, um so stärker ist in jeder neuen Effizienzperiode die absolute Bewußtseinsanreicherung, da ja jeweils die folgende Hochkultur von den voraufgegangenen mitkonstituiert wird.[2]
Jede Anreicherung des Bewußtseins nun, jede Vertiefung des Menschen in der Betrachtung seiner selbst und seines Verhältnisses zu der Welt, in der er lebt, manifestiert sich vor allem darin, daß neue Wesenheiten erschaffen werden (quantitative Anreicherung) beziehungsweise bereits gewußte, bereits be - wußte Wesenheiten mit neuen Bewußtseinsinhalten erfüllt, also um - geschaffen werden (qualitative Anreicherung).
Ein Beispiel: Das »Theater«. Im Zenit des hellenischen Gesellschaftskörpers von den Griechen geschaffen als Möglichkeit — oder Notwendigkeit! —, ihrem Bedürfnis nach Aussage des Mythos Spielraum zu geben, ihre Bewußtseinsanreicherung ebenbildlich darzustellen. Welche Wandlungen hat die ursprüngliche Wesenheit »Theater« seitdem mit den Wandlungen des gesellschaftlichen und kulturellen Geschehens bis in unsere Zeit erfahren — in ihren Bewußtseinsinhalten und, entsprechend, in ihren baulichen Gestaltungen!
Wesenheiten erweisen sich uns in unendlicher Zahl in der Natur. Die Schöpfung selber hat sie allenthalben zur Gestalt vollzogen. Da aber der Mensch zu ebenbildlichem Schaffen berufen ist, da ihm das von der Schöpfung selbst als Ziel gesetzt wurde, ist auch er, wo er sich auf diesen Auftrag besinnt, zur Erschaffung von Wesenheiten und zu ihrem Vollzug in der Gestalt befähigt.
Wesenheit ist gleichsam die geistige Substanz der Gestalt. Denn diese nehmen wir wahr als die schöpferische Vereinigung von Wesenheit und Form.
»Die Gestalt ist das Thema der Schöpfung ... Die Gestalt ist im Werke der Schöpfung der Ursprung alles Erschaffenen. Im Werk des Menschen ist sie das noch zu Erschaffende, das noch zu Verwirklichende. Seine Themen wirft das bereits Erschaffene auf. Im schöpferischen Werken erst vollendet der Mensch seine eigene Gestalt. Es ist sein Weg zur Ebenbildlichkeit. (Vielleicht hat auch schon im Werk der Schöpfung das jeweils Erschaffene die Themen für das noch zu Erschaffende aufgeworfen und auf diese Weise den Weg des Menschen zu seiner Gestalt angelegt.)«[3]
»Gestalt« ist also nicht äußerlicher Umriß. Sie ist etwas qualitativ anderes als »Form«. Nehmen wir als »Form« mit Romano Guardini alles, was »sinnenhaft aufgefaßt werden kann«, so ist in der Wahrnehmung der »Gestalt« die sinnenhafte

---

[1] Auf eine knappe Formel gebracht: Die Hochkulturen entfalten sich, auf bestimmte Herausforderungen antwortend, in einer aktiven, dynamischen, produktiven Aufstiegsperiode (»Effizienzperiode«) bis zu ihrem Zenit, der durch die höchsten, die schlechthin »klassischen« Leistungen dieser Kultur gekennzeichnet ist. Mit dem Erreichen des Kulminationspunktes beginnt die Passivität, die statische, konsumptive Abstiegsperiode (Defizienzperiode) bis zur Auflösung.

[2] Siehe hierzu bei Alfred Weber a. a. O., S. 25 ff.

[3] Hugo Häring: »Über das Geheimnis der Gestalt«, a. a. O., S. 41.

Aufnahme der Form verbunden mit der geistigen Aufnahme der Wesenheit. »Gestalt« ist also stets Vereinigung von Qualität und Quantität, von Geistigem und Materiellem zu einer Ganzheit. Gestalten ist ein Wesenheit und Form integrierendes Tun.
Ein solcher Gestaltbegriff bleibt aber naturgemäß nicht auf die Sphäre des Künstlerischen beschränkt. Es scheint vielmehr, als werde er tatsächlich zu einer Grundkategorie innerhalb eines neuen Bewußtseins, das sich wahrscheinlich in unserer Epoche anbahnt. Darauf läßt jedenfalls seine Einführung in sehr verschiedene Wissenschaftsgebiete schließen,[1] auch in die der exakten Naturwissenschaften. In unserem engeren Zusammenhang schreibt Hans Scharoun, der die Anstrengungen zur Gestalt hin im »Gestaltanliegen« zusammenfaßt:
»Das Gestaltanliegen ... zielt auf die wesenheitlich-geistige Lösung der jeweiligen Aufgabe. Es bedarf der Beachtung der Zusammenhänge und bezieht sich daher ebenso auf die Gestalt der politischen Gesellschaft wie auf die einer Stadt oder eines Bauwerkes.«[2]
Und dieser Gestaltbegriff soll uns als Schlüssel dienen zu jenem Zusammendenken, das wir als Grundlage und Voraussetzung für jede ernsthafte Beschäftigung mit dem Problem »Stadt« erkannt haben.
Aus dieser Definition des Gestaltbegriffes auch wird im folgenden das Wort »Baugestalt« verwendet, da das Wort »Architektur« zu sehr auf das Formale bezogen und daher mißverstanden werden könnte. Im gleichen Sinne wird der Begriff »Stadtgestalt« gebraucht. In dieser Bezeichnung ist bereits angedeutet, daß »Stadtgestalt« als Steigerung von »Baugestalt« wahrgenommen wird, und zwar — wie nach dem erläuterten Gestaltbegriff nicht anders denkbar — als quantitative und qualitative Steigerung. Ist »Baugestalt« die Verwirklichung einer Wesenheit »Wohnung«, »Theater«, »Schule«, »Rathaus« oder jedweder anderen, so ist »Stadtgestalt« die Verwirklichung nicht nur einer quantitativen Vielheit solcher Einzelwesenheiten, sondern wesentlich die Verwirklichung der mannigfachen Beziehungen und Verknüpfungen dieser Einzelwesenheiten untereinander, die Verwirklichung der Funktionen dieser Einzelwesenheiten innerhalb eines vielschichtigen Beziehungsnetzes, in Entsprechung zum jeweiligen Strukturbild der Gesellschaft.
Eine Definition des Begriffes »Gesellschaft« kann hier nicht versucht werden, zumal dieser Zentralbegriff der Sozialwissenschaften in diesen selbst noch zu keiner eindeutigen Klärung hat kommen können.[3] Ähnlich verhält es sich mit unserem Zentralbegriff »Stadt«. Begnügen wir uns hier damit, zu betonen, daß beides nicht Zustand, sondern Geschehen ist, aus dem sich jeweils nur »Momentaufnahmen«

---

[1] Gestaltpsychologie, Gestaltbiologie, Gestaltphilosophie, Gestaltmathematik usw. (Siehe hierzu Jean Gebser in »Abendländische Wandlungen«, Lizenzausgabe b. Ullstein, S. 99 und 128 ff.)
[2] Hans Scharoun: »Struktur in Raum und Zeit« in »Handwörterbuch moderner Architektur«, Berlin 1957.
[3] Man vergleiche z. B. Th. Geiger: »Gesellschaft« in »Handwörterbuch der Soziologie«, F. Tönnies: »Gemeinschaft und Gesellschaft« im gleichen Sammelwerk, A. Vierkandt: »Kleine Gesellschaftslehre«, L. v. Wiese: »Beziehungssoziologie« sowie A. Rüstow: »Ortsbestimmung der Gegenwart«.

fixieren lassen. Und zwar beides Gestaltgeschehen in gegenseitiger Wechselwirkung — bauliches Gestaltgeschehen das eine, soziales Gestaltgeschehen das andere.[1]
Zu den Begriffen »Mittelalter« und »Neuzeit« schließlich sei angemerkt, daß wir sie nicht als einen primär zeitlich determinierten Abschnitt der Geschichte vorstellen dürfen, sondern sie wahrnehmen müssen als bestimmte geschichtliche Strukturverläufe und deren politische, wirtschaftliche, soziale, kulturelle Gestaltung. Es sind also ebenfalls nicht Zustände, sondern Vorgänge, beides ist nicht Statik, sondern Dynamik — Geschehen ohne deutlich bestimmbaren Beginn und ohne deutlich bestimmbares Ende. Von dieser Dynamik wird noch ausführlicher die Rede sein.
Den Titelbegriff des »Perspektivischen« wollen wir im Verlauf unserer Überlegungen zu zeichnen versuchen. Es erscheint uns darum als unzweckmäßig, an dieser Stelle eine Kurzdefinition vorwegzunehmen.

Zur Dynamik des Gestaltwandels

Die Entfaltung und das Vergehen der Kulturen seit dem Beginn der Geschichte sind niemals vom Zufall abhängig gewesen. Ebensowenig aber läßt sich dieser Rhythmus in ein Schema kausaler Abhängigkeiten zwängen. Das Werden einer neuen Kultur, ihre Entfaltung bis zu einem Höhepunkt, ihre Auflösung — manchmal von Regenerationen mit neuen Blütezeiten unterbrochen — bis zum endgültigen Untergang, das alles ereignete und ereignet sich stets durch das gleichräumige Zusammentreffen zahlreicher verschiedener Voraussetzungen und Kräfte, die in ihrem An- und Ineinanderwirken geeignet sind, insgesamt das Neue zu vollbringen.
Prinzipiell in gleicher Weise wie beim Werden und Vergehen der großen Kulturen und der sie tragenden »Gesellschaftskörper« oder »Geschichtskörper« verhält es sich mit dem Werden und Vergehen der einzelnen Stufen innerhalb der Hochkulturen. Gleichsam in verkleinertem Maßstab erleben wir bei ihrer kultursoziologischen Betrachtung — bei einer Betrachtungsweise also, die primär den inneren Strukturen nachgeht, erst sekundär den äußeren Abläufen — das In- und Aneinanderwirken der das Neue wesentlich begründenden Kräfte, in ständiger Auseinandersetzung mit dem Wesen der vergehenden Epoche. Hier lassen sich strukturelle Gesetzmäßigkeiten nachweisen — Alfred Weber und Toynbee tun dies —, die gewisse grundsätzliche Analogien zwischen entsprechenden kulturgeschichtlichen Vorgängen in verschiedenen Hochkulturen erkennbar machen. Die Begriffe »Früh-

[1] Nach der Gesellschaftstheorie A. Rüstows entstehen »Gesellschaft« und »Stadt« gleichzeitig, beide mit dem Beginn der »Geschichte«, also mit dem Übergang von der genossenschaftlichen zur herrschaftlichen Sozialform mit dem durch Überlagerung und Überschichtung bewirkten arbeitsteiligen System. (A. Rüstow: A. a. O., Bd. 1, erstes Kapitel: »Die Entstehung der Hochkulturen«.)

zeit«, »Mittelalter«, »Neuzeit« sind darum auch nicht etwa auf unseren christlich-abendländischen Kreis beschränkt, sondern ebenso für vergleichbare Entfaltungsstufen anderer Hochkulturen anwendbar. In jedem Falle aber haben diese Phasen keine exakte äußere Abgrenzung, sind beispielsweise das Ende eines Mittelalters und der Beginn einer Neuzeit nicht exakt an bestimmten äußeren Ereignissen ablesbar. Eine Abgrenzung ist nur über größere Strecken und nur strukturell möglich. Es bleibt uns, an bestimmten symptomatischen Ereignissen gleichsam Markierungen für den sich vollziehenden Wandel zu setzen. Das Wesen der Veränderungen liegt jedoch niemals in den äußeren Geschehnissen, sondern in den inneren Wirksamkeiten, in dem im Vergangenen und Vergehenden wurzelnden und in die Zukunft bereits hineinwirkenden strukturellen Geschehen.

Auch der Wandel, der das Thema unserer Studie ist, unterliegt dieser Bedingung. In keinem geschichtlichen Teilaspekt — weder im politischen noch im wirtschaftlichen oder sozialen, noch im kunstgeschichtlichen oder irgendeinem anderen ist ein Ende des abendländischen Mittelalters und ein Beginn der Neuzeit zu definieren. »Alles fließt«, und die Strömungen des Flusses sind mannigfach verschieden in ihrem Wesen und in ihrer Heftigkeit. Die Wesenheiten und die Gestaltungen, die gleichsam »zwischen« Mittelalter und Neuzeit hervorgebracht werden, durch mehrere Generationen hindurch, sind überaus vielfältig. Dennoch ist im ganzen jene strukturelle Gesetzmäßigkeit deutlich, die den Dingen Lauf und Richtung gibt, sie »im innersten zusammenhält«.

Es gibt also keine Stagnation im Typischen. Denn zur gleichen Zeit und möglicherweise am gleichen Ort, da man etwa dem idealtypischen mittelalterlichen Ausdruck besonders nahegekommen ist — sei es in den Bildenden Künsten, in der Baukunst, sei es in der Philosophie oder in der sozialen Ordnung oder wo immer —, da geschieht »nebenan« etwas, was dieser Idealtypik im wesentlichen widerspricht und bereits deutlich die Zeichen einer neuen, anderen Lebensorientierung trägt. Oder umgekehrt: Wo hier die Evolution bereits idealtypisch vollzogen scheint, geschieht dort etwas, das seinem Wesen nach durchaus »ins tiefe Mittelalter« gehört.

Wenn wir uns also die Frage nach einer »Ausgangsstruktur« für den uns hier beschäftigenden Gestaltwandel stellen — was zur Darstellung dieses Gestaltwandels unerläßlich ist —, so müssen wir uns darüber klar sein, daß es eine solche nur als idealtypische Fiktion geben kann. Wir wollen und müssen uns an eine solche halten, jedoch nicht im retrospektiven Sinne, indem wir von unserem »Standpunkt« aus perspektivisch zurückblicken, sondern indem wir versuchen, der idealtypischen Struktur aus ihrer Zeit und ihren Wurzeln heraus nachzuspüren. Wir wollen uns bemühen, dabei einer heute weitverbreiteten neuromantischen Versuchung zu widerstehen: das Mittelalter retrospektiv zu idealisieren und als Vorbild sozialer und (städte-)baulicher Ordnung schlechthin darzustellen. Es ist uns ja nicht darum zu tun, unserer verwahrlosten Struktur das Beispiel einer »besseren« Epoche gegenüberzustellen, sondern vielmehr darum, gleichsam »von unten her« einem Strukturverlauf nachzugehen, der auf unsere Gegenwart hinführt, und damit zur Klärung und zum Bewußtwerden der Gegenwartssituation beizutragen.

Die idealtypische Ausgangsstruktur

Zur Vorgeschichte

Die nach unserer derzeitigen Kenntnis ältesten Siedlungsgebilde, die ihrer sozialen Struktur nach mit dem Begriff »Stadt« belegt werden können, standen, seit dem Ausgang des 4. Jahrtausends v. Chr. etwa, an Euphrat und Tigris. Im Zweistromland begann demnach die Geschichte unserer »Stadt«. In den Tempel- und Priesterstädten der Sumerer finden wir erstmalig auf herrschaftlichem Prinzip aufgebaute, von einer streng hierarchisch gestuften und arbeitsteilig wirtschaftenden Gesellschaft bewohnte Siedlungen.[1] Die Geschichte der »Stadt« — nach dem Rüstow-Konzept eine seit Jahrtausenden wechselvolle Geschichte der Tendenz aus dem »Sündenfall« der herrschaftsbegründenden Überlagerung in eine neue Freiheitlichkeit — entfaltet sich von diesen frühesten Stadtstaaten im Lande Sumer über die Residenzstädte Babyloniens und Assyriens (also von einer Oligarchie der Priester — über das Priesterkönigtum — zu einer ersten absolutistischen Herrschaftsform), vereinigt sich mit anderen Zweigen vom Ägyptischen und vom Kretisch-Minoischen her und mündet schließlich in einer Hochkultur der nächsten Stufe in die griechische Polis.

Träger der urbanen Kultur waren im Sumerischen die von der Gottheit gegründeten und in ihrem Auftrag durch eine streng organisierte Priesterschaft verwalteten Tempelstädte. Ihre Tempel stellten baulich wie auch im sozialen Gefüge das vorherrschende, ja einzige Ordnungsprinzip dar. In Babylonien und Assyrien waren es die von den absolut über eine noch gänzlich im Magischen gebundene Gesellschaft regierenden Fürsten gebauten und von deren Hofhaltung geprägten Residenzstädte und jetzt, im griechischen Bereich, die aus dem oikos hervorgegangenen, also aristokratisch geprägten Stadtgebilde. Aus dem oikos, der Zusammenhausung von Familien und Sippen der herrschenden Oberschicht zur Rationalisierung des Wirtschafts- und Verteidigungswesens, wurde die »polis«. Eine erste Form der Bürgerstadt, in der nun außer den aristokratischen Familien auch weitere Kreise einer gehobenen Mittelschicht an der wirtschaftlichen und politischen Macht Anteil hatten, die kulturelle Entfaltung mitbestimmten und die Gestalt der Stadt mitprägten. Zeugnisse dieser griechischen Urbanität sind uns zahlreich überliefert und haben

---

[1] Zur ausführlichen Unterrichtung: A. Falkenstein: »La Cité-Temple Sumerienne« in »Cahier d'histoire mondiale«, S. 784 ff., sowie Scharff/Moortgat: »Ägypten und Vorderasien im Altertum« in »Weltgeschichte in Einzeldarstellungen«, München 1950.

in vielfältiger Darstellung ihren Niederschlag gefunden.[1] Diese Urbanität schwand mit dem Niedergang der hellenischen Kultur dahin — um in der römischen Epoche noch einmal eine neue, unter anderen ethnischen wie politischen und wirtschaftlichen Voraussetzungen freilich, abgewandelte Auflage zu erleben, die noch einmal zu einer echten eigenständigen Blüte führte, als das Selbstbewußtsein des römischen Bürgers (»Cives Romanus sum!«) zu kraftvoller Höhe gelangt war. Mit der auch hier folgenden Strukturwandlung vom republikanischen zum absolutistisch monarchischen Prinzip und mit der in absolutistischer Spätzeit immer rascher fortschreitenden Bewußtseinsentleerung erfüllte sich auch das Schicksal dieser römischen Stadtkultur: Hypertrophische Ausdehnung, quantitative Maßlosigkeit ging in eins mit qualitativer Entleerung, Auflösung von Haltung und Ordnung, Trennung von Wesenheit und Form, Verlust an Gestalt. Das alles wiederum entsprach der sozialen Desintegration, der Proletarisierung der Stadtbevölkerung und der Feudalisierung der herrschenden Schichten.

Eine Auswirkung dieser allgemein staatlichen, sozialen und wirtschaftlichen Desintegration und des kulturellen Auflösungsprozesses ist die rasche Minderung des städtischen Elementes, der Schwund an Urbanität in der kulturellen Physiognomie dieser Zeit und der folgenden Übergangsperiode, eine allgemeine Reagrarisierung der Wirtschafts- und Gesellschaftsstruktur, eine oft völlige, zumindest aber partielle Verödung der in der römischen Klassik einst blühenden Städte. Dieser Prozeß wurde nun auch durch die ebenfalls sich verändernden ethnischen Verhältnisse wesentlich gefördert: durch die wechselnden Überlagerungen des früheren römischen Reichsgebietes in Europa durch germanische Stämme im Zuge der sogenannten Völkerwanderung.

Der Tiefpunkt dieser degenerativen Periode war etwa mit dem Ende des 8. Jahrhunderts überschritten. Die Konstituierung des »Heiligen Römischen Reiches Deutscher Nation« war ein Ereignis, das man als eine Markierung zwischen den Wirren der Frühzeit und der beginnenden Ordnung des Mittelalters wohl setzen darf. Denn dieser geschichtliche Vorgang brachte mit der nun wieder einsetzenden, wenn auch mancherlei Schwankungen unterworfenen politischen Konsolidierung, mit der »translatio imperii ad ecclesiam«, eine neue religiöse und soziale Integration — eine äußere Form, an der ein neues, das »abendländische« Kulturbewußtsein sich gestalten konnte. Diese allgemeine Reintegration führte alsbald zu einer neuen Reurbanisierung, zur Wiederentfaltung urbaner Kultur, die nun einerseits zwar tief in der Antike wurzelt, andererseits jedoch aus eigenen Wesenheiten und eigenen Formen ihre eigene Gestalt bildet: die mittelalterliche Stadt.

Die neuen urbanen Bildungen wurden — wie immer sie Ursprung und Weg nahmen, ob aus geschrumpften alten Städten heraus, ob aus Dörfern in günstiger Lage oder ob als völlig neue Gründungen — geprägt aus einem das Mittelalter in seiner

---

[1] Siehe u. a.: A. Rüstow a. a. O. Bd. I und II, A. J. Toynbee a. a. O., Alfred Weber a. a. O. sowie Ph. Rappaport: »Sitten und Siedlungen im Spiegel der Zeiten«, R. Frh. v. Lichtenberg: »Haus, Dorf, Stadt — Zur Entwicklungsgeschichte des antiken Städtebildes«, Leipzig 1909, v. Gerkan: »Griechische Städteanlagen«, Poland/Reisinger/Wagner: »Die antike Kultur«.

gesamten Kulturphysiognomie wesentlich bestimmenden vielschichtigen S p a n n u n g s s y s t e m. Die politisch-strukturellen Voraussetzungen sind zunächst bedingt ähnlich denen der griechischen polis. Wie damals nach dem Dorersturm, so nun nach der germanisch-keltischen Völkerwanderung rückten im Auslaufen dieser Umwälzbewegungen und im Drang nach neuer Stabilität und Sicherheit verschiedene gesellschaftliche Elemente wieder zusammen. Und zwar in sich und untereinander. Der Adel in einer dem griechischen oikos vergleichbaren Zusammenhausung, während die von ihm zunächst voll abhängigen Schichten der Ministerialen, Dienstleute und Handwerker sowie das an Zahl, Bedeutung und obrigkeitlicher Protektion zunehmende, weitgehend unabhängige kaufmännische Element sich um die Burg herum gruppierten. Typischer Ausdruck dieser Struktur ist die zweikernige Stadtbildung aus Burg, Kloster oder Kurie in zumeist bevorzugter geographisch-topographischer Position einerseits und dem »Dorf« andererseits, dem sich später in Form der »wiks«, also eigener, peripher gelegener Bereiche die Quartiere der Kaufmannschaft anfügten. Diese Zusammensiedlung und äußere Integration ist vorbereitet und wird ergänzt durch die aus der gewaltigen Expansion des christlichen Glaubens erwachsende i n n e r e Integration.

Die polare Spannung als Grundmotiv mittelalterlicher Gestalt

Die Strukturen, die in dem geschichtlichen Bereich »Mittelalter« zusammenlaufen, bewirken ein vielschichtiges inneres Spannungssystem, das alsbald in der mittelalterlichen Stadt zu äußerst kraftvollem Ausdruck findet. Wenn wir das sagen, so unterlegen wir dem Wort »Spannung« jenen p o l a r e n Sinngehalt, wie er der mittelalterlichen Bewußtseinslage entspricht. Im Spannungszustand befinden sich also jeweils zwei Pole miteinander, die sich — zumindest potentiell — zu einem Ganzen auswirken, sich aneinander e r g ä n z e n.[1] Solche polaren Spannungen haben also durchaus positive, konstruktive Tendenz. Und im Gestaltwerden solcher polaren Spannungszustände scheint uns die große Kraft und Intensität des mittelalterlichen Ausdrucks wesentlich beschlossen zu liegen.
Alfred Weber behandelte solche typischen Spannungsverhältnisse in seinem schon mehrfach zitierten kultursoziologischen Werk.[2] Kennzeichnen wir in knappen Umrissen diejenigen, die uns in unserem Zusammenhang vor allen bedeutsam erscheinen:
1. Die Spannung zwischen der Lebens n e g a t i v e der von immer breiteren Volksschichten aufgenommenen christlichen Lehre einerseits und andererseits den Kräften »junger Bevölkerungen oder wieder jung gewordener Bevölkerungsmischungen...,

[1] Eine Deutung des Begriffes polarer Entsprechung und Ergänzung als Wesensbestandteil der »mythischen Bewußtseinsebene« bei Gebser a. a. O., Bd. I, S. 100 ff.
[2] Alfred Weber: »Kulturgeschichte als Kultursoziologie«, S. 273 ff.

die den Wunsch haben mußten, das Dasein zu einem lebens p o s i t i v e n zu gestalten und in dieser Gestaltung auszuleben«. Die Spannung also zwischen der christlichen Jenseitsbezogenheit und der dem Menschen — ganz besonders dem in eine neue Kulturentfaltung aufbrechenden Menschen — nun einmal eigenen Weltgebundenheit und Diesseitigkeit.
2. Das mit dem eben genannten Spannungsverhältnis in engem innerem Zusammenhang stehende Spannungsfeld zwischen der weltlichen und der geistlichen Obrigkeit und zwischen den Exponenten beider Prinzipien, Kaiser und Papst. Eine Spannung, die wie in den politischen Realitäten auch in den geistigen Äußerungen des Mittelalters eine große Rolle spielt. In der humanistischen philosophischen Literatur ebenso wie in der politischen Parteiung Guelfen—Gibellinen, die gerade für das Gestaltschicksal der italienischen Städte oft von unmittelbarer Bedeutung ist.[1]
3. Die wiederum mit dem zuerst genannten Spannungsfeld eng verbundene Spannung zwischen der christlichen Glaubenslehre und ihrer mittelalterlichen Mystik einerseits und dem »subkutan« fortlebenden paganen Erbe andererseits, sowohl dem der griechischen und römischen Antike als auch — wenngleich in geringerem Umfange — der germanisch-heidnischen Überlieferung.
4. Die Freiheit — Unfreiheit — Spannung zwischen Stadt und Land, zwischen den herrschaftlich-feudalen Sozialverhältnissen auf dem Lande und der relativ freiheitlichen Sozialordnung in den Städten. Oder anders bezogen: Zwischen dem auf Einung und Selbstverwaltung beruhenden Ordnungsprinzip der Städte und dem auf Gefolgschaft beruhenden Lehnsprinzip der »Staaten«, begleitet »von dem Ringen der horizontal gegliederten gesellschaftlichen Schichtung gegen die hierarchisch vertikale Formung, welches hinter der Lehnsgliederung zugleich mit dem Entstehen wirklicher Staatsgebilde Gestalt gewann«[2].

Schließlich behandelt Weber in dem diesen Spannungen gewidmeten Abschnitt die Spannung zwischen den mit dem Heraufwachsen einer neuen geistigen Oberschicht allmählich sich bildenden verschiedenen »Sprachräumen« — und damit g e i s t i g e n » R ä u m e n «. Ein Spannungsfeld, aus dem die spätere Aufspaltung des abendländischen Bewußtseins in unterschiedliches Nationalbewußtsein resultiert, und das in unserem zeitlichen Bereich schon im Zusammenhang mit dem recht unterschiedlich sich entfaltenden Wesen nordmitteleuropäischer und südmitteleuropäischer Stadtgestaltung Bedeutung hat.

Fügen wir noch ein Spannungsfeld an, dem in unserem Zusammenhang ebenfalls besondere Bedeutung zukommt, der Spannung nämlich zwischen dem im christlichen Gedankengut fest verankerten Eigenwert der Einzelseele, des Individuums einerseits und der strengen ständischen Gliederung und Zunftordnung andererseits. Ein Spannungsverhältnis von Individualität und Bindung also, in das jeder einzelne Stadtbewohner hineingestellt ist.

---

[1] Zu diesem Spannungs-Thema kann auch besonders auf A. v. Martin verwiesen werden: »Kultursoziologie des Mittelalters« in Handwörterbuch der Soziologie, »Mittelalterliche Welt- und Lebensanschauung« sowie »Coluccio Salutati und das humanistische Lebensideal« (vgl. Literatur-Verzeichnis).
[2] Alfred Weber a. a. O., S. 280.

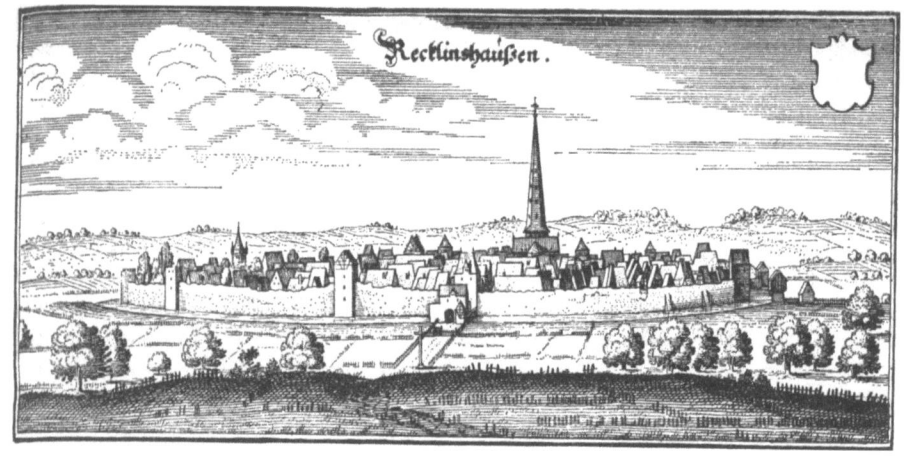

1 Recklinghausen (Merian)

Und — gleichsam über diesem Spannungsbereich zwischen dem einzelnen und seiner Gemeinschaft sich ordnend — die Spannung der Gemeinschaften (beruflicher, damit aber auch zugleich sozialer Ordnungsmaßstäbe) untereinander, wie zwischen den »oberen« und den »niederen« Zünften, die sich vor allem in den anhaltenden Auseinandersetzungen um die Beteiligung an der städtischen Selbstverwaltung manifestierte.

Wir haben diese sich mannigfach durchdringenden und gegenseitig beeinflussenden Spannungsfelder als die wesentlichen Gestaltkräfte auch der mittelalterlichen Stadtgestalt bezeichnet. Wir wollen versuchen, das an einzelnen Beispielen jeweils zu erläutern:

Um die Gestaltwirksamkeit des ersten der oben genannten Spannungsverhältnisse zwischen Jenseitsbezogenheit und Diesseitsgebundenheit deutlicher zu machen, besinnen wir uns, wie der Reisende oder Wandernde im frühen Mittelalter, auf langer Landstraße daherkommend, die Stadt, der er sich nähert, wahrnimmt. Was er zuerst, aus der Ferne schon, erkennt, ist der hochragende Kirchturm — oder die Gemeinschaft der Kirchtürme, Symbol der »Gemeinschaft der Heiligen«[1], schon von weither das Jenseits-Prinzip verkündend: In dieser Stadt wohnt Gott, und diese Stadt dient Gott! (S. Bild 1, 2 und 4.)

Der nächste Eindruck, den der sich Nähernde hat, ist der einer starken Mauer, mit Türmen und Zinnen besetzt, Ausdruck und Zeichen der Wehrhaftigkeit und des Bürgersinnes, zugleich aber auch Symbol der Ordnung und der Gerechtigkeit,

---

[1] Rabanus Maurus — Mönch, Universalgelehrter, Abt von Fulda — hat dieses Bild der Stadt als »Gemeinschaft der Heiligen« bereits im 9. Jh. geprägt. Es wird von Braunfels zitiert und ausführlicher kommentiert (Wolfgang Braunfels: »Mittelalterliche Stadtbaukunst in der Toskana«, S. 22 ff.).

als deren sicherer Hort die Mauer gilt.[1] So wird der herankommende Fremdling bereits voll in den Bann dieser Polarität zwischen geistlicher und weltlicher Kraft und Bedeutung, zwischen jenseitigem und diesseitigem Anspruch, gezogen (siehe Bild 1 und 2).

Dann betritt er die Stadt durch das Tor und wird von diesem aus meist geradeswegs in das Zentrum, in das Herz der Stadt geführt: auf den Markt, zumeist unmittelbar bei der Hauptkirche gelegen oder aber mit einer eigenen Marktkirche versehen. In unmittelbarer Nachbarschaft des Gotteshauses, im Bereich seiner ständigen direkten Ausstrahlung, stehen hier die Krambuden, die Fleisch- und die Brotbänke, wird gehandelt, gefeilscht, geht das alltägliche und ganz diesseitige Wirtschaftsleben vor sich, das die Grundlage der Stadtexistenz ist. (Vgl. zum Beispiel Bild 3 oder auch, unten, Bild 8.) Mitten dahinein geschieht aber immer die geistliche, die jenseitsgemahnende Einwirkung vom Kirchturm her, der gleichsam in den Marktplatz hineinragt. Und diese Einwirkung ist den Menschen der Stadt bewußt — sie ist Lebenswirklichkeit.[2]

Mit der zunehmenden Entfaltung der neuen Urbanität und der bürgerlichen Bewußtheit verstärkt sich auch die Gestaltkraft der wirkenden Spannung: Höher und eindrucksvoller einerseits die Kirchtürme, die in zunehmender Zahl den Stadtkorpus überragen, höher und eindrucksvoller aber auch die Türme in der Mauer. Am Markt feste Kaufmannshäuser statt der früheren Krambuden — in den gegründeten Städten die regelmäßige Zahl der 24 Gründergildner im Karree —, ein festes Kaufhaus oft, in dem die Zünfte jede ihren Platz haben, in dem sie auch ihre rechtlichen Angelegenheiten regeln, Beschlüsse fassen, ihre Feste feiern. Schließlich, aus den Zunft- und Kaufhäusern hervorgegangen oder neben ihnen neu errichtet, der kraftvolle Ausdruck einer neuen, dieser sich entfaltenden Bürgerkultur ureigenen Wesenheit: das Rathaus. Mit seinem Erscheinen erhält die polare Spannung zwischen weltlichem und geistlichem Prinzip ihre stärkste bauliche Prägung in dem vielfältig abgehandelten Wechselspiel zwischen Hauptkirche und Rathaus. Beide gegeneinander die Polarität von Jenseitsbezogenheit und Diesseitsgebundenheit gestaltend, beide miteinander Ausdruck der freiheitlich orientierten, sich selbst verwaltenden, christlich gläubigen Bürgerschaft, Mitte des vielfältigen, vielgestaltigen Beziehungsspieles der mittelalterlichen Stadt (vgl. Bild 2, 4, 32, 34, 37, 47).

Eine ausgesprochene Gründerstadt ist Lübeck, gegründet durch Privileg Heinrichs des Löwen an eine weithin im Lande geworbene unternehmerische Gründer-

---

[1] Über »Die Mauer als Sinnbild« siehe Näheres ebenfalls bei Braunfels a. a. O., S. 45 ff.

[2] Die in den ersten Abbildungen wiedergegebenen Stadtansichten stammen aus der ersten Hälfte des 17. Jh. (Merian) beziehungsweise aus der zweiten Hälfte des 16. Jh. (Braun-Hogenberg). Die Beispiele zeigen jedoch Städte, die sich zu dieser Zeit noch nicht wesentlich vom Mittelalter entfernt haben. Von Einzelheiten baulicher Ausbildung, die deutlich nachmittelalterlicher Herkunft sind, möchte hierbei abgesehen werden. — In Bild 3 dürfen wir uns (ganz ähnlich wie im Grundriß des mittelalterlichen Stadtzentrums auf Bild 6) westlich der Pfarrkirche für das frühmittelalterliche Stadtbild die Reihen der Krambuden, Brot- und Fleischbänke vorstellen, die erst später durch feste Häuser ersetzt wurden.

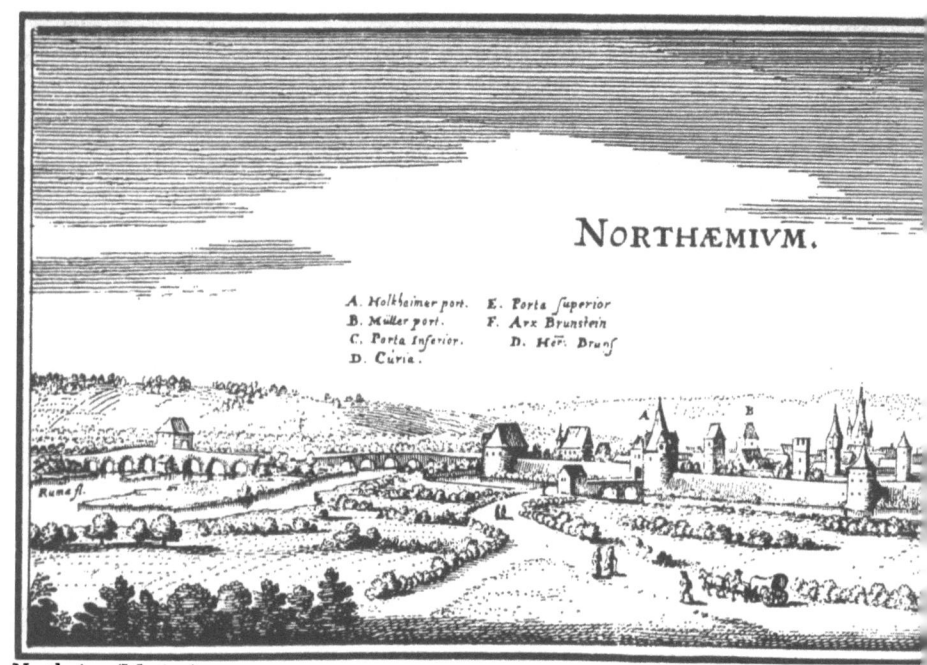

2 Northeim (Merian)

gilde.[1] Als Seestadt ist Lübeck von vornherein vor allem Handelsstadt. Auf Grund ihrer raschen Entfaltung wurde die Stadt schon 1160, zwei Jahre nach ihrer Gründung, zum Bischofsitz erhoben, und alsbald begann der Wettstreit zwischen der bischöflichen Kurie und der Bürgerschaft um die Vormacht in der Stadt. Aus ihm gingen die Bürger als Sieger hervor: die Pfarrkirche der Bürgerschaft, aus deren materieller und geistiger Potenz entstanden, die Marienkirche, wird und bleibt — auf dem höchsten Punkt der Stadt und am Markt gelegen — die Dominante, das Wahrzeichen der Stadt und ihr Herzstück. Der Dom des Bischofs mit der Kurie muß sich in einer Nebenrolle bescheiden — jedoch nicht etwa als Fremdkörper, sondern in polarer Spannung zur Repräsentation der Bürgerschaft, die Eigentümlichkeit der Stadt mittragend (s. Bild 5).

Zu Füßen der Marienkirche, an ihrer südlichen Längsseite, lag der vom Landesherrn privilegierte Markt. In langen Reihen standen im geschlossenen Viereck in der frühen Zeit die Krambuden, die Fleischbänke und die Brotbänke (s. Bild 6). Markt und Kirchhof waren so durch einen größeren Block von Kaufbuden getrennt, jedoch war auch die Kirche selbst noch von solchen Buden umstanden (die — wie

[1] Über die rechtlichen und faktischen Einzelheiten der Gründungsvorgänge siehe **Hans Planitz**: »Die deutsche Stadt im Mittelalter«.

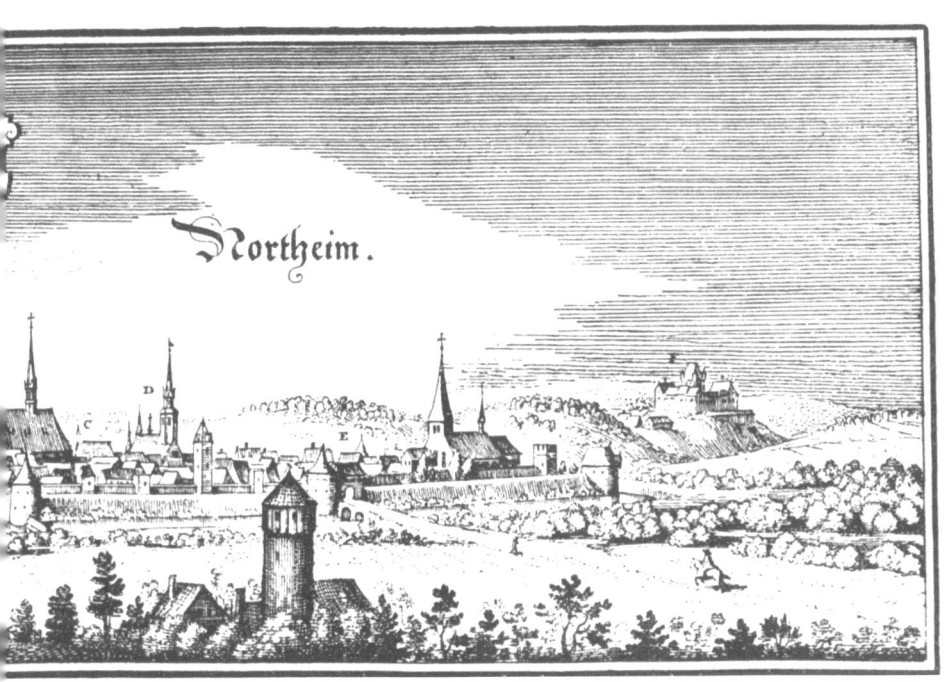

Gruber vermutet — sogar an die Kirchhofmauer sich angelehnt haben mögen). Der östliche Teil des Markt und Kirchhof trennenden Baublocks bestand ursprünglich aus zwei größeren Giebelhäusern, die als »domus pannorum« und als »domus consulum« bezeichnet wurden. Das eine diente der oberen Zunft der Tuchhändler, das andere wahrscheinlich seit seiner Errichtung den Beratungen der Bürgerschaft. Diese beiden Bauten waren die Urzellen des Rathauses. Sie wurden zunächst baulich zu dem sogenannten Kaufhaus zusammengefaßt, indem ein oberes Geschoß über die beiden Erdgeschoßkörper gelegt wurde (punktierte Linie in Bild 6). In diesem Kaufhaus war allen Zünften ihr Platz zugewiesen, und sicherlich fanden dort gesellige Veranstaltungen ebenso statt wie die Beratungen der Zünfte. Seit etwa 1250 wird daraus das Lübecker Rathaus durch mehrfache An- und Umbauten bis ins 15. Jahrhundert. Unmittelbar dem mächtigen Bau der Marienkirche benachbart, setzt es sich in vollendeter Manier zu diesem in ein Verhältnis, das wohl die Eigenständigkeit beider Bauten erhält, sie jedoch als sich ergänzende Kräfte zusammenwirken läßt. Beide zusammen, mit je einem dazugehörigen Freiraum, bilden so das Stadtzentrum, das von den Hauptstraßen tangiert wird und auf das zahlreiche Seitenstraßen des fischgrätenähnlichen Straßennetzes zulaufen (s. Bild 7). So verströmte dieses Zentrum seine Kraft wie durch Adern in alle Teile der Stadt. In kraftvoller Polarität stand es als Ganzes wiederum zur unterhalb liegenden

3 Biberach (Merian)

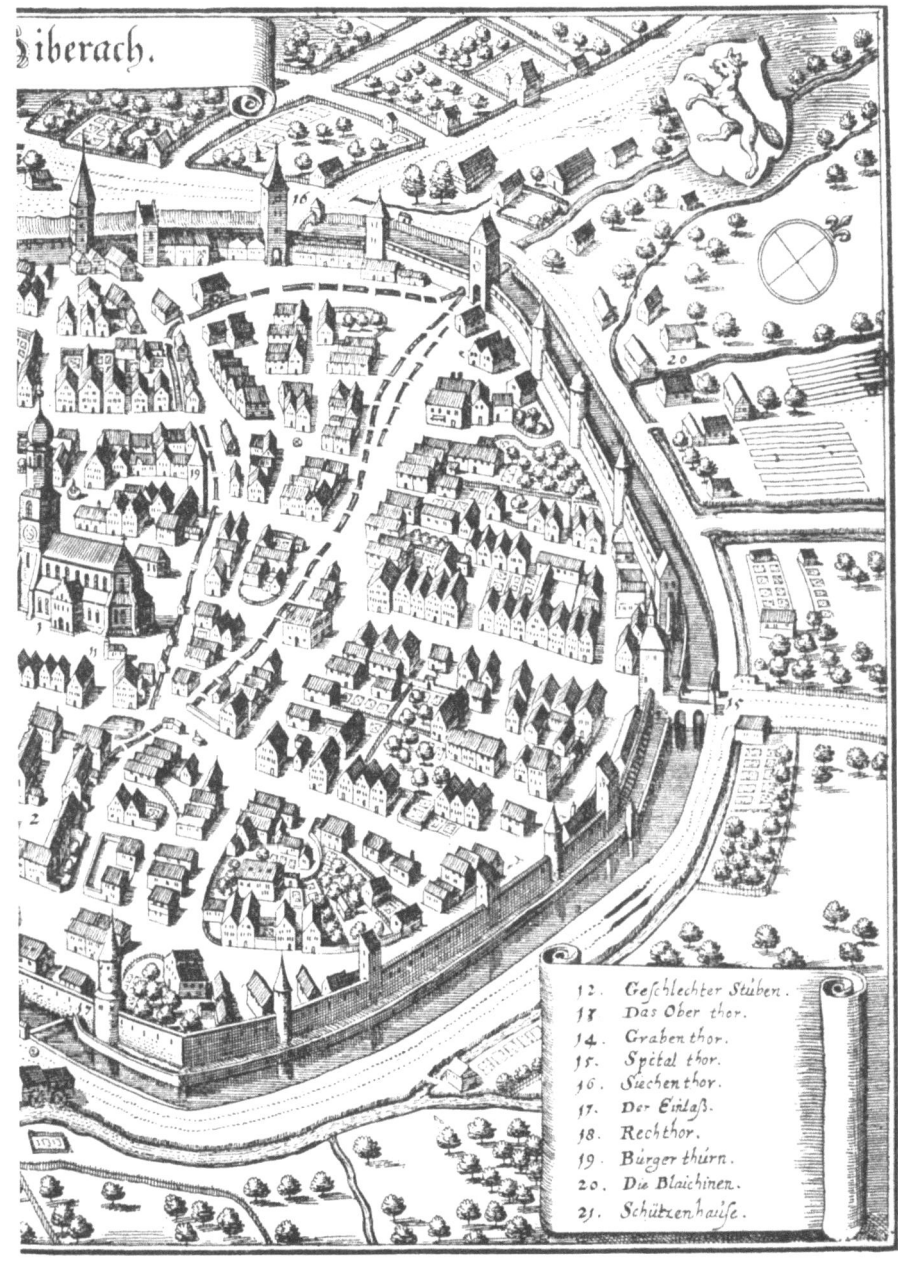

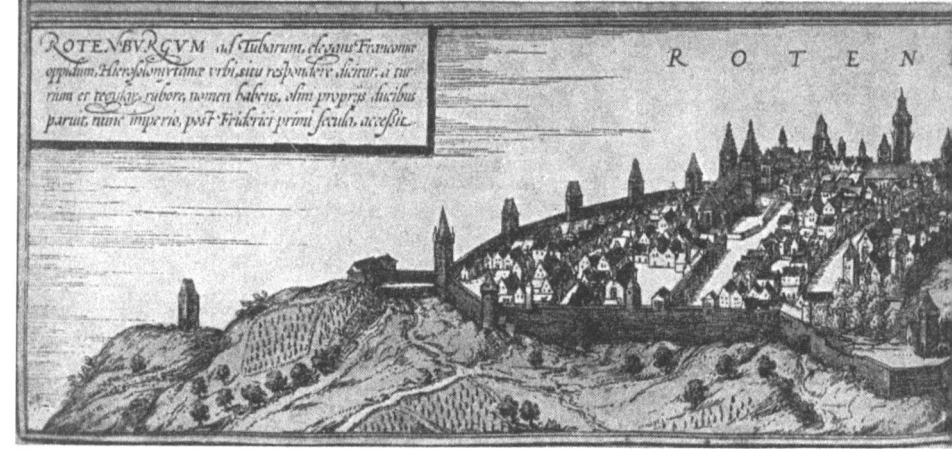

4 Rothenburg o. T. (Braun-Hogenberg)

Schiffslände, dem Tor zu einer weiten Welt, mit der diese Stadt Handel trieb (s. Bild 8). — Wenn man dem Wesen mittelalterlichen Welterlebens etwas nachgespürt hat, so vermag man zu ahnen, welche reale Kraft eine so sinnvoll aus ihren inneren Bezügen geordnete, so spürbar aus ihrem inneren Wesen vollzogene Stadtgestalt in das Bewußtsein der Bürger zurückströmen ließ, die diese Gestalt über Generationen hin vollzogen haben.

Das zweite der typischen Spannungsverhältnisse nach Alfred Weber war die Spannung zwischen den Prinzipien weltlicher und geistlicher Obrigkeit. Im Beginn des Mittelalters ist die Vertretung des geistlichen Prinzips — in Gestalt von Klöstern, Abteien und einigen, nördlich der Alpen vorerst wenigen bischöflichen Kurien — überwiegend der weltlichen Macht schutzbefohlen und ihr somit faktisch unter- oder allenfalls beigeordnet. Dieses Verhältnis ändert sich vielenorts jedoch bald: mit der fortschreitenden Konsolidierung und Expansion der kirchlichen Organisation, mit der hieraus sich verstärkenden Einflußnahme der päpstlichen Kurie auf die (ohnehin auf schwachen Grundlagen ruhende und nur durch entsprechende Persönlichkeiten zeitweilig erstarkende) weltliche Zentralgewalt (Kaiserkrönung Karls des Großen!) und mit der daraus resultierenden Spannung und Rivalität um die Ausübung faktischer Machtbefugnisse.

Dieses Spannungsverhältnis hat für die Stadtgestalt eine ganz unmittelbare, darüber hinaus aber oft auch weitgehende mittelbare Bedeutung. Die kirchlichen Kräfte haben zwei verschiedene eigene Typen der mittelalterlichen Stadt bewirkt: die Klosterstadt und die Bischofstadt.[1] Die erstgenannten, entstanden aus den Bedürf-

[1] Nähere Beschreibung und bildliche Darstellung dieser Typen siehe bei K. Gruber: »Die Gestalt der deutschen Stadt«.

nissen neugegründeter Klöster an handwerklichen und anderen Leistungen und Lieferungen und aus dem Anreiz, den solche Niederlassungen oft für den Warenverkehr boten, wird in ihrem Gestalt-Schicksal wesentlich beeinflußt von dem Verhältnis zwischen der sich mehr und mehr formierenden Bürgerschaft und dem Kloster. Dieses Verhältnis unterscheidet sich von dem zwischen einer Bürgerschaft und einem weltlichen Feudalherrn grundsätzlich schon dadurch, daß das vom Kloster vertretene und tätig geübte religiöse Prinzip ungleich bewußter und **verbindlicher** war als das feudalobrigkeitliche, zu dem die Staatsbürgerschaft ja von Natur aus in Opposition stand. (Die Tatsache, daß sich später Klosteräbte zuweilen auch weitgehend in den Status eines feudalen Stadtherrn zu versetzen wußten, ändert im Grundsätzlichen nichts an dieser Konstellation.) Die allgemein fortschreitende Entfeudalisierung und Verbürgerlichung der Klöster (Dominikaner!) unterstützte eine solche ausgleichende Tendenz oder sie verschaffte sogar dem bürgerlichen Element das Übergewicht (wie es sich zum Beispiel in der Stadtgeschichte von Hameln und in der von Hersfeld zeigt).

Anders lagen die Dinge in den Bischofstädten. Die Bischöfe waren in hohem Maße Träger jenes Strebens der päpstlichen Kurie, die geistliche Macht der Kirche durch faktische weltliche Machtpositionen zu unterbauen. Während im Verhältnis zwischen Bischof und Bürgerschaft der italienischen Bischofstädte, solange in diesen der Bischof noch aus der eigenen Bevölkerung gewählt wurde, von vornherein ein hoher Grad polarer Ergänzung gegeben war, traten in den deutschen Bischofstädten des Hochmittelalters die Bischöfe — in weitem Umfang bereits zu ihren geistlichen Würden mit weltlichen Herrschaftstiteln und -ansprüchen ausgestattet — ihren Städten gegenüber wie weltliche Stadtherren auf. Es herrschte die gleiche, oft sogar besonders intensive Spannung um Gewinn und Gewährung von Selbstverwaltungsrechten wie zwischen den weltlichen Feudalherren und den Bürgerschaften ihrer Städte. Aber im Charakter unterschieden sich die Bischofstädte dennoch sehr von den Städten mit weltlicher Stadtherrschaft. Während die weltlichen Stadtherren ihre Sitze in der Regel außerhalb der Stadt — oder doch in einem besonders abgegrenzten und befestigten Bereich »neben« der Stadt — angelegt hatten, lagen die bischöflichen Kurien regelmäßig innerhalb der Stadtmauern, gleichsam als Enklaven mit eigener Immunität. Während sich also bei

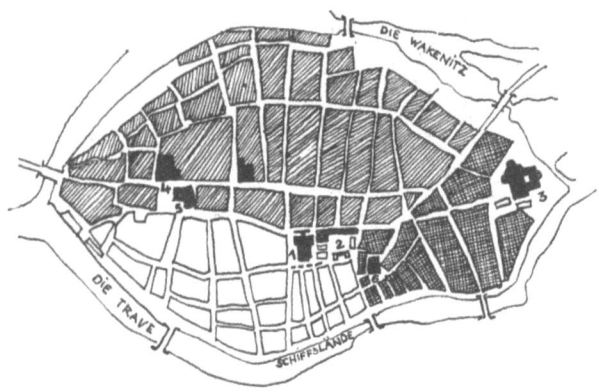

5 Lübeck, Stadtgrundriß im späten Mittelalter. 1 Marienkirche, 2 Rathaus, 3 Dom und Kurie, 4 Hospital, 5 St. Jakobi, 6 St. Petri

den Städten mit weltlicher Stadtherrschaft die Spannung zwischen Stadtherrensitz und Stadt als Ganzem gestaltete, geschah dies ungleich komplizierter und vielschichtiger in gegenseitiger Gestaltwirksamkeit bei den Bischofstädten (vgl. zum Beispiel die Stadtgeschichten von Münster, Lübeck und Bremen sowie von Worms, Mainz und Salzburg).

Darüber hinaus kam es zu mittelbaren Gestaltwirksamkeiten insofern, als die Bürgerschaften in häufigen Fällen diese Spannungen zwischen Kaiser und Papst, sozusagen als lachende Dritte, wechselseitig politisch geschickt auszunutzen verstanden, um sich erweiterte Selbstbestimmungsrechte zu verschaffen, die sich dann in der Stadtgestalt sehr wirksam ausdrücken mochten, seien es Rechte zur Errichtung stärkerer Mauern und Türme, sei es die Beseitigung zu bedrohlich nahe oder gar innerhalb der Stadt gelegener Stadtherrensitze oder Zwingburgen, seien es Rechte zur Errichtung größerer Rathausbauten, höherer Rathaustürme. Speziell in den nord- und mittelitalienischen Städten kommt hinzu, daß die politische Parteiung zwischen Guelfen und Gibellinen, also zwischen bürgerlich und aristokratisch orientierten politischen Kräften, auch weitgehend vom Kaiser-Papst-Gegensatz mitbestimmt war, indem die bürgerlichen Guelfen überwiegend das Prinzip des päpstlich-geistlichen Weltprimats, die aristokratischen Gibellinen hingegen allgemein das der Vorherrschaft der kaiserlichen Reichsgewalt verfochten. Wie

Braunfels an Beispielen erhärtet, fielen in die Zeiten guelfischer Regierung der italienischen Stadtstaaten die großen Glanzperioden städtischer (Bau-)Entfaltung, während die Episoden gibellinischer Vormacht von ausgesprochener Stagnation, von Bauvorschriften statt Bauleistungen, gekennzeichnet waren.[1]
Die dritte der Spannungen, die zwischen christlicher Glaubenslehre und christlichem

[1] Braunfels a. a. O., S 33 ff.

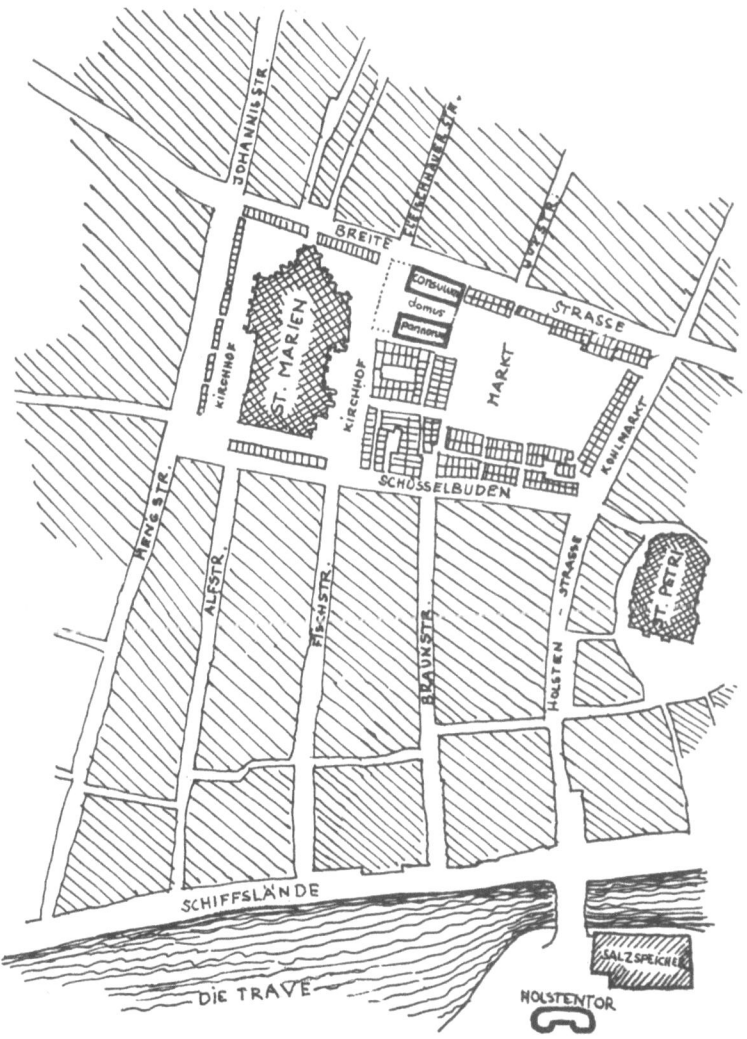

6 Lübeck, Grundriß des Stadtzentrums im frühen Mittelalter

Mythos einerseits und paganem Erbe andererseits, findet ihre Gestalt vor allem in der Übertragung des patriarchalisch betonten griechisch-antiken Prinzips der Säule auf den Kirchturm und des matriarchalisch betonten römisch-antiken Prinzips von Kuppel und Wölbung auf das Langhaus der christlichen Kirche. Beides also — von Gebser als Inkarnationen des Gottvater- und des Marienkultes gedeutet[1] — aufgenommen in das corpus mysticum, vereinigt in der Gestalt (wohlgemerkt: nicht nur in der Form) der christlichen Kirche. Da nun den Kirchen im mittelalterlichen Bewußtsein eine überragende Bedeutung für den Charakter der Stadt zukommt (in den mittelalterlichen Stadtbeschreibungen sind sie das erste und wichtigste Kriterium), da andererseits, wie wir oben überlegten, die Stadtgestalt nicht Summe ihrer Elemente, sondern vielmehr Integration aller Beziehungen zwischen diesen Elementen ist, folgt daraus die Bedeutung dieser spannungsreichen Gestaltprinzipien des Kirchenbaus für die Stadtgestalt als Ganzes.

Tief im mittelalterlichen Bewußtsein wurzelt auch die Stadt-Land-Spannung. Sie ist gleichbedeutend mit dem Gegensatz zwischen Ordnung und Wildnis, zwischen Gerechtigkeit und Willkür, zwischen Freiheit und Unfreiheit, zwischen bürgerlicher Selbständigkeit und feudaler Lehnsverknüpfung.

Die Stadtmauer ist die deutlich sichtbare, zugleich aber auch eine begriffliche Grenze zwischen der Stadt und dem Land. Sie ist die Trennung zwischen dem bürgerlichen Prinzip der Selbstverwaltung und Selbstbestimmung und dem Feudal-, das heißt Gefolgschafts-Prinzip, in dem das umgebende Land befangen und ver-

[1] Gebser a. a. O., Bd. I, S. 21 f.

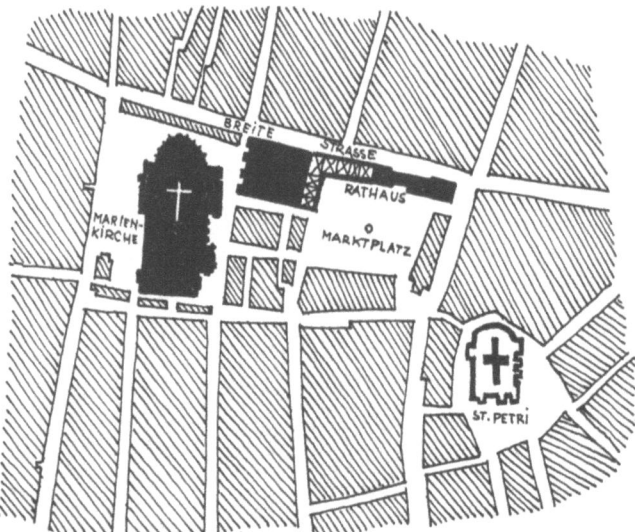

7 Lübeck, Stadtzentrum im späten Mittelalter

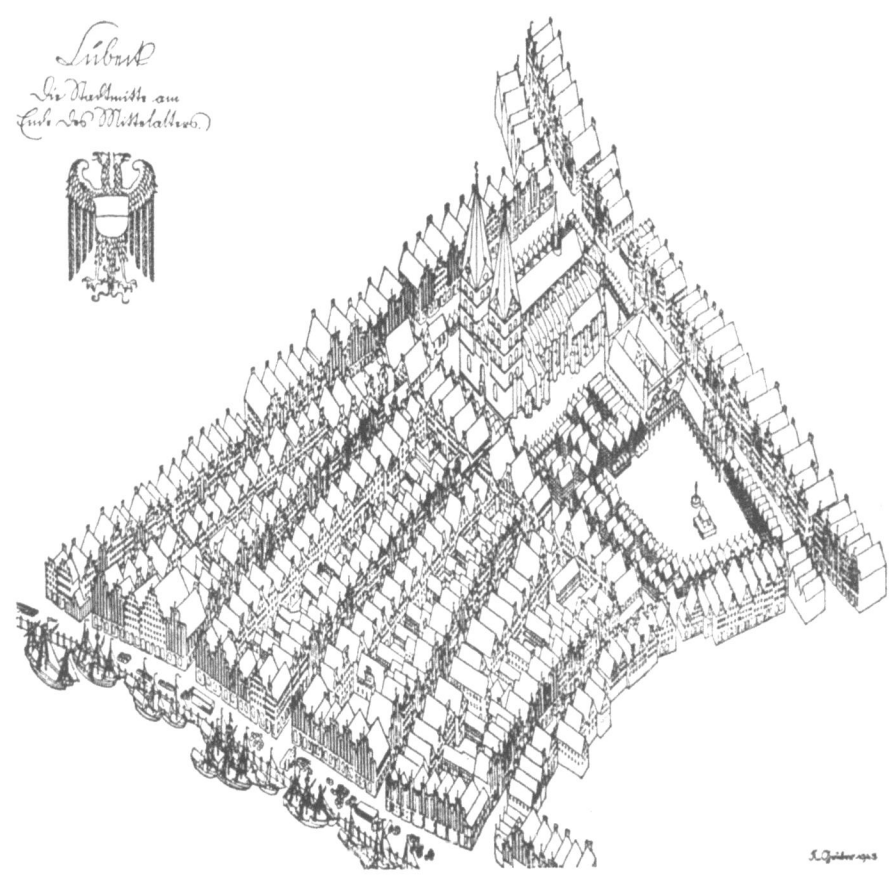

8 Lübeck – Vogelschau des Stadtzentrums im späten Mittelalter (Gruber)

strickt ist. Das vielzitierte Wort »Stadtluft macht frei« bezeichnet diesen Gegensatz deutlich. Aber es kennzeichnet nur die eine Ebene dieses Spannungsverhältnisses, denn das besteht nicht nur örtlich zwischen der Stadt einerseits und dem Lande andererseits, sondern es wird auch in der Stadt selbst ausgetragen. Die Spannung zwischen der Bürgerschaft und dem Stadtherrn, der eo ipso das Feudalprinzip vertritt, wird mannigfaltig in der Stadtgestalt wirksam – wir erwähnten es bereits in anderem Zusammenhang –, in den Bauten, welche die Bürgerschaft zu ihrer eigenen Repräsentation errichtet (seien es Rathäuser, Zunfthäuser oder die oft betont kraftvollen Pfarrkirchen), in der Errichtung, Beseitigung, Wiedererrichtung und Verstärkung der Stadtmauern und ihrer Türme, in der Errichtung oder

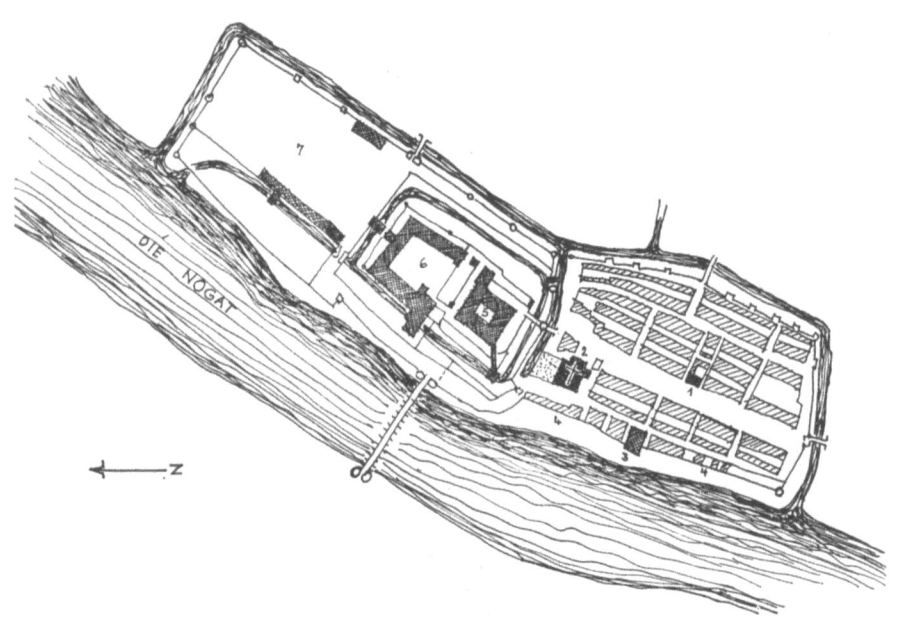

9 Marienburg/Westpr. 1 Rathaus, 2 Pfarrkirche, 3 Artushof, 4 Speicher, 5 Hochburg (1276), 6 Mittelburg (1309), 7 Vorburg

Beseitigung von Wehrbauten der Stadtherren in oder bei der Stadt, schließlich in der wirtschaftlichen und baulichen Entfaltung der Stadt als Ganzes, denn die Attraktivität der Städte steigt naturgemäß mit dem Maß an Freiheit, das in ihren Mauern gewährt wird.

Für viele Städte führt diese Spannung das ganze Mittelalter hindurch immer wieder zu heftigen Auseinandersetzungen. Viele andere erzielen schon früh eine weitgehende Entscheidung zu ihren Gunsten mit der Verleihung der Reichsunmittelbarkeit — aber auch sie müssen häufig immer wieder um die Erhaltung der daraus abgeleiteten Rechte kämpfen —, wieder andere, wie zum Beispiel Braunschweig, Lübeck oder auch die Zähringer-Städte im Südwesten des Reichsgebietes, werden von ihren Fürsten, die sie gründeten, von vornherein mit sehr weitgehenden Privilegien ausgestattet, so daß sie von dieser Spannung weniger intensiv ergriffen werden als die Mehrzahl der übrigen.

Überhaupt scheinen uns die Gründerstädte im Aspekt dieses Spannungsverhältnisses eine Sonderstellung einzunehmen. In dem überwiegend von germanischen Volkselementen bestimmten deutschen Bereich ging die Lösung aus der angestammten Feudalstruktur und die Entfaltung städtisch-bürgerlicher Freiheitlichkeit zumeist träger vor sich und führte allgemein kaum zu so durchgreifenden Erfolgen wie besonders im italienischen Bereich, der viel stärker vom antiken Erbe

durchdrungen und auch zum Ende der Römerzeit viel intensiver urban besiedelt war. Die deutschen Gründerstädte jedoch hatten in der Regel eine weithin im Lande mit dem Freiheitsversprechen geworbene, von vornherein unternehmerisch eingestellte Bevölkerung. Diese konnte in der sozialen wie in der baulichen Gestalt dank der von vornherein freiheitlichen Atmosphäre einen vergleichsweise »fortgeschrittenen« Status verwirklichen und die Stadtherrschaft zumeist stark ins Konstitutionelle rücken.
Unter den Gründerstädten wiederum scheint die Spannung zwischen Stadtherrschaft und Stadtbürgertum in besonderem Maße eine polare Ergänzung zu finden in den im Zuge der Ostkolonisation — also im 12. Jahrhundert und später — gegründeten Ordens-Städten. Einem ausgeprägt bürgerlichen Gemeinwesen steht hier das geistlich-aristokratische Element der Ordensritterschaft in einem dem herrschaftlichen Prinzip weitgehend abgewandten Verhältnis gegenüber: die Ordensritterschaft mit Burg und zugehörigem Wirtschaftsapparat als Schutzmacht einer hochentwickelten, sich weitgehend selbst verwaltenden Bürgerstadt. Dieses Verhältnis der beiden Pole zueinander drückt sich denn auch zutiefst in dem natürlich und selbstverständlich anmutenden, ausgewogenen Verhältnis der baulichen Gestalt dieser Anlagen aus.
Als Beispiele mögen uns die Stadtgrundrisse von Marienburg in Westpreußen (s. Bild 9) und Thorn (s. Bild 10) dienen. Besonders bei dem Beispiel Thorn wird man allerdings die dritte Dimension hinzudenken müssen, vor allem die starke plastische Bedeutung des Rathauses in seinen späteren Erweiterungen, um die Wirksamkeit dieser polaren Ergänzung voll erfassen zu können.
Die motorische Kraft, die das Spannungsverhältnis zwischen Bürgertum und Stadtherrschaft, zwischen Stadtfreiheit und der Unfreiheit unter dem Feudalprinzip immer wieder intensiviert, ist ein neuer, aus antikem Erbe wiedererwachender Freiheitsdrang. Er ist nicht zufällig, sondern geschichtliche Struktur und mit dem Prozeß der Reurbanisierung definitiv verbunden. Nach dem Rüstowschen Konzept[1] ist er die Wiederaufnahme des antik-griechischen, für das Abendland prototypischen Durchbruches zur Geistesfreiheit, der im Absolutismus der römischen Spätzeit und in den Überlagerungen der Völkerwanderung verlorengegangen war. Dieser neue Durchbruch zur Freiheitlichkeit erscheint als ein wesentlicher, unlösbarer Bestandteil des universalen Strukturwandels zur Neuzeit, ja als das Grundthema dieses Prozesses überhaupt und seiner geistigen Reflektion, des religiös-philosophischen, des künstlerischen, des baulichen Ausdrucks dieser Veränderung. Freiheitlichkeit, die in ihrem mittelalterlichen Stadium in der charakteristischen Polarität zu umfassender sozialer und religiöser Bindung verharrt und aus dieser Polarität zu spannungsreichen Gestaltungen führt.
Damit kommen wir auf die beiden letzten der oben aufgeführten typischen Spannungen, die im Aspekt des Freiheitsstrebens eng miteinander verknüpft sind. Zunächst das Spannungsfeld zwischen Individualität (im Sinne persönlicher Freiheitsentfaltung) und Bindung (im Sinne freiwilliger Einfügung in das ordo).

---

[1] A. Rüstow a. a. O., Bd. II »Durchbruch zur Geistesfreiheit« — siehe bes. S. 237 f. Für den antik-griechischen Durchbruch siehe S. 11 ff.

Man darf die Bedeutung dieses Verhältnisses von Freiheit und Bindung für die mittelalterliche Stadt auf die Formel bringen, daß die Stadt in dem Maße an Gestalt gewinnt, in dem dieses polare Verhältnis von individueller Freiheit und religiös-sozialer Bindung in ihr intensiviert wird. Dort, wo relativ hohe innere Freiheitlichkeit (bei gleichzeitig äußerer politischer Freiheit der Kommune) sich mit der Bindung an ein relativ starkes religiös-soziales Ordnungsprinzip ergänzt, vermag die mittelalterliche Stadt sich in ihrer idealtypischen Gestalt am vollkommensten zu verwirklichen. Unterdrückung der individuellen Freiheit unter herrschaftlichen Verhältnissen hingegen oder andererseits Lösung aus den religiösen und sozialen Bindungen bedeuten »Einfrieren« der Entfaltung, Rezession, Gestaltverlust.

Eine direkte Funktion der Spannung zwischen individueller Freiheit und Bindung an die religiös-soziale Ordnung ist das Verhältnis zum Grundeigentum. Es ist von unmittelbarer Auswirkung auf die Stadtgestalt. Dieses Verhältnis zum Grundeigentum ist — wie das Verhältnis zu jeglichem Eigentum — für den mittelalterlichen Menschen noch nicht im kapitalistischen Sinne abstrahiert, es ist weder austauschbar noch abstrakt meßbar. Sein Wert ist noch nicht entpersönlicht, noch nicht rationalisiert[1]. Zumeist war der Grundbesitz an den Stadtherrn gebunden, der das gesamte Stadtareal in Normalgrundstücke von gestufter Größenordnung aufteilte und im allgemeinen als Lehen gegen geringfügige Zinsleistung vergab. Planitz weist jedoch darauf hin, daß dieses manchenorts, zum Beispiel bei den Gründungen der Welfen (unter anderen München und Lübeck) nicht der Fall war, sondern daß in diesen Fällen der Grund und Boden regelrecht an die Ansiedler verkauft wurde[2]. Daß in diesen Städten und auch in anderen, in denen sich im Mittelalter bereits ein Grundbesitzerstand bildete, dennoch die Spekulation unterblieb und damit eine wesentliche Voraussetzung für die Harmonie der Stadtgestalt erhalten blieb, beweist, wie konkret das Verhältnis zum persönlichen Besitz an Grund und Boden unter den Bürgern noch war und wie segensreich in dieser Bewußtseinslage der Zug zu individueller Freiheit noch durch ethische Bindungen ergänzt wurde.

Das andere, gleichfalls aus dem städtischen Zug zur Freiheitlichkeit erwachsende Spannungsfeld ist das zwischen den verschiedenen bürgerlichen Schichten, zwischen den oberen und den niederen Zünften. Es verstärkt sich mit der zunehmenden Entfaltung des Stadtbürgertums im ganzen. Die Kaufmannsgilden und die oberen Zünfte (Tuchmacher und -händler, Gold- und Silberschmiede u. a.) hatten sich schon früh in fester Organisation zusammengefunden. Vor allem auf Grund ihrer wirtschaftlichen Stärke und der damit verbundenen Abkömmlichkeit vom eigenen Gewerbe hielten sie die hohen Ämter in der Selbstverwaltung besetzt und beanspruchten so die politische Macht innerhalb der Stadtgemeinde mehr oder minder vollständig für sich. Den niederen Gruppen enthielten sie zumeist das Koalitions-

[1] Siehe bei A. v. Martin: »Kultursoziologie des Mittelalters« in Handwörterbuch der Soziologie, S. 371/II.

[2] Hans Planitz: »Die deutsche Stadt im Mittelalter«, S. 139 und 142.

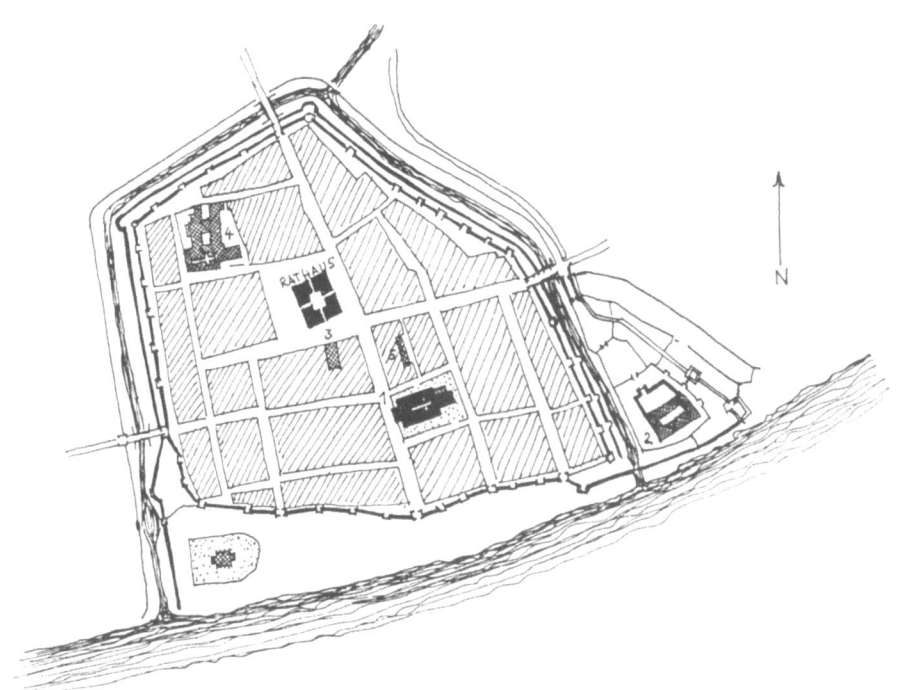

10 Thorn. 1 Pfarrkirche St. Johannis, 2 Ordensburg, 3 Artushof, 4 Franziskanerkloster, 5 Fleischbänke

recht vor. Um so mehr jedoch strebten diese unteren Schichten der Stadtbevölkerung, einschließlich der Abhängigen (in Italien des popolo minuto) nach weitergehenden Freiheiten und Rechten und nach Beteiligung an der Selbstverwaltung. Diese Spannung führte zu sehr verschiedenartigen Konstellationen und Zusammenschlüssen und zu vielerlei Auseinandersetzungen und fand ihren Niederschlag in sehr verschiedenen Rechtsetzungen innerhalb der städtischen Verfassungen.
Der strengen ständischen Gliederung — wie immer auch Macht und Recht im Einzelfall verteilt waren — entsprach die ebenso strenge Aufteilung und Gliederung der Städte in Zunftbereiche. Bestimmte Straßen oder Gassen waren jeweils bestimmten Handwerks- beziehungsweise Handelsarten zugewiesen, woran wir in den alten Städten noch heute häufig durch die Straßenbezeichnungen erinnert werden. Der sozialen Stufung der Stände entsprach in der Regel eine analoge Stufung des baulichen Aufwandes von der Peripherie her, wo im allgemeinen die Ärmsten ihre Häuschen hatten, zur Stadtmitte hin, wo an den Hauptstraßen die reichen Häuser der Patrizier, der »Obern« standen. — Noch heute sind diese Straßen manchenorts als »Obernstraße« (Bremen) oder »Herrenstraße« (Naumburg) gekennzeichnet.

Die Gestaltwirksamkeit ökonomisch-politischer Kräfte

Aus solchen Spannungsverhältnissen heraus, gleichsam vor ihrem Hintergrund, wirken vielfach verschiedene Kräfte an der Entfaltung der Stadtkultur, am Gestaltschicksal der Stadt. Sie lassen sich in zwei Kategorien zusammenfassen: in ökonomisch-politische und seelisch-geistige Kräfte. (Freilich lassen sich diese beiden Gruppen wirkender Kräfte nicht vollends trennen und unabhängig voneinander betrachten. Aus rein methodischen Gründen müssen wir jedoch — ohne dabei die Zusammenhänge aus dem Auge zu lassen — zunächst jede für sich behandeln, um später um so klarer zu erkennen, wie sich alle Aspekte durchdringen.)
Eine Grundbedingung für das Wiederaufleben städtischer Siedlung, Wirtschaft und Gesellschaft nach dem Abschluß der Völkerwanderung war die allgemeine, wenn auch Schwankungen unterworfene Konsolidierung der politischen Verhältnisse, die Ablösung der politischen und ethnischen Instabilität durch mehr und mehr Gestalt gewinnende staatliche, religiöse und gesellschaftliche Integration. Die städtische, gewerblich-arbeitsteilige Wirtschaftsweise konnte sich nur auf der Grundlage der ernährungsmäßigen Versorgung aus der agrarischen Umgebung zu neuer Blüte entfalten. Die politische Stabilisierung und die zunehmende Sicherheit waren aber auch für die Landwirtschaft Voraussetzung zu überschüssiger Produktion und damit zur Abgabemöglichkeit an die Stadt.
Diese Voraussetzungen ermöglichten es den aktiven politischen Kräften, einerseits des Adels, andererseits der kirchlichen Organisation, die jeweilige eigene politische Machtstellung durch das Kraftpotential der Stadt zu bereichern und die Rentenbasis beziehungsweise die Missionsbasis zu erweitern. Daraus ergab sich das Kuriosum, daß gerade die herrschaftlichen Kräfte wesentlich zur neuen Entfaltung der Stadtkultur beitrugen, die dann später weitgehend ihre politische und ökonomische Macht an ihr nun selbständig gewordenes Instrument abtreten mußten. Die im Feudalprinzip wurzelnde Institution der Stadtherrschaft — weltlicher oder geistlicher Provenienz — gab in allen Fällen dem neuen Stadt-Typus erste Gestalt, ob in den frühen zweikernigen Bildungen aus »oikos« und »wik« oder in den späteren Gründungen, immer hatte die Stadt ihren Ursprung in einem herrschaftlichen Willensakt, der die Voraussetzungen schuf, privilegierte und erstes Recht setzte und damit auch die bauliche wie die soziale Gestalt weitgehend vorausbestimmte.
Das Feudalsystem der Frühzeit ist also zunächst an der Reurbanisierung durchaus fördernd beteiligt. Dort, wo frühzeitig schon die Kraftquelle des Strukturwandels vom Mittelalter zur Neuzeit lag, in Nord- und Mittelitalien, war dieses Mitwirken des Adels an der Gemeindebildung — und damit eben schließlich an seiner eigenen politischen Entmachtung — besonders intensiv, indem hier nämlich sehr früh schon die Landaristokratie in weitem Umfang stadtsässig wurde und von ländlich-feudaler zu städtisch-bürgerlicher Lebensweise und Wirtschaftsart überging: zu Handel, Geldwirtschaft und allen damit verbundenen städtisch-frühkapitalistischen Gewohnheiten. Das bedeutete in hohem Maße Mittun an der Entfaltung der bürgerlich-freiheitlichen Welt.

Eine weitere Grundbedingung für die Entfaltung neuer Urbanität war der Markt. Das Marktprivileg war darum auch das erste und wichtigste Stadtrecht. Auf dem Markt vollzog sich nicht nur die wirtschaftliche Kommunikation mit der engeren agrarischen Umgebung, der Austausch handwerklich-gewerblicher Stadtprodukte mit der landwirtschaftlichen Produktion, der Markt war zudem die Stätte rasch sich ausweitenden Fernhandels, der — zumal in den wirtschaftsgeographisch begünstigten Handelszentren — immer mehr Welthandel (in den damaligen Grenzen dieses Begriffes) wurde und auf dem städtischen Markt verschiedene Länder und Kulturen kommunizierte. Der Markt war Inbegriff und Domäne des kaufmännischen unternehmerischen Elementes, das ihn bevölkerte, ihn als Institution trug und ausweitete, das ihn gestaltete.

Die Kaufleute, als »Muntlinge« des Königs beziehungsweise des Kaisers von diesem mit besonderen Rechten und besonderem Schutz ausgestattet, wurden zum größten Teil im Laufe des 9. und des 10. Jahrhunderts seßhaft. Entweder im »wik« zu Füßen einer Burg, bei einem Kloster oder einer geistlichen Kurie, oder aber im Anschluß an schon vorhandene, von Ministerialen und noch abhängigen Handwerkern bewohnte Siedlungsgebilde, im sogenannten »burgum« (italienisch borgho, französisch faubourg), einem eigenen, in sich geschlossenen Bereich also.

Mit der raschen Ausweitung des Fernhandels, vor allem bewirkt durch die wirtschaftspolitische Wiedererschließung des Mittelmeerraumes, mit der Intensivierung des örtlichen Warenverkehrs wuchs das kaufmännische Element rasch in die Stadt hinein und damit in seine geschichtliche Rolle als motorische Triebkraft der bürgerlichen Entfaltung. In Gestalt der conjurationes, der Eidverbrüderungen und Gilden, stellt die Kaufmannschaft alsbald die organisierte Elite der Stadtgemeinde. Ganz deutlich entsprechen sich auf diesem Aspekt die sozialen und die baulichen Gestaltungen: Im burgum stand das kaufmännische Element der übrigen Bewohnerschaft des Ortes noch als etwas anderes, als etwas Eigenständiges, noch nicht in den Gesamtverband Integriertes gegenüber. Man konnte noch nicht von »Bürgerschaft« sprechen (wie ja der Begriff »Bürger« sich von eben diesem »burgum« herleitet und die Bedeutung der Kaufmannschaft für seine Entstehung damit deutlich zu erkennen gibt). Im Hochmittelalter jedoch prägt die Kaufmannschaft wesentlich die Stadtgesellschaft — zugleich aber auch die bauliche Gestalt der Stadt als Ganzes. Ihre reichen, immer aber in den verbindlichen Regeln und Maßstäben gehaltenen Häuser stehen an den Hauptstraßen und am Markt. Die Kaufmannschaft ist führend im Rate und somit maßgebend auch für den Bau der repräsentativen wie der gemeinnützigen Einrichtungen der Stadtgemeinde (der Rathäuser, der Kauf- und Zunfthäuser, der Hospitäler, der Alten- und Armenwohnungen). Sie gestaltet den Markt (und im weiteren Sinne ist eigentlich die ganze Stadt »Markt«) im ökonomischen, sozialen und baulichen Bezuge als Inbegriff freiheitlichen Handels und Wandels, in enger Verknüpfung mit dem geistigen Ordnungsprinzip der Kirche.

Das kaufmännisch-unternehmerische Element bildet den oberen Bereich der ausgeprägten Ständeskala in der mittelalterlichen Stadtgesellschaft. Es wird zur Spitze der strengen ständischen Gliederung, die wesentlich alle mittelalterliche Gestalt mitbestimmt. Diese ständische Gliederung unterscheidet sich von der feudalherrschaft-

lichen Ständeordnung im Wesen dadurch, daß sie nicht mehr von Geburt und Herkunft abhängig ist, sondern auf dem durch persönliche unternehmerische Leistung begründeten ökonomischen Erfolg beruht. Die Entfaltung dieser ständischen Ordnung und die städtische Gemeindebildung im Mittelalter sind im Wesen eng miteinander verbunden. Das eine vollzieht sich mit und an dem anderen, das andere ist nicht denkbar ohne das eine. Die kaufmännisch und handwerklich unternehmerischen Stände sind im einen wie im anderen Zusammenhang die führenden Kräfte. Ihre Korporationen, weitgehend eigenen Rechtes, werden die Träger des lang anhaltenden Ringens um die Selbstverwaltungsrechte der Stadt. Sie sind aber auch diejenigen, die aus politisch-ökonomischen Beweggründen streng über die Wahrung der ständischen Ordnung und Abgrenzung wachen. Auf Grund ihres ökonomischen Erfolges und ihrer ökonomischen Potenz sind und bleiben sie maßgeblich sowohl in der sozialen Rangfolge als auch in der politischen Machtstellung innerhalb der Stadtgemeinde — auch dort, wo im Laufe der Auseinandersetzung mit den nachdrängenden unteren Ständen weitere Kreise (vorübergehend) zur Beteiligung an der kommunalen Selbstverwaltung gelangten[1].
Auf die Entsprechung zwischen dieser sozialen Gliederung und Machtverteilung und der baulichen Gliederung — einerseits des Stadtgebietes in die entsprechenden »Orte« der verschiedenen Stände, andererseits aber auch der Ausprägung der Stadtzentren durch die führenden Stände — haben wir mehrfach hingewiesen. Freilich hat diese soziale und bauliche Gliederung außer dem ökonomisch-politischen auch einen geistig-religiösen Aspekt, auf den wir noch besonders zurückkommen. Welche unmittelbare bauliche Entsprechung bestimmte soziale Vorgänge mit ökonomisch-politischer Veranlassung vor dem Hintergrund der strukturellen Wandlungen bewirken konnten, dafür mag vorab die folgende Schilderung noch ein konkretes Beispiel geben:
Vor allem südlich der Alpen (in erheblich geringerem Ausmaß im nord-mitteleuropäischen Bereich) geschieht in das Gestaltsuchen und Gestaltwerden der neuen Urbanität hinein — als unmittelbare Funktion des Wandels vom agrarisch-feudalen zum städtisch-bürgerlichen Prinzip — das »inurbamento della nobilitá«, das Stadtsässigwerden des Adels. Der Landadel sieht sich durch die zunehmende Abwanderung seiner Abhängigen in die Städte (»Stadtluft macht frei!«) mehr und mehr seiner Rentenbasis auf dem Lande beraubt. Er erkennt andererseits in der aufblühenden Stadtwirtschaft neue Möglichkeiten für Rentenerträge. Er zieht also, zunächst unter Mitnahme seiner feudalen, ritterlichen Lebensgewohnheiten, in die Stadt und errichtet dort seine Herrensitze. So entstehen — in besonderem Ausmaß in den toskanischen Städten — plötzlich wehrhafte Bauten, Ritterburgen ähnlich, mit Türmen und Zinnen versehen, oft mehrere, von verschiedenen Familien einer Sippe bewohnte, untereinander durch Brücken zu größeren Einheiten verbunden.

---

[1] Aus diesem Grund nennt Rüstow die Lösung aus dem unfreien Abhängigkeitssystem der Feudalstruktur auch nur eine »Entwicklung in demokratischer Richtung« und weist darauf hin, daß die Demokratisierung im Verlauf der neuen städtischen Entfaltung Periode blieb, indem die frühere Aristokratie alsbald durch eine aus den oberen Ständen erwachsene Oligarchie ersetzt wurde.

11 San Gimignano

Richtige Befestigungswerke privater Natur inmitten der Stadt. Diese »torri« des Adels überfremden die bauliche Gestalt der Stadt wie ihre Erbauer und Bewohner das soziale Gefüge. Waren zuvor die Städte gerade im Begriff, ihre Gestalt auszuprägen, indem der sozialen Entfaltung entsprechende bauliche Gliederungen getroffen und Akzente gesetzt wurden, die sich dem vorhandenen und sich erweiternden Beziehungsnetz der Kirchen spannungsvoll und sinnvoll verbanden, so wurde dieses Gestaltwerden nun durch die ungeordnete, wesensfremde Vielzahl willkürlich gestellter Türme erheblich gestört.

So wird zum Beispiel von F l o r e n z berichtet[1], daß sich in dem engen Raum innerhalb der ersten Stadtmauer mehr als hundert solcher Türme, außer den Kirchtürmen, erhoben. Ebenso wie die Stadt dadurch in ihrer baulichen Struktur überfremdet wurde, war sie in ihrer sozialen Ordnung gestört. Ein Wust von mehr oder weniger verfeindeten adligen Parteiungen hatte die aus der vorangegangenen Zeit der Konsuln so vielgerühmte soziale Ausgeglichenheit und Friedlichkeit zerstört. Die ganze Stadt war nun in sich auf Angriff und Verteidigung eingestellt.

Die gerade im Werden begriffene Gestalt wurde vorübergehend verschüttet und mußte erst wieder durch eine Zeit der Machtkämpfe, der Wirren und Umwälzungen

[1] Wir beziehen uns im folgenden auf einen Bericht von Giovanni Michelucci und Ermano Migliorini in »URBANISTICA«, 12/1953.

hindurch sich neu ausprägen. Das geschah vor allem durch die »Eroberung« der Stadt von den Vorstädten (borghi) her durch die Kaufleute, die es nach dem genannten Bericht schließlich durchsetzten, daß alle Türme auf ein Höchstmaß von 50 Ellen reduziert werden mußten, und mit dem allmählichen Sicheinordnen des hereingekommenen Adels in den Stadtverband. Denn die nun zum »Stadtadel« werdenden Familien gingen immer mehr im Kaufmanns- und im Grundbesitzerstand auf. Damit verließen sie die torri und errichteten sich ihre Domizile in der neuen Form der Palazzi in anderen Teilen der Stadt. Nun wurde erst recht deutlich, wie wesensfremd der Stadt dieser »ritterliche« Spuk der hundert Türme gewesen war: Als mit der sozialen Einordnung des Adels und mit seinem Übergang zu großbürgerlichem Lebensstil die ritterlichen Verteidigungsrücksichten entfielen, da wich auch das Leben aus den Türmen – sie standen sinnlos und leer herum, verfielen allmählich oder wurden zum Getto der »plebe declassata«, des niedersten Volkes. Bis endlich – im 18. Jahrhundert erst – der ganze bauliche Unfug, der allerdings vorher schon durch verschiedentliche Erneuerungen dezimiert worden war, abgerissen und beseitigt wurde. – In anderen toskanischen Städten, so zum Beispiel in Volterra und besonders in San Gimignano, haben sich die Reste dieses Turm-»Reichtums« bis auf den heutigen Tag erhalten (s. Bild 11).

Diese Überschichtung der Stadtstruktur durch den vom Land gekommenen, nach Herkunft, Sitte und Kultur feudalen, also stadtfremden Adel, die zunächst eine ausgesprochen störende Wirkung auf das Gestaltwerden der Stadt ausübte, wurde mit der sozialen und kulturellen Einordnung der Adelsfamilien dann jedoch zu einer wesentlichen Voraussetzung für den folgenden, gerade von Nord- und Mittelitalien her sich über das ganze Abendland ausbreitenden Strukturwandel. Ebenso wie der Adel sich allmählich der bürgerlichen Stadtgesellschaft in den Lebensgewohnheiten und im kulturellen habitus assimiliert, ebenso übernehmen die mit dem aufblühenden Frühkapitalismus in großbürgerliche Verhältnisse aufsteigenden kaufmännischen Schichten Züge aristokratischen Lebensstils. Überdies tritt naturgemäß alsbald eine starke biologische Verschmelzung ein. Die innige Verbindung, die beide Elemente, das verbürgerlichte aristokratische und das aristokratisierende bürgerliche, nunmehr miteinander eingehen, erzeugt eine neuartige städtische Oberschicht und von dieser getragen eine neue soziale und kulturelle Atmosphäre, die – wie wir noch deutlicher sehen werden – den Durchbruch zur Perspektive von Italien aus ermöglichen.

Die Gestaltwirksamkeit seelisch-geistiger Kräfte

Das Mittelalter ist – sosehr das, äußerlich gesehen, im Widerspruch zu der auf den abendländischen Geschichtskörper sich beziehenden Bezeichnung steht –, in einem größeren Zusammenhang betrachtet, als eine Endphase zu verstehen. Es ist die

letzte Epoche der »Unperspektivischen Welt«, in der die »mythische Ebene« des menschlichen Bewußtseins strukturbestimmend ist.[1] Das Geistige ist, im Mittelalter vorherrschend, nicht m e n t a l, also vom V e r s t a n d e her, sondern m y t h i s c h, also von der S e e l e her, geprägt. Seele (als »Innen«) und Natur (als »Außen«) stehen in einer polaren Entsprechung zueinander, die in allen Bezügen mittelalterlicher Bewußtseins-Struktur wiederkehrt. Die mentalen Ansätze, die »Raum« und »Ich« objektivierenden Vorstöße der griechischen und römischen Antike, etwa seit 500 v. Chr., die sich in der griechischen naturwissenschaftlichen Philosophie, in der römischen Rechtslehre und in der christlichen Glaubenslehre vom Eigenwert der Einzelseele manifestiert hatten, waren zunächst gleichsam vergessen, wieder eingeschlafen, versunken in den Wirren der Völkerwanderung. So ist das Mittelalter auf bewußtseinsgeschichtlichem Hintergrund ansprechbar als eine »Renaissance« der vorklassischen, rein mythischen Antike, die es jedoch recht unbewußt und unreflektiert in sich trägt. (Die eigentliche, innige Verschmelzung des Christentums mit dem antik-paganen Erbe geschieht erst in der sich im Mittelalter noch vorbereitenden perspektivischen Welt unter mentalem Vorzeichen!)
Diesem mythischen Grundcharakter des Mittelalters entspricht auch die Betonung auf dem »Wir« (Gemeinschaftsbezogenheit), während das »Ich« noch weitgehend unbewußt ist, gleichsam noch im Menschen schläft[2], wie der Raum, der ebenfalls noch unbewußt ist. Es gibt noch keine perspektivische, Ich-bezogene Distanzierung vom Raum, keinen differenzierten, objektivierten, qualifizierten Raum. Innenraum und Außenraum verbinden sich in polarer Entsprechung wie Seele und Natur[3].
So scheint auch die mittelalterliche A s k e s e, einer der zentralen Begriffe bis tief in den Humanismus hinein, nicht in unserem heutigen, perspektivisch-rationalen Sinn als Entsagung, als Ich-Verzicht deutbar zu sein — da es ja das objektiv erfaßte Ich noch kaum gab —, sondern vielmehr als S e l b s t l o s i g k e i t in des Wortes ursprünglicher Bedeutung, als Ich-unbewußtes Aufgehen des einzelnen in eine kosmisch gegliederte und geordnete Welt Gottes, in der das »Ich« vom »Wir« noch nicht dualistisch getrennt ist, sondern in der beide, ebenso wie »Außen« und »Innen«, Diesseits und Jenseits, Physik und Metaphysik, sich in polarer Entsprechung und Ergänzung finden.
Das ist eine Kosmik, die — wohl einzigartig in der abendländischen Geschichte — alle Bezüge des Daseins in sich schließt und in sich ordnet. Sie ist, nach Rüstow[4], auch das ganze Geheimnis des riesigen Erfolges der christlichen Heilslehre, die ein unlöslicher Bestandteil dieser Kosmik wurde. Die christliche Religion, in alle Lebensbereiche eingeflossen, von einer starken (schon früh ins Rationale vorgestoßenen) Organisation getragen, wird innerhalb dieser kosmischen Welt zur alles bindenden (e i n - bindenden und r ü c k - bindenden) Kraft. Die christliche Heilslehre gibt dieser defizient-mythischen Struktur die A u s s a g e m ö g l i c h k e i t, die sie zu ihrer Selbstverwirklichung benötigt.

[1] Gebser a. a. O., Bd. I, S. 19 ff. sowie S. 100 ff.
[2] Vgl. bei Gebser a. a. O., Bd. I, S. 20, S. 118 f., S. 125, S. 154 f., S. 245.
[3] Vgl. bei Gebser a. a. O., Bd. I, S. 19 ff., S. 38, S. 136, S. 261 ff.
[4] Siehe bei Alex. Rüstow a. a. O., Bd. II, S. 224 f. sowie S. 240.

Diese Aussage vollzieht sich weniger in Wort und Schrift (nur wenige sind ja der Schrift kundig!), ihr Medium ist vielmehr die Symbolik in der bildenden Kunst, die damit einen funktionellen Auftrag innerhalb des alltäglichen Lebens erhält. Der einzelne wie die Gemeinschaft leben in dieser funktionellen Symbolik und er-leben durch sie den Kosmos, das Bild ihrer Welt. Sie erleben diese Welt aber nicht als Eindruck »von oben« oder »von außen«, sie erleben sie nicht nur passiv, sondern indem sie selbst immer wieder aktiv durch diese Symbolik aussagen — und sei es in den kleinsten, in den alltäglichsten Dingen. In dieser Welt sind Kunst und Handwerk — und beide sind im Grunde noch eins, noch nicht begrifflich voneinander geschieden — die alltäglichen Mittel symbolischer Aussage. Aber auch in täglichen Verrichtungen im Hause, am Herd, im täglichen Kirchgang oder in der häuslichen Andacht ist diese Symbolik gegenwärtig. In dieser alltäglichen Funktion der Symbolik liegt die Durchdringung und Erfüllung des täglichen Lebens — des einzelnen wie der Gesellschaft — mit der geistig-religiösen Substanz weitgehend begründet. In dieser geistig-religiösen Durchdringung und Erfüllung des alltäglichen Lebens liegt eine entscheidende Voraussetzung für die Wesensunmittelbarkeit mittelalterlicher Gestalt.

So hatte die Entfaltung der ständischen Gesellschaftsordnung in der mittelalterlichen Stadt ihre Wurzeln und ihren Sinn in der geistig-seelischen (religiös geprägten) Haltung der Epoche ebenso wie in den bereits besprochenen ökonomisch-politischen Bedingungen. Es mag sein, daß die dem Hochmittelalter bereits inhärenten Wandlungen, im besonderen die beginnende Individualisierung und die in Ansätzen sich vorbereitende und ankündigende Perspektivierung, die Menschen dieser vorindividualistischen Epoche in reactione zu besonders enger sozialer Bindung trieb. Sicher ist, daß die enge soziale Bindung innerhalb der ständisch gegliederten Stadtgesellschaft voll und ganz dem religiös-weltanschaulichen, zutiefst seelischen Bedürfnis nach Einordnung in das kosmisch geordnete Weltganze, nach Aufgehen im ordo, entspricht. Dieses Einordnungsbedürfnis bedeutet nicht etwa Verzicht, nicht Selbstaufgabe, sondern vielmehr Erfüllung. Zumal das gesellschaftliche Bewußtsein, wie Alfred v. Martin ausführt[1], noch nicht auf der individuellen Leistung, sondern durchaus auf dem gebundenen Sein beruht. Das persönliche Bewußtsein steht noch nicht im Widerspruch zur »Seinslage«. Der mittelalterliche Mensch fühlt sich als das, was er ist, nämlich »... als ein Glied in der Kette mannigfach abgestufter Abhängigkeitsverhältnisse«.

Das Wesen dieser gänzlichen Abhängigkeiten richtig wahrzunehmen, ist von grundlegender Bedeutung für das rechte Verständnis mittelalterlicher Gestalt. Diese Abhängigkeiten haben nicht das geringste gemein mit der totalen, reglementierten Abhängigkeit im modernen totalitären Staat. Während in diesem der Einzelmensch und die Einzelseele zum Nichts entwertet sind (»Du bist nichts, dein Volk ist alles«), ist ja der Eigenwert der Einzelseele gerade ein wesentlicher Bestandteil der christlichen Lehre und des mittelalterlichen ordo. Während im totalitären Staat die Abhängigkeit total staatsbezogen ist und alle anderweitig, gar metaphysisch

---

[1] A. v. Martin: »Kultursoziologie des Mittelalters« in »Handwörterbuch der Soziologie«, S. 377 f.

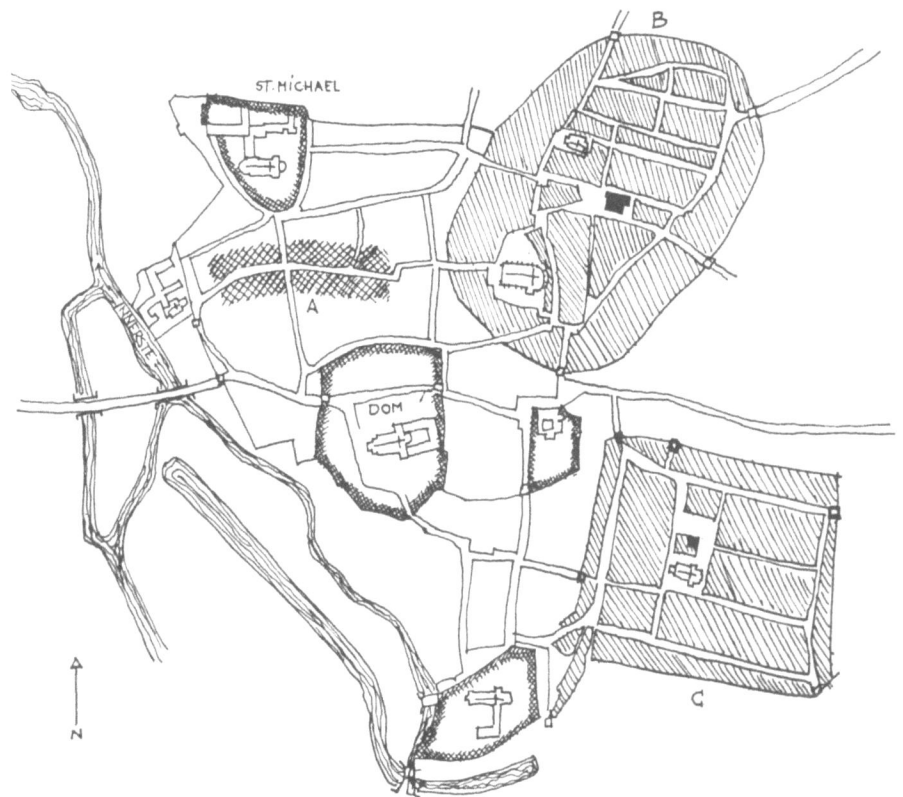

12 Hildesheim, A älteste bischöfliche Marktsiedlung (um 1000), B Altstadt (1125), C Neustadt (1220)

bezogenen Abhängigkeiten verneint werden, ist die Abhängigkeit des mittelalterlichen Menschen **allbezogen**, gelingt es ihm, physische und metaphysische Abhängigkeiten zur Entsprechung zu bringen. Das einzelne Ganze ist immer abhängig eingebunden in ein anderes, größeres Ganzes. Dieses weltanschauliche Prinzip des **totum in toto** (Gruber), das den geistig-religiösen Gehalt dieser ständischen Gesellschaftsgliederung ebenso ausmacht wie die Stellung des einzelnen zur Allgemeinheit, wird Gestalt in diesen sozialen Beziehungen ebenso wie in der baulichen Ordnung. Es wird Gestalt in der Zuordnung baulicher »Orte« zu den sozialen »Orten« der Stände, wie auch in der Einordnung des einzelnen Bürgerhauses – das dabei durchaus seine Eigenständigkeit als Ganzes wahrt – in diese Orte und über sie in das Ganze der Stadt.

Auch im rein Organisatorischen entsprechen sich die Ordnungsprinzipien. So ist die Pfarrgemeinde allgemein nicht nur corpus des kirchlich-gemeindlichen Lebens, sondern auch der Verwaltung, der Jurisdiktion, des Verteidigungs- und des Steuerwesens. In den oberitalienischen Stadtstaaten obliegt zum Beispiel bis zum 12. Jahrhundert und darüber hinaus sowohl die Einziehung der Steuern als auch die Aufsicht über die Instandhaltung der Wohnstraßen und das Kommando über die Wehrpflichtigen jeder »Nachbarschaft« deren Vorstehern, den »rectores populi«. Diese Nachbarschaften waren identisch mit den Pfarrbezirken. In Florenz wurden bis in das 19. Jh. die Häuser nicht nach Straßen numeriert, sondern nach Pfarrbezirken[1]. Das ganze weltliche Leben ist ebenfalls in eine dem Religiösen entsprechende hierarchische Gliederung gegeben, in einen ganzheitlichen Aufbau, in dem jedes kleinere Ganze von einem größeren Ganzen wesentlich mitbestimmt wird. Wie stark mittelalterliche Gestalt in diesem ganzheitlichen Prinzip wurzelt und wie ausgeprägt das Empfinden dafür ist, in welchen Maßstäben sich diese Ordnung vollziehen muß, um sinnvoll, überschaubar, erlebbar — um eben Ordnung zu bleiben, das erhellt auch aus der Art, wie die Städte vergrößert werden, wenn der bisherige Stadtkörper den Bevölkerungszuwachs nicht mehr zu fassen vermag. Nur selten wuchert die Stadt aus, wird der Maßstab gesprengt, geht die Überschaubarkeit und Klarheit des gegliederten Aufbaus verloren. Hat eine Stadt das Optimum an Größe erreicht und ist dennoch das Bedürfnis für eine erhebliche Erweiterung vorhanden, so wird zumeist neben der alten Stadt eine Neustadt gegründet. Diese wird wieder ein geschlossenes Ganzes mit eigener Pfarrkirche, eigener Verwaltung, in häufigen Fällen mit eigenem Rathaus, oft auch eigenen Mauern (wie zum Beispiel in Bremen, Osnabrück u. a.). Ist auch die Neustadt in sich gerundet und wiederum eine Vergrößerung notwendig, so entstehen abermals neue, in sich geschlossene selbständige Stadtteile. Alle verbinden sich miteinander zu einem Ganzen höherer Ordnung. Als Beispiele können die spätmittelalterlichen Stadtgrundrisse von Hildesheim (Bild 12) und Braunschweig (Bild 13) dienen.

In dieser ganzheitlichen Stadtgestalt nach dem Prinzip des totum in toto ist — wie bereits erwähnt — auch dem einzelnen Bürgerhaus sein in sich geschlossenes Eigenleben in Abhängigkeit von der Ordnung des größeren Ganzen garantiert, besteht es als Eigenwelt, als »Mikrokosmos« innerhalb der kosmischen Gesamtordnung. Unter typisch mittelalterlichen Verhältnissen gibt es kaum mehr als grundsätzliche Vorschriften über die Formgebung der Häuser, dennoch ist aus dem sozialen und weltanschaulichen Selbstverständnis heraus Ordnung und Harmonie des Ganzen gewährleistet. Das Bürgerhaus mit seinen Nebengebäuden, seinem Hof und seinem Garten ist in seiner Beziehung zur Stadt wie eine gebaute Definition des Begriffes »ganzheitlich«. In sich ein eigenständiger Bereich mit voneinander abgegrenzten Funktionen und diesen zugehörigen Orten, ist es in allen seinen Funktionen und in seiner Gestalt wirtschaftlich wie geistig vom Ganzen her bestimmt und in eben dieser Gestalt nur innerhalb des Ganzen denkbar.

Schon die Stellung des Hauses zur Straße! Von einzelnen Landschaften im Süden und Südosten abgesehen, ist typisch für die nordalpine Bürgerstadt die Giebelstellung der — meist recht steil bedachten — Einzelhäuser. Diese Giebelstellung ist Ausdruck der ausgewogenen Spannung zwischen Individualität und selbstverständlicher Einordnung in das Ganze (vgl. Bild 8 und Bild 47). Die ganzheitlichen Be-

[1] Die Zusammenfassung beruht auf Braunfels, a. a. O., S. 29 f.

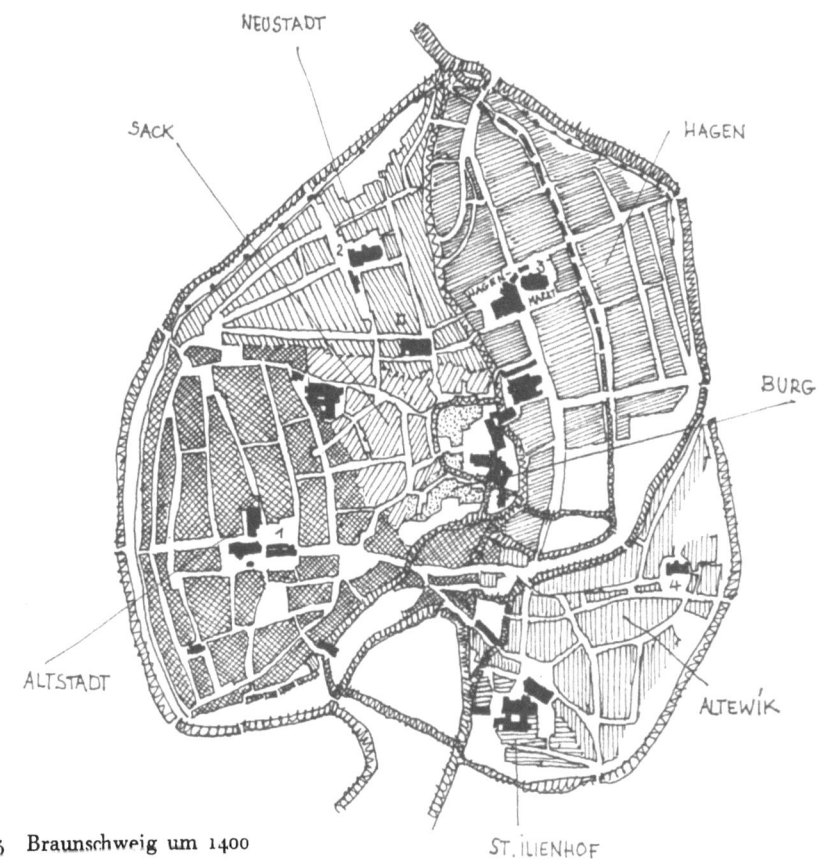

13 Braunschweig um 1400
(1 Altstadtmarkt, 2—4 Pfarrkirchen der Stadtteile)

ziehungen setzen sich fort in der Anordnung der einzelnen Funktionen im Hause und der zugehörigen Räume[1]. Zur Straße hin — dem hier noch unverfälscht funktionalen Kommunikationsort zwischen dem einzelnen und der Allgemeinheit, zwischen dem Privaten und dem Öffentlichen — orientieren sich der Werkstattladen, die Handelsdiele oder die sonstigen dem Gewerbe des Hausbesitzers dienenden Räumlichkeiten. Daran schließen sich im hinteren beziehungsweise oberen beziehungsweise seitlichen Bereich des Hauses die Räume der Familie: der Raum, in dem die Mahlzeiten bereitet und eingenommen werden, die gute Stube, in reicheren Verhältnissen der Saal, und die Schlafkammern. Gegebenenfalls folgen nach hinten Wirtschaftsräume, Scheune und Stallungen. Das letzte Glied ist der Garten, das

[1] Vgl. A. Bernt unter dem Stichwort »Bürgerhaus« im Reallexikon zur deutschen Kunstgeschichte. Zur ausführlichen Unterrichtung vgl. die Bürgerhaus-Reihe im Wasmuth-Verlag, Tübingen.

erklärte Reich der Hausfrau, in den — und so schließt sich der Kreis von außen her — nur der Kirchturm, das Wahrzeichen Gottes in der Stadt, hereinwirken mag[1]. Das Bild 14 zeigt eines von vielen möglichen Beispielen, hier aus Goslar, dem Grenzbereich also zwischen niederdeutschem und mitteldeutschem Bürgerhaustyp.
In dieser Staffelung der Funktionsbereiche vom Öffentlichen bis zum — wiederum an das allgemeinverbindende Geistige angeschlossenen — Privatesten liegt die innere Notwendigkeit der blockweisen Straßenrandbebauung und der Innenlage der Gärten. Die Straße ist in jedem Sinne Trägerin der Kommunikation: Nicht nur wirtschaftliche Lebensader, Weg zur Kirche, zur Gerichtslaube, zum Rathaus, zum Markt, sondern »Öffentlichkeit« schlechthin im Sinne von Begegnung, Beziehung, Austausch jeglicher Art. Ihr wenden sich die funktionell entsprechenden Teile des Hauses zu. Sie tragen patrimonialen Charakter. In polarer Spannung und Entsprechung dazu steht der intime, nach innen bezogene, familiäre und in vielfachem Sinne matrimonial gekennzeichnete Bereich von Hauswirtschaft und Garten.
Ökonomisch-politische und geistig-seelische Kräfte wirken an der mittelalterlichen Stadtgestalt zusammen. Doch es will scheinen, als hätten die Zeitgenossen selbst den gestaltwirkenden abstrakt-geistigen Beziehungen die größere Bedeutung für das Wesen ihrer Stadt zugemessen. Sie sind der erste und eigentliche Gegenstand zeitgenössischer Stadtbeschreibungen. Braunfels weist auf das überaus abstrahierte Bild hin, das sich die Zeitgenossen von ihren Städten machen[2]: Das wesentliche darin seien nicht optische Bezüge, nicht die sinnliche Freude an Formen oder »Räumen«, sondern allein die geistigen Zusammenhänge: Der Sinnbezug zwischen den Kirchen und ihren Titelheiligen und der Sinnbezug wiederum zwischen diesen und den Mauern der Stadt. Nur aus dem Wissen um die Bedeutung dieser Abstraktionen sei es, wie Braunfels schreibt, überhaupt zu verstehen, wenn Chronisten ihre Stadt Florenz mit (dem für unsere »Vorstellung« doch ganz anders gearteten) Rom vergleichen, oder Pistoja, Lucca, Arezzo mit Florenz.
In den charakteristischen Zusammenhang dieser wesentlichen abstrakten Beziehungen gehört auch der geistige »Ort«, den das Hospital innerhalb dieses mittelalterlichen Bildes der Stadt einnimmt. Die polare Ergänzung von Seele und Natur, von Diesseits und Jenseits, Leben und Tod, sind tiefe, gemeinverbindliche Beziehungen, über die das Hospital, im wahrsten Sinne des Wortes das »Heim« der alten Menschen, mit dem Beziehungsnetz des Stadtganzen verknüpft ist. Und diese Beziehungen ermöglichen es den Alten, in diesen öffentlichen Stiftungen, in unmittelbarer Nähe des Heiligen, bewußt ihrem irdischen Ende entgegenzugehen und sich gleichsam dem sie erwartenden jenseitigen Dasein aufzuschließen. Die Hospitäler sind sehr alte Einrichtungen in der Stadt. Sie liegen sehr oft in der Nähe der Hauptkirche, am »Heiligen Bezirk«. Wo nicht, haben sie oft eine eigene größere Kirche statt der obligaten kleinen Kapelle. Sie sind — im mittelalterlichen Verstande — öffentliche Stiftungen. Zuwendungen und Schenkungen an die Hospitäler haben den gleichen Rang wie Stiftungen an die Klöster. So treten diese Altenheime als Wesen eigener Prägung im Stadtganzen hervor, als gestalthafter »Ausdruck

---

[1] Vgl. hierzu Ph. Rappaport: »Sitten und Siedlungen im Spiegel der Zeiten«, S. 68 f., 78 f.
[2] Braunfels a. a. O., S. 131 ff.

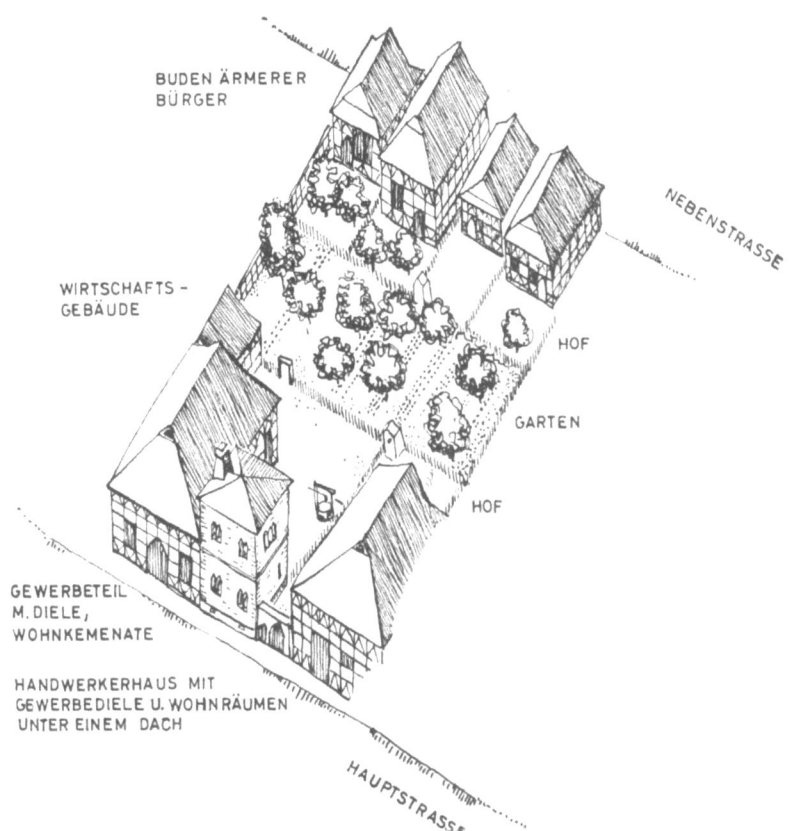

14 Goslar, Anordnung von Bürgerhäusern zwischen Haupt- und Nebenstraße.
11. bis 14. Jahrhundert (nach H. G. Griep)

sozialer Gebundenheit und Verpflichtetheit in der mittelalterlichen Stadt« (Gruber). Das Wesen dieser Gestaltungen ist ein Teil mittelalterlichen Wesens schlechthin – ihre gebaute Form ist Symbol dieses Wesens, zumal dort, wo sie von solchen Graden ist wie zum Beispiel das Lübecker Hospital St. Johannis –, beredtes Zeugnis der tiefen Daseinsbezogenheit mittelalterlicher Symbolik.
Es mag uns Heutigen oft schwerverständlich sein, wie sehr diese mittelalterliche – christliche, vielfach aber auch von paganem Erbe antiker wie germanischer Herkunft durchsetzte – Symbolik für den mittelalterlichen Menschen L e b e n s w i r k l i c h k e i t und L e b e n s b e d ü r f n i s war. Das Mittelalter lebte in Symbolen, und so ist denn auch der romanische wie der gotische Kirchenbau eine eigentlich symbolhafte Kunst, wie alle Kunst dieser Epoche, deren ungebrochen in unsere Tage herüberstrahlende Größe darin liegt, daß sie die reiche, vielfältige Kraft ihrer

Wesenheiten mit einer diesen Wesenheiten einzigartig entsprechenden Symbolwelt zur Gestalt zu vollziehen vermochte.
Diese Symbolfreude und Symbolkraft, die sich in allen geistigen Bereichen der Epoche darstellen, haben ihre Wurzeln in der ganzen geistigen Struktur: Das Metaphysische steht noch in polarer (mythischer!) Ergänzung zum Physischen, das Transzendente zum Diesseitigen. Alle Erscheinungen sind, nach Alfred v. Martin, nicht Fakten an sich, sondern »Träger symbolischer Bedeutungen«, sind ein »Sichtbares transzendentaler Beziehungen«. Hieraus folgt auch der dem Mittelalter wesentlich eigene Sinn für das gemeinverbindliche T y p i s c h e , das später durch die aus dem Mittelalter in die Neuzeit führende Evolution zugunsten des Einmaligen, des Individuellen verdrängt wird.[1]
Für uns Heutige ist Symbolik — so wir überhaupt noch einen Sinn dafür und eine Beziehung dazu haben — etwas außerhalb des täglichen Lebens, allenfalls über ihm Stehendes. Für den mittelalterlichen Menschen war sie alltägliche L e b e n s f u n k t i o n . Alles geistige Leben vollzog sich weitgehend über symbolische Aussage. Selbst Wissenschaft galt nichts um ihrer selbst willen, sondern war irdisches Symbol für ein höheres, ein jenseitiges Wissen, auf das sie vorbereitete (v. Martin). Aber auch die ganz profanen Dinge: Handel und Wandel, Essen und Trinken, die weltlichen Feste, das ganze gesellschaftliche Leben — alles war angefüllt mit echtem, b e w u ß t e m Symbolgehalt.
Diese allgegenwärtige Symbolik fand ganz selbstverständlich ihren Niederschlag nicht nur in der Gestalt einzelner Bauten, sondern auch des Stadtganzen. Das beginnt mit der grundsätzlich verbindlichen, wenn auch verschieden abgewandelten Kreuzform der die Stadtgestalt im Mittelalter so wesentlich bestimmenden Kirchen. Aus der Symbolik der Kreuzform folgt, gleichfalls wesentlich für die Stadtgestalt, die Symbolik der grundsätzlich verbindlichen Ost-West-Stellung der Kirchen. Buchstäblich »weitreichende« symbolische Bedeutung hat — in enger Verbindung mit dem noch zu erörternden Raumbewußtsein — das »raumlose« Herauswachsen der Kirchen aus dem Stadtcorpus, die »Zweizonigkeit« (Gruber) der optischen Aussage: In die Gassen hineinwirkende untere Zone und aus der Stadt hinauswirkende obere Zone.
Der mittelalterliche Kirchenbau kannte keine r ä u m l i c h e Monumentalität im späteren barocken Sinne. Die Kirche hatte keinen auf sich bezogenen, ihre optische Wirkung steigernden Raum vor sich oder um sich. Sie hatte eben noch keine P e r s p e k t i v e ! Sie wuchs als S y m b o l der Allgegenwärtigkeit Gottes, der Gemeinde in Christo, mitten aus der dichtgedrängten, wenngleich wohlgeordneten Schar der Bürgerhäuser. Selbst dort, wo um die Kirche schon früh eine Fläche ausgespart worden war für Friedhof, Totenhaus, Totenkapelle, da war dieser Bereich eben lediglich frei gelassen — »Plätze« jedoch im späteren Sinne räumlicher W i r k u n g , Platzwände und Perspektiven gab es nicht. Die »Vorstellung«, daß ein Kirchenbau seiner hervorragenden Bedeutung wegen durch gezielte räumliche Wirkungen hervorgehoben werden könne oder müsse, war so fremd, daß es offenbar durchaus in Ordnung war, wenn einer Kirche und dem sie umgebenden Heiligen Bezirk die

[1] Vgl. A. v. Martin: »Kultursoziologie des Mittelalters«, a. a. O., S. 371/2.

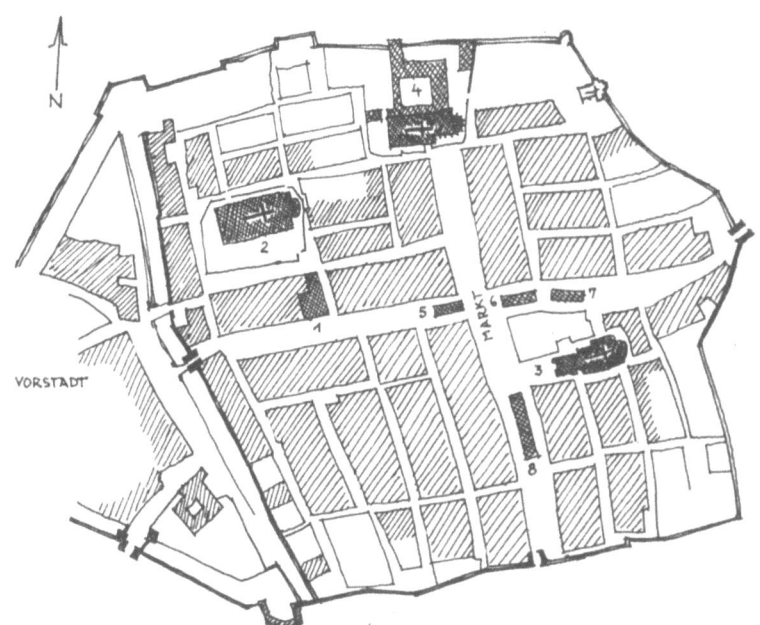

15 Rottweil, Stadtgrundriß im späten Mittelalter. 1 Rathaus, 2 Hl.-Kreuz-Kirche, 3 Kapelle, 4 Predigerkloster, 5 Herrenstube, 6 Kaufhaus, 7 Metzig, 8 Kornhaus

Rückseite von Bürgerhäusern mit Ställen, Abortlauben und Misthaufen zugekehrt waren, wie Gruber dies für Rottweil (Heiligkreuzkirche, s. Bild 15) exemplarisch zeigt.[1] Allein ihre steinerne Symbolkraft, das Bild der Gottesburg im romanischen Frühmittelalter, das ständige Zum-Himmel-Weisen der Türme und der steil aufragenden Bauglieder in der hochmittelalterlichen Gotik ist es, was die überragende Position der Kirche im Stadtganzen optisch ausdrückt.
Den Vorrang der symbolischen Bedeutung vor anderen, praktischen Gesichtspunkten oder ästhetischen Überlegungen vordergründiger Art zeigt auch die Tatsache, daß die Ost-West-Stellung der Kirchen sehr häufig auch dann eingehalten wird, wenn andere Bedingungen, wie etwa die Orientierung des Straßensystems aus geographischen oder topographischen Voraussetzungen heraus, ein Abweichen nahelegen würden. Ein Beispiel ist in Rottweil (Bild 15) die Stellung der Dominikanerkirche als nördlicher Abschluß des Straßenmarktes. Das Bauwerk nimmt auf diesen keinerlei optischen Bezug, was Gruber über den Grundriß hinaus durch eine Ansichtszeichnung vollends deutlich macht.[2]
Aber nicht etwa nur die Sakralbauten, die Kirchen und Klöster, sind dieser primär wirksamen Symbolik verhaftet. Auch die Stadtbefestigungen zum Beispiel, die

[1] K. Gruber a. a. O., S. 62 mit Abbildung.
[2] K. Gruber a. a. O.

Mauern und Türme — bei vordergründiger Betrachtung doch reine Zweckbauten —, sind tief in symbolische Beziehungen verflochten. Das Sinnbild der Stadtmauer spielt eine bedeutende Rolle in der symbolischen mittelalterlichen Kunst. Den Sinn des Bildes von der Stadtmauer erhellt Braunfels[1] deutlich aus einem Fresko Giottos in der cappella dell'arena in Padua, in welchem Gerechtigkeit und Ungerechtigkeit, Sicherheit und Unsicherheit, Himmel und Hölle in irdischen Abbildern gegenübergestellt sind: Symbol des Bösen ist die vor dem Stadttor, also außerhalb der Stadt sitzende Figur eines Tyrannen, der über eine von Raub, Mord und Totschlag bevölkerte Wildnis herrscht. Innerhalb der Stadtmauer aber thront die Göttin der Gerechtigkeit. Die Stadtmauer wird also dargestellt als das Symbol des Guten schlechthin. In vielen anderen zeitgenössischen Darstellungen ist diese symbolische Aussage variiert. Die Stadtmauer ist jedoch nicht nur als Ganzes in diesem Sinne symbolträchtig, sie ist es auch in ihren einzelnen Bestandteilen. So ist, wiederum nach Braunfels, die Zahl der Tore und der Türme oft auf die Zahl der Apostel und der Jünger Jesu abgestellt. Diese Beziehung der Verteidigungssysteme auf die christliche Zahlenmystik soll die Sicherheit der Stadt bestärken. Daß solche Beziehungen nicht etwa welt- und lebensfremd waren, nicht einer abstrakten Spielerei entstammten, sondern daß sie ebenso lebenswirklich empfunden wurden wie etwa die symbolischen Gehalte im Kirchenbau, das beweist unter anderem der Umstand, daß ganz allgemein die Bürger, die innerhalb der Mauer wohnten, eine ganz andere, viel weitergehende Rechtsstellung genossen als diejenigen, die aus Gründen ihres Gewerbes oder auch einfach deshalb, weil die Innenstadt überfüllt war, ihren Wohnsitz außerhalb des Mauerringes genommen hatten.
Mittelalterliche Gestalt vollzieht sich also primär nach symbolischen, erst sekundär nach ästhetischen Prinzipien. Bei aller Übernahme antiken Erbes in den Einzelformen werden diese doch immer der symbolischen Expression unterstellt. Das Primat des Symbolischen gilt »selbstverständlich« auch für die mittelalterliche Stadt als Ganzes. Braunfels legt dar,[2] daß sie den Zeitgenossen weniger als Konkretum bewußt war, weniger als corpus einer Gesellschaft, schon gar nicht als ästhetische Komposition, sondern sehr abstrahiert als Heiltum, als ein komplexes Symbol des Heiles in Christo, als Ebenbild der augustinischen »Civitas Dei« auf Erden, dargetan in dem Beziehungsnetz der Heiligen und ihrer Titelkirchen, der Pilgerwege, der Reliquien. Und mit Recht scheint uns die Frage gestellt zu sein, ob die mittelalterliche Stadt als Ganzheit geistigen, symbolischen Prinzips deswegen ein Kunstwerk gewesen sei, oder ob nicht vielmehr ihre Gestalt außerkünstlerischen Überlegungen zu verdanken sei.[3] Wir werden darauf noch näher eingehen müssen.
Irrelevant ist dem Mittelalter im ästhetischen Aspekt der Raum. Er ist ihm überhaupt keine ästhetische Kategorie, oder doch zumindest als solche nicht bewußt. Er ist Distanz, Zwischen-Raum, das zwischen zwei Dingen Liegende. Dieses Verhältnis des Mittelalters zum »Raum« ist entscheidend mitbestimmt von der aristotelischen Weltauffassung, der ein ganz bestimmter Raumbegriff zugehört.

[1] Braunfels a. a. O., S. 45 ff.
[2] Braunfels a. a. O., S. 135.
[3] Braunfels a. a. O., S. 136.

Dabei ist zunächst zu bemerken, daß es bei Aristoteles den »Raum« (chóra) als selbständigen Begriff gar nicht gibt. Er spricht vom »Ort« (tópos), dem er in seiner »Physik« auch ein besonderes Kapitel widmet. Den Raum schließt er sekundär in den Begriff des Ortes ein.[1] Nun ist der »Ort« bei Aristoteles nicht nur ein Etwas, sondern er hat sein eigenes Kraftfeld, seine dýnamis, in der »Bewegung eines Jeden an seinen Ort«, was nach Conrad-Martius gleichzeitig meint: »... in seine Gestalt.« Denn Aristoteles setzt — und darin liegt eine enge Beziehung unserer eingangs dargelegten Gestaltkonzeption zu der aristotelischen Auffassung — den »Ort« eines Dinges in direkten Bezug zu seiner Gestalt (eîdos oder morphé). Für ihn ist jedwede Sache durch ihre Gestalt entscheidender definiert als durch ihren äußeren Umriß, ihre Erscheinungsform (schéma). Zur Gestalt, dem wesenhaften »Was«, gehört aber auch ein wesenhaftes »Wo« des Dinges. Mit der »inneren eidetischen Begrenzung« (Conrad-Martius), mit dem »Wesenswas«, wird also zugleich das »Wesenswo« gesetzt. Die aus Wesen und Form gegebene Gestaltdefinition schließt die örtliche Definition in sich ein.[2]

Der Einfluß dieses aristotelischen Raum-, oder eigentlich besser Orts-Begriffes auf den mittelalterlichen Raumbegriff wird aus der Gestalt der mittelalterlichen Stadt unmittelbar deutlich. Ihre »Raum«-Beziehungen sind eben nur aus dem ordo, aus der Verbindung des Wesenswas mit dem Wesenswo heraus verstehbar. Im Sinne des Barocks, im späteren perspektivischen Verstande also, ist die mittelalterliche Stadt schlechterdings r a u m l o s ! Ihre Energien liegen nicht in qualitativen Raumverhältnissen, die es einfach noch nicht gibt, sondern in der ihr eigenen Logik innerer, geistiger, abstrakter Beziehungen aller Teile zum Ganzen und i m Ganzen untereinander. Raum ist als Qualität noch nicht bewußt. Aber den idealtypischen mittelalterlichen Markt-»Platz« der Gründerstädte, der also immer bewußt angelegt und nicht zufällig gewachsen ist, etwa als noch nicht gekonnte, noch nicht zur Virtuosität gereifte Platzbildung im späteren perspektivisch-barocken Sinne zu deuten, wäre unsinnig. Das wäre ebenso unsinnig, wie eine Kategorisierung der archaischen griechischen Plastik als eine »noch nicht gekonnte« Vorstufe der kanonischen Klassik oder des romanischen Kirchenbaues als einer minderen Vorstufe der Gotik. Was jeweils zwischen beiden liegt, das ist w e s e n t l i c h e Wandlung des Bewußtseins, aus dem heraus gestaltet wird. Der barocke Raum hat seine eigenen, auf einer weltverändernden Bewußtseinswandlung gegenüber dem Mittelalter beruhenden Gesetze, die der mittelalterlichen kosmisch gegliederten Ordnung völlig wesensfremd sind. Die mittelalterliche Stadt folgt also ganz anderen inneren Gesetzen als denen eines v o r g e s t e l l t e n R a u m e n t w u r f e s. (In der Gestalt des einzelnen Bauwerkes, einer romanischen oder einer gotischen Kirche etwa, ist das naturgemäß ganz ebenso!)

Wie die äußere Form, das »schéma«, des einzelnen Bauwerkes innerhalb der Stadt — der aristotelischen Konzeption entsprechend — primär aus der W e s e n h e i t

[1] Vgl. Hedwig Conrad-Martius »Der Raum«, München 1958, S. 109.
[2] H. Conrad-Martius gebraucht diese Begriffe etwa in umgekehrter Bezeichnung und setzt »äußere Gestalt« für unsere ›Form‹, dagegen »Wesensform« für unsere ›Gestalt‹. Nach dem oben zu unseren Begriffsdeutungen Ausgeführten möchten wir jedoch bei unseren Bezeichnungen bleiben, in der Überzeugung, das gleiche zu meinen.

(dem Wesenswas und Wesenswo) seiner Aufgabe bestimmt wird, so folgt die äußere Form der Stadt selbst gleichfalls dem Wesen ihrer inneren Ordnung und Bestimmung. »Raum« als Selbstzweck ist unbewußt. Aber auch »Raum« als Ausdrucksmittel (Raum im perspektivischen Sinne als dreidimensionale Form) im Dienste einer Idee oder eines Ordnungsprinzips, als Mittel künstlerischer Aussage, ist nicht bewußt. Die Dinge haben aus ihrer kosmischen Ordnung heraus ihren »Ort«, der zu ihrem Wesen gehört und den sie in ihrer Gestalt einzunehmen bestimmt sind. Der Ort eines Gebäudes steht in Beziehung zu den Orten anderer Gebäude, zum Ort der Straße, des Marktes, der Kirche, der Mauer usw. — was »dazwischen« sich befindet, das ist nicht geformter Raum, sondern Distanz, A b s t a n d als Bestandteil der kosmischen Ordnung des Ganzen.

Diese »Raumlosigkeit« — im wohlverstandenen Sinne — gilt entsprechend für die soziale Struktur wie für die geistige Gesamthaltung des Mittelalters. Der Stadt-»Raum«, der soziale »Raum«, der geistige »Raum« und welche Begriffsverbindungen von »Raum« man immer in diesem Zusammenhang verwenden mag — stets sind sie für das Mittelalter als »Das-zwischen-den-Dingen-Liegende« zu fassen, als Bestandteil der kosmischen Weltordnung, in die sich Mittelalter eingebettet hat. Diese Ordnung ist unperspektivisch, oder v o r - perspektivisch, sie ist nicht gerichtet, weder im Raum noch im Denken, sie objektiviert die Dinge nicht, bezieht sie nicht auf den einzelnen, nicht auf den Augenblick, nicht auf einen »Standort«. Sie ist z w e i d i m e n s i o n a l.

Innerhalb dieser zweidimensionalen Ordnung ist zum Beispiel in der mittelalterlichen Stadt die S t r a ß e ein entsprechend zweidimensionales Gebilde: in ihrer sachlich-technischen Funktion wie in ihrer geistig-psychischen Erlebnisfunktion. Das Idealbild der Straße — wo und soweit ein solches überhaupt bewußt wurde — muß das einer geraden Verbindung gewesen sein. Die dennoch häufiger auftretenden gekrümmten Straßenzüge können nicht als Ergebnisse raumkünstlerischer Überlegungen gelten, wie das in Stadtbeschreibungs-Feuilletons gern behauptet wird. Sie sind vielmehr allgemein Folgeerscheinung entweder einer von vornherein kreis- oder ringförmig konzipierten Stadtanlage oder anderer geographischer, verteidigungstechnischer, immer jedoch sachlicher, außerkünstlerischer Überlegungen oder Bedingungen. Die raum-objektivierende Vorstellung, das einzelne Gebäude durch Windungen der Straße jeweils besser in das Blickfeld zu rücken, ist völlig unmittelalterlich und erst dem Raum- und Ich-bewußten Neuzeitmenschen möglich. Jakob Burkhardt empfindet es selbst für das oberitalienische Quattrocento als außergewöhnlich, daß Leon Battista Alberti in seinem Werk über die Architektur die Schönheit gewundener Straßen hervorhebt.

Wir betonten es schon nachdrücklich: Unsere Überlegungen zielen auf eine idealtypische Fiktion. Eine solche ist naturgemäß an einer einzelnen Stadt wohl nirgends und niemals vollkommen verwirklicht worden. Denn das Mittelalter ist nichts in sich Abgeschlossenes, dem etwa die Neuzeit mit der Renaissance wie ein ganz anderes gegenüberträte. Das mittelalterliche Bewußtsein ist in seiner Readaption des Mythischen gleichzeitig dessen letzte Stufe u n d die Vorbereitung des Neuen, des Mentalen, der Perspektivischen Welt.

Der Gestaltwandel

Die gestaltwirkenden Kräfte

Während das mittelalterliche Wesen und damit auch die mittelalterliche Stadt ihre vollkommenste Ausprägung im nordalpinen Bereich fanden, ging das nördliche und mittlere Italien, aus der allgemeinen Entfaltung frühzeitig ausscherend, einen eigenen Weg, der von den besonderen strukturellen Bedingungen dieser Region bestimmt wurde. Welches sind vor allem diese Bedingungen?
Eine sehr wesentliche deuteten wir bereits an: Hier wirkt die Antike naturgemäß am stärksten nach – in der gleichen Landschaft, unter dem gleichen Himmel und an Menschen, denen die antike Tradition bluts- und überlieferungsmäßig am höchsten stand. Hier waren die germanischen Überlagerer in großem Ausmaß biologisch und kulturell von den Überlagerten aufgesogen worden, während im Norden das Erbe der dort nur von einer dünnen mönchisch-aristokratischen Oberschicht übertragenen Antike sich dem im Volke zunächst fast ausschließlich lebendigen germanischen Überlieferungsgut gegenüber durchzusetzen hatte.
Dazu traten andere Voraussetzungen: War Italien ohnehin über die mittelmeerischen Verbindungen dem Orient und seinen damaligen Einflüssen am nächsten und für den Warenumschlag des europäischen Orienthandels prädestiniert, so verstärkte sich dieses Moment in hohem Maße mit dem Beginn der Kreuzzüge, also zu Ende des 11. Jahrhunderts. Mit der ständig zunehmenden Intensivierung des Orienthandels, der zu Beginn des 12. Jahrhunderts bereits überwiegend durch Italien, statt wie vorher über Rußland, ging (A. Weber), kamen die rationalen Errungenschaften der islamischen Araber in verstärktem Maße ins Land und fielen bei den Erben des bereits stark rational geprägten Römertums auf fruchtbaren Boden. Eine wesentliche Voraussetzung für die zeitige Entfaltung ganz neuer, rationaler, kapitalistischer Methoden und Prinzipien, aus denen die von Oberitalien später ausgehende kulturelle Bewegung in starkem Maße gespeist wurde.
Hinzu kam die Situation Oberitaliens im politischen Aspekt: Den andauernden Streit zwischen Kaisertum und Papsttum vermochten die aus den vorgenannten Bedingungen heraus frühzeitig (wieder-)erstandenen Städte in besonderem Maße für sich zu nutzen. Das »Vakuum«, das dieser Streit in Norditalien entstehen ließ und das sich unter der geographischen Ferne des Kaisers und seinen nur gelegentlichen Italienzügen zu einem anarchie-ähnlichen Zustand ausgewachsen hatte, gab den Kommunen die Gelegenheit, sich selbst die regionale Macht weitgehend anzueignen, wovon sie denn auch kraftvoll Gebrauch machten.
Äußerlich vollzog sich das dergestalt, daß stadtsässige Geschlechter(!) sich aus der

allgemeinen Verfilzung der Lehnsverhältnisse lösten und eine Selbstverwaltung schufen, die nicht nur gemeindliche Ausdehnung hatte, sondern bei Einschluß weiter ländlicher Bereiche durchaus »staatliche« Züge tragen konnte. So wurde die Anarchie der Frühzeit in Oberitalien bald abgelöst von sehr schnell sich ausbildenden, faktisch nahezu vollkommen unabhängigen Stadtstaaten, »... Gebilde ohne Tradition und ohne Vorbild, illegitim, zugleich in merkwürdiger Weise rational ...«[1] Im Gegensatz zum Norden, wo die mehr oder weniger autonomen Städte in fürstlich beherrschte Territorien gleichsam eingesprenkelt waren, sogen hier die Stadtrepubliken die feudal-ländlichen Bereiche in sich auf, so daß schließlich vielfach Stadtstaat an Stadtstaat grenzte. Diese Gebilde wurden das »Ursprungsgehäuse des abendländischen Kapitalismus« ebenso wie der universalkulturellen Bewegung, die als »Italienische Renaissance« alsbald Europa ergreift und das sich innerlich auflösende Mittelalter im Norden überwindet.

Für die Gemeindebildung in diesen frühen Groß-Kommunen ist — worauf Braunfels verweist — die Stellung des Bischofs von wesentlicher Bedeutung.[2] Und fast jede der größeren oberitalienischen Städte war damals Bischofsstadt. Der Bischof war erster Bürger der Civitas, solange er aus deren Mitte gewählt wurde. So ist er einerseits dem Volke natürlich verbunden, andererseits jedoch kraft seiner Position innerhalb der kirchlichen Organisation eine Ordnungsmacht ersten Ranges. Voraussetzungen, aus denen heraus die Bischöfe zur Entfaltung des Stadtbürgertums im guelfischen Sinne erheblich beitragen konnten.

Vor dem Hintergrund dieser ökonomischen und politischen Bedingungen, der rasch sich entwickelnden wirtschaftlichen Prosperität, der frühen Rationalität und der politischen Unabhängigkeit der Städte ereignet sich in diesen ein besonders früher und kräftiger — freilich nur episodischer — Vorstoß in Richtung demokratischer Freiheitlichkeit. Zuerst unter den Bischöfen. Als diese nicht mehr aus der Stadtgemeinde gewählt, sondern »von außen« eingesetzt wurden, trägt ihn der wohlorganisierte Verband des popolo, ein nicht nur sozialer und ökonomischer Begriff, sondern wesentlicher politischer Faktor innerhalb des Stadtgeschehens. Fußend auf der Verbrüderung der Zunftverbände (arti, paratici), bildete der popolo (in sich differenziert nach Geltung der Zünfte in »popolo grasso« und »popolo minuto«) faktisch eine Sondergemeinde innerhalb der Kommune, mit eigenen Beamten, eigenen Finanzen und eigener Militärverfassung, »... der erste, ganz bewußt illegitime und revolutionäre politische Verband«.[3] Er entstand als Gegenkraft zu der in den norditalienischen und mittelitalienischen Städten verhältnismäßig zahlreichen gibellinischen Stadtadelsschicht und entwickelte in der fortdauernden Auseinandersetzung mit dieser seine eigenen ökonomischen und politischen Machtmittel — eine frühe Schule bürgerlicher Demokratie. Interkommunal war der popolo geeint in der »parte guelfa« mit einem Parteistatut, das als Teil der Stadtstatuten eingeführt wurde.

[1] Alfred Weber: »Kulturgeschichte als Kultursoziologie«, S. 302.
[2] Braunfels a. a. O., S. 26 und S. 28.
[3] Max Weber: »Die Stadt« in »Grundriß der Sozialökonomik«, Bd. III »Wirtschaft und Gesellschaft«, Tübingen 1921, S. 562 ff.

So war der popolo als Organisation des Stadtbürgertums mit sozialer, ökonomischer, politischer und auch religiöser Funktion in seinem Gegensatz zur herrschaftlich-feudalen Oberschicht zunächst der Träger und Wahrer der politisch-gesellschaftlichen Ordnung in den oberitalienischen Städten. Diese Grundform pendelt freilich auch hier nach verschiedenen Richtungen in unterschiedliche Einzelkonstellationen aus — vor allem wieder durch die Verschmelzung von oberen Zünften (denen ja auch die akademischen Stände der Notare, der Richter und der Ärzte angehören) und Stadtadel sowie durch die verschiedengradige Beteiligung des popolo minuto an der ökonomischen und damit politischen Macht und die hieraus resultierenden Gegensätzlichkeiten zwischen popolo grasso und popolo minuto.

Zu diesen sozialen, ökonomischen und politischen Bedingungen tritt eine sehr wesentliche ethnisch bedingte Voraussetzung hinzu: die Gefühls- und Sinnesbetontheit des Italieners. Der logisch-konstruktiven Haltung des Nordens tritt die sensitiv-optische Grundeinstellung Italiens gegenüber — italienisches Form f ü h l e n dem gotischen Form d e n k e n. Die Gotik, der stark abstrahierte, betont konstruktive Ausdruck des nordalpinen Mittelalters, ist dem Italiener wesensfremd, ja häufig verhaßt. Darum kann auch das mittelalterliche Wesen dem italienischen Kunstbemühen nichts eigentlich Großes, Eigenständiges abgewinnen. Es vollendet sich im Norden und läßt den Süden zunächst suchend verharren. Mit unbändiger Kraft drängt aber gerade deshalb dort das Neue an die Oberfläche: die Perspektivische Welt, mit deren unendlich vielgestaltigem Aufbrechen Italien für über zwei Jahrhunderte wieder die kulturelle Führung in Europa übernimmt.

Die Motorik des Geschehens liegt hier wie im Norden im Ö k o n o m i s c h e n. Hier jedoch schon sehr früh mit ganz anderer Intensität, Dynamik und auch mit unterschiedlicher Methodik. Während sich der Handel im Norden auf längere Zeit noch überwiegend auf der Basis des T a u s c h - geschäftes vollzieht, geht man in Oberitalien schon sehr frühzeitig zum g e l d - wirtschaftlichen Prinzip über. Dies geschieht, wie bereits angedeutet, unter großem Einfluß aus dem arabisch-islamischen Kulturkreis, dessen stark rationale Errungenschaften in zunehmendem Maße übernommen werden. Die zunächst durchaus überlegenen Erkenntnisse der islamischen Welt, der Spätzeit der arabisch-islamischen Hochkultur, hatten dort bereits zu einem hochgradig rationalen Weltgefühl geführt. Sie beflügelten nun die Erben des antiken rationalen Römertums, erweckten die — durch die mehrfache germanische Überlagerung verjüngte — antik-römische Rationalität wieder zur geschichtlichen Kraft.

Gegen Ende des 10. Jahrhunderts hatte sich bereits das arabische Zahlensystem in Europa verbreitet. Zur gleichen Zeit hat der Bücherbestand der arabischen Bibliothek von Cordoba — einer Spätzeit-Stadt mit über einer Million Einwohnern! — die 400 000 überschritten. In Kairo wird 988 die arabische Universität Al Azhar gegründet. Bereits im 9. Jahrhundert waren von arabischen Gelehrten mathematische sowie erd- und himmelskundliche Lehrwerke geschrieben worden. Zu Beginn des 10. Jahrhunderts wurde von Arabern die Logik des Aristoteles wissenschaftlich kritisiert, die geographisch-astronomische Lehre des Ptolemäus widerlegt und die Atomlehre des Demokrit erweitert fortgesetzt. Die Philosophie und sogar die im Abendland noch völlig im Mythischen befangene Musik waren Gegenstand wissenschaftlicher Untersuchungen und Darstellungen geworden. Um 950 war ein zweiundfünfzigbändiges enzyklopädisches Lexikon entstanden, und zur gleichen Zeit etwa wurde der Wechsel als Zahlungsmittel von den Arabern nach Europa eingeführt.

Mit den in Italien bereitwillig aufgenommenen Prinzipien der Geldwirtschaft ist zwangsläufig eine hier nun besonders rasch fortschreitende Abstrahierung der wirtschaftlichen Werte verbunden und damit eine grundsätzliche Wandlung des Eigentumsbegriffes.[1] Während das Mittelalter im Norden — wie oben dargelegt — von einem konkreten, persönlich gebundenen Eigentumsbegriff durchdrungen ist, lösen sich hier rasch die persönlichen Eigentumsbindungen auf, das abstrakte Wechselwesen, Bankwesen entsteht, Besitz drückt sich nicht mehr in Immobilien aus, ist nicht mehr an Grund und Boden gebunden, sondern in zunehmendem Maße an die Produktionsmittel, an das Konto, an Wechsel, Schuldverschreibungen, Wertpapiere.

Das eröffnet der persönlichen Initiative ganz neue Möglichkeiten. Die Geldwirtschaft ermöglicht weiten Kreisen, ja potentiell jedermann, für Arbeitsleistung, welcher Art auch immer, in den Besitz des Geldes zu kommen, das nunmehr überwiegend die ökonomische Macht repräsentiert. (In diesem Primat des Ökonomischen, aus dem sich sekundäre soziale wie politische Konsequenzen ergeben, liegt der entscheidende Unterschied zwischen dem nun sich entfaltenden oberitalienischen und dem früheren antik-griechischen Stadtstaat, polis, denn in diesem zuletzt genannten lag das Primat der Kräfte eindeutig im politisch-militärischen Denken und Handeln, aus dem sich umgekehrt ökonomische Wirkungen ergeben konnten — vgl. Max Weber a. a. O., S. 590 f. und 597.) Wurde nun einerseits die persönliche Freiheit des einzelnen durch diese ökonomischen Möglichkeiten stark erweitert, so wurde andererseits auch seine rationale Substanz durch diese frühkapitalistischen Lebensbedingungen herausgefordert. Von der beschaulichen, seelisch bezogenen mittelalterlichen »vita contemplativa« hinweg wurde er zu einer betont verstandesmäßigen Lebenshaltung und Lebensanstrengung veranlaßt. Allein durch die rationale Beherrschung der neuen kapitalistischen Spielregeln konnte er zu wirtschaftlichem Erfolg gelangen, damit zu einem höheren Maß an Freiheit und Beteiligung an der Macht. Ist der »homo religiosus« des mittelalterlichen Typs primär dem Sein verbunden, so richtet sich der »homo oeconomicus« jetzt auf das Werden, auf Leistung und Erfolg.

Ein neuer Typ des Stadtbewohners als Kulturträger bildet sich heraus. Denn die zunehmende Rationalisierung im Ökonomischen übertrug sich naturgemäß nicht nur auch auf andere Daseinsbereiche, sondern pflanzte sich auch in das Bewußtsein ein. Nach der magischen und der mythischen bereitet sich hier eine neue Bewußtseinsmutation vor, die mentale, die, von hier ausgehend, um die Mitte des Jahrtausends das ganze europäische Abendland endgültig ergreift.[2]

---

[1] Hierzu und zum folgenden siehe vor allem A. v. Martin: »Soziologie der Renaissance«, aber auch Alfred Weber a. a. O., S. 303 ff.

[2] Gebser a. a. O., Bd. I, S. 123 ff.

An die Stelle der b e w a h r e n d e n Kräfte mittelalterlicher Kultur, des ordo, der kosmischen Weltanschauung, beginnen hier schon frühzeitig aus dem kaufmännisch-unternehmerischen Element erwachsende »fortschrittlich«-l i b e r a l e Kräfte zu treten, beginnt die Sprengung des ordo durch den Willen. Dem Prinzip der vorgegebenen göttlichen Ordnung des Weltganzen, die alle Lebensbereiche umfaßt und ganzheitlich in sich schließt, tritt das Prinzip der Ordnung als m e n s c h l i c h e K o n s t r u k t i o n gegenüber. Unter dem Primat des ökonomischen Denkens und Handelns ereignen sich die nunmehr entscheidenden Vorstöße in eine neue rationale Welt, deren Aufgabenstellung nicht mehr E i n o r d n u n g heißen soll in eine göttlich vorgegebene Weltganzheit, sondern W e l t b e w ä l t i g u n g des einzelnen durch Denken, Wollen und Können. Der universellen Statik des mittelalterlichen ordo tritt hier eine individuelle D y n a m i k gegenüber, im Sinne tätig realisierten Wollens, aufbrechend, in Neues vordringend.

Freilich ist das, auch im frühesten Stadium, nicht ausschließlich die Domäne Oberitaliens, freilich ereignen sich wesentliche und wichtige Vorstöße in diese neue Welt auch schon früh in anderen europäischen Bereichen, im Norden, sowie deutliche rationale Ansätze — allerdings unter dem ganz anderen Vorzeichen staatlicher Verwaltung — im süditalisch-sizilischen Normannenreich unter Roger II. und dann besonders unter Friedrich II. Aber in den oberitalienischen Stadtstaaten findet diese neue Welt zuerst aus Einzelvorstößen heraus in eine allgemeine Prägung, wird Lebenswirklichkeit, bildet hier ihr eigenes Wesen, findet adäquate Formen, und so gewinnt sie hier zuerst G e s t a l t.

In den oberitalienischen Städten entstehen nicht nur die ersten europäischen Banken (um 1150), entwickelt sich nicht nur das bis auf den heutigen Tag geübte System kapitalistischer Geldwirtschaft, wird nicht nur die doppelte Buchführung zuerst angewandt, dort beginnt die neue Rationalität sich auch im Geistigen zu institutionalisieren. In zahlreich gegründeten »Accademien« vollzieht sich zu einem großen Teil die künstlerische, naturwissenschaftliche und philosophische Auseinandersetzung mit der neuen Weltbewältigung. Bereits im Jahre 1080 wird in Bologna die erste europäische Universität mit Rechtsstudium gegründet. Die »T e c h n i k «, im umfassenden Sinn der Antike neu aufgegriffen, gewinnt hier wieder kulturgestaltende Kraft: Ihre souveräne Beherrschung wird mehr und mehr zur Voraussetzung des persönlichen Erfolges. Damit gewinnt die diesseitige P h y s i k wieder das Primat vor der jenseitigen M e t a p h y s i k, der »Causa primaria« des mittelalterlichen Denkens. Die Kenntnis der Naturgesetze, ihre Beherrschung und praktische Anwendung sind Gegenstand der verstandesmäßigen Anstrengung und Mittel ökonomischer Machtausübung und damit größtmöglichen Freiheitsgewinns. Die das Mittelalter durchaus beherrschende Metaphysik ist noch geduldet, aber nicht mehr eigentlich interessant.

Die neue Bewußtseinsbildung aus der erwachenden Rationalität, die Inthronisation des persönlichen Willens und der technischen Erfahrung begann alsbald auch im Bereich der Künste Gestalt zu suchen. Hier wird naturgemäß der Rückgriff auf die klassische Antike, das Neuschöpfen aus ihren Quellen frühester mentaler Haltung, besonders deutlich spürbar. Auf diese Quellen sich bewußter als je zuvor besinnend, beginnt der künstlerisch Arbeitende sich aus dem genossenschaftlich gebundenen Handwerkerstand zu lösen und sich mehr und mehr der persönlichen technischen Erfahrung wie dem eigenen zielbewußten Wollen zu verschreiben. Und er hat da jetzt ganz andere Aufgaben: die künstlerische Durchdringung und ebenbildliche Gestaltung der neuen Welt des Bürgertums! Der Weg, den er zur Erfüllung dieser Aufgaben beschreitet, ist reflektierendes Bemühen, persönliches Suchen und Finden.

Hier, am Weg der Bildenden Künste, zeigt sich ganz deutlich, daß das Mittelalter — verstanden als Inbegriff einer bestimmten Bewußtseinslage, als Inbegriff einer bestimmten Lebenshaltung und Lebensäußerung — für Oberitalien weitgehend stumm blieb und ohne eigentlich schöpferische Gestaltung. Wo sich das Mittelalter künstlerisch niederschlägt, sind es zumeist Einflüsse aus dem Norden, die zwar italienisch abgewandelt werden, nicht aber zu eigenständiger Entfaltung gelangen. In der Baugestaltung gilt dies vor allem für die oberitalienischen Beispiele gotischen Bauens. Aber auch in der Malerei bleibt der mittelalterliche Ausdruck Episode, gleichsam schöpferisches Atemholen vor dem Aufbruch in ein großes neues Unternehmen. So die frühsienesische Goldgrund-Malerei, die noch absolut zweidimensional, nur in der Fläche kommunizierend, Ausdruck rein psychischen Erlebens ist, Aussage mythischer Kontemplation.

Bald aber beginnt — zunächst noch weitgehend unreflektiert — der Aufbruch aus dem mythischen Goldgrund heraus in eine allmählich heraufdämmernde, aus dem Menschen »erwachende« Räumlichkeit hinein. Giotto ist ein Markstein, als Malender weit mehr denn als Bauender. Seine »Auferweckung des Lazarus« in der Capella dell'arena in Padua (siehe Bild 16) zeigt nicht nur das drastisch-volkstümliche Erzählen als besondere, recht unmittelalterliche Eigenart des Meisters, sondern es scheint über die deutlichen Ansätze vordergründiger, bildnerischer Räumlichkeit hinaus bereits auch eine innere, geistige Raumtiefe aus sich zu entlassen — in der Gegenüberstellung der sehr plastischen, imponierenden Gestalt des erweckenden Christus mit der noch alle Anzeichen des Todes tragenden, sehr unplastischen, ganz und gar »gebundenen« (im zugrunde liegenden Evangelistentext — Johannes 11, 44 — sind ihm nur Hände und Füße gebunden!), zum Erwecktsein sich erst anschickenden Lazarus-Figur.

Gleichsam das Resümee der weiteren Entfaltung dieser Kunstbemühung im Verlauf des 14. Jahrhunderts, in dem sich allmählich eine gewisse praktische Gesetzmäßigkeit von Raum und Raumtiefe herausbildete, gleichzeitig aber auch einen entscheidenden Schritt nach vorn vollzieht der noch ganz junge Masaccio, als er die Fresken der Brancacci-Kapelle von Santa Maria del Carmine in Florenz malt. Zum Vergleich mit dem oben erwähnten Giotto-Fresko bietet sich die »Erweckung der Petronilla durch Petrus« an (siehe Bild 17). Auch hier ist der Vorwurf noch ein durchaus christlich-mythischer, dem des Giotto-Freskos aus Padua eng verwandt. Aber es ist doch deutlich zu spüren, daß das eigentliche Thema dieser bildnerischen Evolution nicht der ikonographische Vorwurf ist, sondern die Realisierung des Raumes! Des vordergründig-bildnerischen Raumes (in einer vergleichsweise vollkommenen perspektivischen Zeichnung) wie eines geistigen Tiefen-

16 Auferweckung des Lazarus (Giotto)

raumes in der szenischen Verbindung der so völlig unterschiedlichen Bildinhalte (der Erweckung rechts, der Almosenspendung links, der spazierenden Bürger in der Mitte). Das ist die große Anfangsleistung des Quattrocento, das bald nach der Vollendung der Masaccio-Fresken in den dreißiger Jahren anhebt, sich auch in der Theorie, also in weitgehender B e w u ß t h e i t des völlig Neuen, der Realisierung und Objektivierung des Raumes, mit den rationalen Gesetzen und Möglichkeiten des neuen Stils auseinanderzusetzen.

Mit den theoretischen Werken des Cennino Cennini (Trattato della pittura) und des Leon Battista Alberti (Della pittura, 1436, mit einem besonderen Kapitel »Della prospettiva«, einem ersten Darstellungsversuch perspektivischer Konstruktion) ist der Raum als Begriff und Aufgabe endgültig in das reflektierende Bemühen eingetreten. Die theoretischen Schriften über dieses Thema folgen im Verlauf des

17 Petrus erweckt die Petronilla (Masaccio)

Jahrhunderts dicht aufeinander. Von L. B. Alberti über Lorenzo Ghiberti (etwa 1450), Piero della Francesca und Luca Pacioli (der auch die doppelte Buchführung erfand) bis hin zu Lionardo da Vinci, der schließlich die Rationalisierung des Raumes um die Deutung der »atmosphärischen« Perspektive erweitert und vollendet. Luca Pacioli hatte zuvor in seiner »Divina proportione« die Perspektive als achte Kunst gefeiert (der Pollajuolo wenig später in St. Peter ein Denkmal setzt).
Diese Bewußtwerdung des Raumes in der Malerei war freilich begleitet von mannigfaltigen gleichartigen Äußerungen in den anderen Künsten, der plastischen wie der Baukunst, aber auch der Literatur, ja selbst der Musik. Gleichzeitig mit Giottos Wirken entsteht zum Beispiel Andrea Pisanos »Astronomenrelief« am Campanile des Florentiner Domes. Eine Darstellung, in der deutlich der Mensch dem Himmel objektiv gegenübersteht, der ihn nun nicht mehr mythisch einschließt. Und während Cennini und Alberti ihre ersten theoretischen Reflexionen über die Perspektive anstellen, hat Brunellesco auf Grund praktischer perspektivischer Konstruktionen bereits die Domkuppel in Florenz gewölbt — einen Kuppelbau ausgeführt, der nicht mehr antik-mythischer, bergender, matrimonial einschließender Höhlenraum ist, sondern rational perspektivisch vor gedachten, elliptischen Raum bewußt dreidimensional erschließt.
Wiederum fast zur gleichen Zeit gibt der junge Petrarca in einem Brief an seinen Lehrer, einen Mönch, literarisches Zeugnis ersten persönlichen Raumerlebens. Er beschreibt in diesem Brief seine Besteigung des Mont Ventoux bei Avignon und schildert sein — ihn selbst tief erschütterndes — »... Heraustreten aus der Zeit in den Raum.«[1] — Auch in der Musik vollzog sich das Vordringen auf rationalen Wegen in den Raum: Nachdem bereits in der ersten Hälfte des 11. Jahrhunderts Guido

[1] Dieser Brief ist ausführlich zitiert und kommentiert bei Gebser a. a. O., Bd. I, S. 25 ff.

von Arezzo mit der Erfindung der Notenschrift und mit seinem musiktheoretischen Werk diese Rationalisierung vorbereitet hatte, wird mit der Entdeckung der Akkorde, ihres mathematisch faßbaren Systems und ihrer Anwendung auf der im 14. Jahrhundert bereits hoch entwickelten Orgel, auch diese Kunst räumlich.

Die intensive, umfassende Gestaltwirksamkeit der Bewußtwerdung und Objektivierung des Raumes vermögen wir jedoch erst recht zu gegenwärtigen, wenn wir einen anderen Aspekt einbeziehen, der begrifflich und historisch auf das engste mit der Objektivierung des Raumes verbunden ist, den Aspekt der Rationalisierung und damit der S u b j e k t i v i e r u n g des » I c h s «.

Bei unserem Versuch, die der mittelalterlichen Stadtgestalt zugrunde liegende Bewußtseinslage in aller möglichen Kürze zu rekapitulieren, haben wir erläutert, wie sehr dieses Bewußtsein noch »Wir«-gebunden war, wie das »Ich« gleichsam noch im Menschen schlief − ebenso wie der Raum (vgl. S. 39, 2. Absatz).

Da nun aber der Mensch zum Raum zu erwachen begann, da er es unternahm, den Raum zu objektivieren, sich selbst dem Raum reflektierend gegenüberzustellen, begann er damit auch sein eigenes Ich zu erhellen, sich selbst in dieser Gegenüberstellung zu subjektivieren. Das »Ich« wurde damit gleichfalls Gegenstand reflektierenden Denkens, seitdem es in der Auseinandersetzung mit dem »Raum« aus der Dunkelheit der mythischen »Wir«-Bindung herausgetreten war. Auch dieses Geschehen fußt auf den mentalen Ansätzen der Antike. War in der klassischen griechischen und römischen Plastik der Mensch einem körperhaften Ich-Bewußtsein bereits auf die Spur gekommen, hatte das darüber hinaus schon zu dem philosophischen »gnothi seauton« und in einem letzten Stadium dieser Epoche zu den Selbstbespiegelungen eines Marcus Aurelius führen können, so vollzog sich jetzt, in Fortführung dieses antiken Erbes, mit der Objektivierung des Raumes auch der Übergang von der allgemeinen Wir-Bezogenheit zur persönlichen Ich-Bezogenheit des Denkens und Handelns.

Petrus Hispanus, der spätere Papst Johannes XXI., verfaßte um die Mitte des 13. Jahrhunderts »das erste umfassende europäische Lehrbuch der Psychologie, das über die islamische Tradition und Spanien die aristotelische Sittenlehre nach Europa hineintrug« (Gebser). Zum ersten Male setzte sich der abendländische Mensch rational mit dem auseinander, was ihn bisher unreflektiert umfangen hatte, mit seiner Seele!

Seit der gleichen Zeit etwa singen die Troubadours ihre ersten »lyrischen Ich-Gedichte, die ersten persönlichen Gedichte, die plötzlich einen Abgrund zwischen Welt (oder Natur) und dem dichtenden Menschen aufreißen« (Gebser). − Der Weg des Ich-Bewußtwerdens, um wiederum nur einige Markierungen zu geben, führt weiter über Duns Scotus und seine Lehre vom Primat des Willens (1305 − gut zehn Jahre b e v o r im Norden Ekkehart die Vereinigung der Einzelseele mit der »Weltseele« fordert), über Boccaccios Novellensammlung »Decamerone« (1353), Petrarcas ganz und gar Ich-bezogene Sonette (1366) und mündet in die große Porträt-Kunst des Quattrocento und Cinquecento, gekennzeichnet durch Namen wie van Eyck, Piero della Francesca, Andrea Mantegna, schließlich Lionardo, Tizian, Raffael, Dürer.

Auch diese Individualisierung steht in engem strukturellem Zusammenhang mit den gesellschaftlich-ökonomischen Vorgängen. Mit der Herausbildung des kapitalistischen Wirtschaftswesens löst sich der unternehmende Bürger aus dem genossenschaftlichen Geist und aus der genossenschaftlichen Daseinspraxis mittelalterlicher Typik. Die neue, auf persönlicher Tüchtigkeit beruhende Ökonomik sprengt die an die »kleinen« mittelalterlichen Verhältnisse überwiegend regionaler Bedarfsdeckungswirtschaft gebundene, streng reglementierende Zunftordnung. Sie wird jetzt für die auf ihr eigenes Wissen und Können ausschließlich bauenden Unternehmer zur Fessel, die es abzulegen gilt.

In diesen strukturellen Zusammenhang von kapitalistischer Ökonomik, Rationalisierung aller Lebensbereiche, Individualisierung und Quantifizierung des Raumes, Subjektivierung des »Ichs«, gehört auch das Phänomen der Quantifizierung der Zeit. Erstes äußeres Zeichen des neuen Verhältnisses des einzelnen zur Zeit ist der stündliche Schlag öffentlicher Uhren, der im frühen Trecento bereits in allen Städten Italiens üblich war. Während die mittelalterliche Weltanschauung das »Zeitgeschehen« Wir-bezogen über Generationenfolgen hin in den göttlichen Kosmos einbettete, ist nunmehr dem Ich-bezogenen einzelnen »seine Zeit zugemessen«. So wird auch die Zeit quantifiziert und rationalisiert: Die zeitlichen Grenzen des Menschenlebens werden bewußt, der einzelne muß nun die ihm zur Verfügung stehende Zeit zu nutzen wissen, »Zeit ist Geld« — und alles muß also schnell gehen. Naturgemäß auch das Bauen, denn jetzt baut man für sich selbst, nicht mehr für Generationen, oder — was die Kirchen anbetrifft — für Gott. Der gleiche Leon Battista Alberti, der sich theoretisch um die Erkenntnis der perspektivischen Gesetze bemüht, der ein 12bändiges Werk über die Baukunst schreibt, der im Gefolge des Duns Scotus verkündet, daß der Mensch kann, was er will, derselbe lehrt auch, daß sich zum Herrn aller Dinge mache, wer Geld und Zeit richtig auszunutzen wisse.[1]

Das gegenüber dem typisch mittelalterlichen Bewußtsein so überaus gehobene Selbstgefühl, gespeist aus der erfolgreichen Anwendung der neuen rationalen Mittel, manifestiert sich jetzt in dem neuen bürgerlichen Ideal der »virtú«, der persönlichen Tüchtigkeit, die den göttlichen Kosmos des Mittelalters sprengt und die göttliche Vorsehung zur bloßen »fortuna« degradiert. Diese rationale Verweltlichung, die bis in die Kirchen und den Kirchenbau vordringt und zeitweise auch das Papsttum ergreift, ist die weit auspendelnde reactio auf die dem anderen Extrem verfallene Jenseitigkeit und hochgezüchtete Askese der mittelalterlichen Welt. Wenn auch beispielsweise religiöse Daten den Vorwand geben für die durchaus weltlich gefeierten Feste, die religiösen Mythen oft noch den Vorwurf für die Bildwerke, so ist doch die eigentliche Thematik — wie wir oben an dem Beispiel eines Masaccio-Freskos sahen — eine ganz andere, auf die Erhöhung des Selbstgefühls gerichtete. Das Maß von Frömmigkeit, welches das Ideal der virtú zuläßt, ist vielfach eine schmückende Zugabe, äußerlich, auf erhöhte bürgerliche Reputation abgestellt und damit wiederum im Dienste erhöhten Selbstgefühls. »Kaufmannsreligiosität« nennt es Alfred von Martin und »ein Kontokorrentverhältnis mit Gott

[1] Zitiert bei A. v. Martin in »Soziologie der Renaissance«, S. 39.

auf Vertragsbasis«. Die Religion — wesentliche Kraft mittelalterlicher Gestaltung — hat hier keine Gestaltwirksamkeit mehr, gibt nicht mehr eigene schöpferische Impulse. Sie ist einbezogen allenfalls in die großbürgerlich-individuelle Weltbewältigung. Die Welt wird nicht mehr als Gott-gegeben und göttlich geordnet aufgefaßt (mythisch!), sondern vom einzelnen Menschen aus perspektivisch vorgestellt (mental!).
Und wie die virtú immer mehr zum Hauptthema aller Kunstbemühung wird, so verlagert sich auch das künstlerische Schaffen selbst, das Gestalten, immer mehr aus der mittelalterlichen Anonymität und handwerklich-genossenschaftlichen Gemeinsamkeit heraus auf das »Leistungswissen« des einzelnen. Aus der Entfaltung persönlicher, eigenwilliger Erkenntnis, Thematik, Methode und Tüchtigkeit entsteht der Geniebegriff und im Zusammenhang damit der Begriff des persönlichen geistigen Eigentums.
Wie weit entfernt ist das vom Wesen des Mittelalters, wie weit von der aus dem ordo vollzogenen ganzheitlich-kosmischen Gestalt! Und wo eine solche Bewußtseinswandlung auf mittelalterliche Gestalt trifft, da muß sie diese auflösen, wenn nicht gewaltsam zerbrechen.
Der Geniebegriff gewinnt alsbald philosophische Relevanz, und in seinen praktischen Auswirkungen wird er zur agonalen Leidenschaft. Die Parole des Humanisten und florentinischen Staatskanzlers Coluccio Salutati (um die Wende vom 14. zum 15. Jahrhundert) »extolle te super homines!« wird zur obersten Maxime für Künstler, Dichter und Gelehrte ebenso wie für Kaufleute und Politiker — zum Ansporn für die nun auf allen Lebensgebieten hervorgebrachten, in schneller Folge sich übertreffenden Höchstleistungen. So mündet die geschichtsbildende und bewußtseinsverändernde kulturelle Bewegung der oberitalienischen Stadtstaaten nun auch im Geistigen endgültig in eine neue Oligarchie ein: in die überaus vielgestaltige Wirksamkeit einer geistigen Oberschicht, in ständigem genialischem Wettstreit verwirklicht.
Diese Agonalität übertrug sich auch auf das Verhältnis der Städte untereinander. Ebenso wie der einzelne Künstler, Gelehrte oder Politiker traten die Städte in leidenschaftlichen Wettstreit um die Geltung als reichste, schönste, mächtigste — um den Ruf, den größten, strahlendsten Dom, das machtvollste Rathaus, die reichsten Kunstsammlungen, die zahlreichsten und schönsten Kirchen, Klöster und Spitäler zu besitzen. Aus dieser Leidenschaft der Städte heraus ist auch allein die Tatsache zu erklären, daß in dieser Zeit des erwachenden individuellen Künstlertums ganz Florenz Anteil nahm an seinem Dombau, daß dieser Angelegenheit der ganzen rechtsfähigen Stadtbevölkerung wurde. Denn der Dombau war zum Maßstab in der Rivalität mit der Konkurrentin Siena geworden. Den ehrgeizigen Dombauplänen der Sieneser, die das Langhaus ihres Domes zum Querschiff einer neuen, riesenhaften Anlage machen wollten (s. Bild 19), mußte das Volk von Florenz begegnen und seinen großmächtigen neuen Dom bauen, ihn mit einer der reichsten Marmor-Inkrustationen versehen, die diese Epoche hervorgebracht hat.
In dieser frühen Epoche rationalen Wollens, diesseitsbetont, mehr und mehr ich-

bezogen, in einer Zeit, in der Metaphysik und Mystik weitgehend verdrängt wurden von sehr praktischen, diesseitigen Zielsetzungen — in einer solchen Zeit mußte naturgemäß auch die Symbolik, die für das mittelalterliche Wesen und die mittelalterliche Gestalt von bestimmender Bedeutung gewesen war, ihre Kraft und Gestaltwirksamkeit verlieren. Die funktionelle Symbolik, die im mittelalterlichen Kosmos alle Gestalt zu Gott zusammenführt, kann nur dort wirksam sein, wo die Allgemeinheit dieses Prinzip nicht nur versteht, sondern alltäglich in ihm lebt. Diese Symbolik des Mittelalters ist eine durchaus irrationale und eine Wir-bezogene Kraft, und sie mußte dort uninteressant werden, wo man mehr und mehr rational dachte und wo Gestalt nicht mehr dem Trachten nach Darstellung des gemeinverbindlichen Kosmos entsprang, sondern dem Selbstbewußtsein.

Das Selbstbewußtsein ist eine wesentliche Kraft der neuen, in Oberitalien heranwachsenden Epoche. Es drängt mit Macht allenthalben zur Darstellung — es will sich repräsentieren. So tritt nach und nach an die Stelle des mittelalterlichen symbolischen Prinzips das neuzeitliche ästhetische Prinzip. Diesseitige Schönheit, Kraft und Glanz irdischer Erscheinungen werden mehr und mehr Gegenstand der Verherrlichung. Und diese Verherrlichung wird in ähnlicher Weise beherrschend im alltäglichen Leben wie in der mittelalterlichen Welt die Verherrlichung des Jenseitigen. Es ist die Entsprechung zur neuen Zielsetzung im ökonomisch-politischen Dasein: Der Freude am persönlichen Erfolg, des Machtwillens aus ökonomischen Motiven. Aber was wäre näher gelegen, als sich in dieser neuen Weltlichkeit der kraftvoll sinnlichen Formensprache der Antike zu besinnen, ihrer wieder bewußt zu werden, die das Mittelalter in einer merkwürdigen Scheu vor vergangener, dem mittelalterlichen Wesen sehr fremder Größe unreflektiert und unbewußt weitergetragen hatte! Ihre kraftvolle Weltlichkeit, wesentlich erweitert um den Ausdruck der Bewußtseinsanreicherung dieser Epoche, mußte sich anbieten, das ästhetische Prinzip in einer wieder konkret werdenden Welt zu verwirklichen, während im Norden das abstrakte symbolische Prinzip sich mehr und mehr in die Ausweglosigkeit übersteigerte.

Die Ästhetik, die Verherrlichung vordergründiger Erscheinung der Dinge, wird mehr und mehr auch zum Gegenstand der künstlerischen Darstellung. Nicht mehr die transzendentale Bedeutung, nicht mehr die Symbolkraft, die »hinter« dieser Erscheinung steht. Und während im Mittelalter das symbolische Prinzip der gemeinverständlichen Darstellung mythischer, transzendentaler Beziehungen diente, von denen die mittelalterliche Welt erfüllt war, so will das neue, das ästhetische Prinzip dagegen die Darstellung persönlicher, selbstbezogener Vorstellungen. Diese persönliche Bezogenheit des Ästhetischen bewirkt, daß schon bald die Künstler, die Literaten und die Philosophen beginnen, sich der Allgemeinheit zu entfremden, Allgemeinverständlichkeit zu negieren. Die Popularisierung und das Gemeinverständnis der Antike als Grundlage der neuen kulturellen Physiognomie war nur von kurzer Dauer. Die Geistigen entfremdeten sich alsbald, »in einer rein ästhetischen Haltung verharrend«,[1] dem Bürgertum, das sie hervorgebracht hatte, ergaben sich ihrem Genius, lösten sich weitgehend von den gesellschaftlichen Bin-

[1] A. v. Martin »Soziologie der Renaissance«, S. 92.

dungen und schufen sich ihre eigene Welt in Anlehnung an die immer mehr höfische Formen annehmenden Kreise der Großbürger, der Finanzherrscher. Wie sehr diese rein ästhetische Haltung, die sich in den Künsten und auf literarisch-philosophischem Gebiet bei den Humanisten manifestiert, in alle Bereiche übergreift, wird in besonderem Maße an der Ästhetisierung sogar der Religion deutlich, die — nach Gebser — so weit gehen kann, daß sich ein Papst, Leo X., als »Apoll« feiern läßt. Sie wird aber deutlich allenthalben auch in den Kirchenbauten, die nun nicht mehr Hallen zur jenseitsgewandten religiösen Betätigung des Volkes sind, sondern Prachtbauten zur diesseitigen Verherrlichung des jenseitigen Gottes, ja manchmal offenbar mehr zur Verherrlichung der Verherrlicher geschaffen. Sogar der Tod wird ästhetisiert: Brunellescos Grabkapelle der Pazzi im Hof von San Croce ist weit entfernt aller romanischen Erdbindung und aller gotischen Jenseits-Sehnsucht, sie ist ein geradezu spielerisch leichter, eleganter, ganz irdisch schöner Bau, eine Köstlichkeit Florentiner Renaissance-Architektur.

So tritt hier bei hoher, ja höchster Vollendung der Form, in einem Rausch immer wieder auf Steigerung bedachter ästhetischer Wirkung in Raum, Proportion und Dekor, bereits der Beginn jenes Verlustes an Gestalt zutage, der die ganze Neuzeit, freilich in schwankendem Maße, aber immer wieder sich verstärkend, kennzeichnend durchzieht, und der schließlich, mit dem Ende des 19. Jahrhunderts, zur völligen Auflösung führt.

Die Entfaltung der räumlich-ästhetischen Stadtbaukunst

Die frühen Ansätze: Vor-Perspektive

Betrachten wir — als Ausgangspunkt unserer Untersuchung über die konkreten Auswirkungen dieser Bewußtseinswandlung auf die Stadtgestalt — eines der seltenen norditalienischen Beispiele mittelalterlicher Gestalt, wohl einzigartig in seiner qualitativen Bedeutung: Die Domanlage von Pisa, der Stadt, die neben Venedig am frühesten unter den italienischen Stadtstaaten zu Selbständigkeit und überragender politischer Bedeutung aufstieg. Für die Stadt Pisa hat die Domanlage (s. Bild 18) zentrale Bedeutung im geistigen und nur im geistigen Sinne. Es bestand bei ihrer Errichtung nicht das Bedürfnis — und eben auch noch nicht die bewußtseinsmäßige Voraussetzung — sie auch geographisch oder gar »räumlich« zentral im Stadtbereich anzuordnen. (Platzmangel kann der Grund nicht gewesen sein, denn Pisa war ja damals bereits überaus wohlhabend, und wie die weiter unten geschilderten späteren Beispiele Florenz und Siena und viele andere zeigen, fand man durchaus die erforderlichen Mittel, wenn man eine räumlich-zentrale Anlage wollte, die Möglichkeit dafür durch umfangreichere Abrisse zu schaffen.)
Der gewählte Platz im Norden des damaligen Stadtumrisses bedingte im Verein mit

der symbolisch vorgegebenen Ost-West-Stellung der Domkirche, daß die unräumliche, unoptische Beziehung der Domkirche zu ihrer Stadt besonders deutlich wurde: Die westliche Haupteingangsfront liegt der Stadt völlig abgewandt, zunächst auf das freie Gräberfeld zu, später mit dem nach dem Dom errichteten Baptisterium in Beziehung tretend. Die aus der Stadt kommende Straße hingegen, die Via Santa Maria, stößt genau in den Winkel zwischen südlichem Querschiff und Chorapsis, weshalb hier eine besondere Eingangstür angebracht wurde, die, nach Braunfels, erst später durch eine kostbare Neufassung in Bronze zu einer ordnungswidrigen Bedeutung gelangte.

So steht der Dom als Monument und Sinnbild der göttlichen Größe auf freiem Feld vor der Stadt, deren geistiger Inbegriff er ist — ohne jede r ä u m l i c h e Beziehung zu ihr. Welches großartige abstrakte Beziehungsschauspiel aber entfaltet sich jetzt mit der Errichtung der weiteren Bauten auf dem Dom-campo! (Wir vermeiden es bewußt, von »Platz« zu sprechen, um keine falsche räumliche Vorstellung aufkommen zu lassen.) Der Campanile, der mit seinen Glocken die Stadtgemeinde zu den großen Gottesdiensten ruft, tritt in recht ungewöhnlicher Weise — der gegebenen Situation entsprechend jedoch durchaus konsequent seine symbolische Funktion wahrnehmend — neben den C h o r, also stadtwärts in Richtung auf die von dort kommende Straße, aus der die Gläubigen herbeiströmen und die den Namen des Domes trägt. Auch der Campanile steht völlig frei, ein Monument seiner selbst.

Vor der bisher dem Friedhof zugewandten Westfront des Domes wird danach — eine weitere, sehr wesentliche christlich-mythische Beziehung verwirklichend — das kostbare Baptisterium errichtet, in Richtung und Abstand auf die Langhausachse und auf die Höhenverhältnisse des Domes abgestimmt, seinen Zugang dem Haupteingang des Domes zuwendend. »Sie stehen wie im Zwiegespräch, doch weit auseinander« und »... der Raum zwischen ihnen hat keine Form, er ist nur ein Weg zwischen zwei Orten.«[1] Je tiefer man sich in die lebendige christliche Mythologie dieser Zeit zu versenken vermag, um so mehr wird man die geistige Schönheit dieser abstrakten Gestalt gegenwärtigen können, die ergänzt wird durch den Campo Santo einerseits und andererseits durch den dem Campanile stadtwärts vorgelagerten Brunnen, der die Reinigung vor dem Betreten des Heiligen Bezirks symbolisiert. Eine andernorts kaum erreichte Vollkommenheit symbolischer Aussage.

Hier herrscht — und es war uns daran gelegen, das deutlich zu machen — durchaus das mittelalterliche s y m b o l i s c h e Prinzip. Unverfälscht durch vordergründige, räumlich-optische Vorgänge, dem nordalpinen Wesen gegenüber lediglich abgewandelt durch die gesteigerte Monumentalität des Einzelbauwerkes und vor allem durch die zu dieser Zeit nördlich der Alpen noch kaum auffindbare üppige Plastizität der Formgebung.

Aber diese Pisaner Anlage ist eben eine meisterhafte mittelalterliche Einzelleistung, die einzig durch die ausnehmend frühe ökonomisch-politische Entfaltung der Stadt möglich geworden ist. Das Bedürfnis nach Verherrlichung des großen Sieges in der Gestaltung eines monumentalen heiligen Bezirks verband sich so glücklich mit

[1] Braunfels a. a. O., S. 139 — siehe hierzu auch S. 140 f.

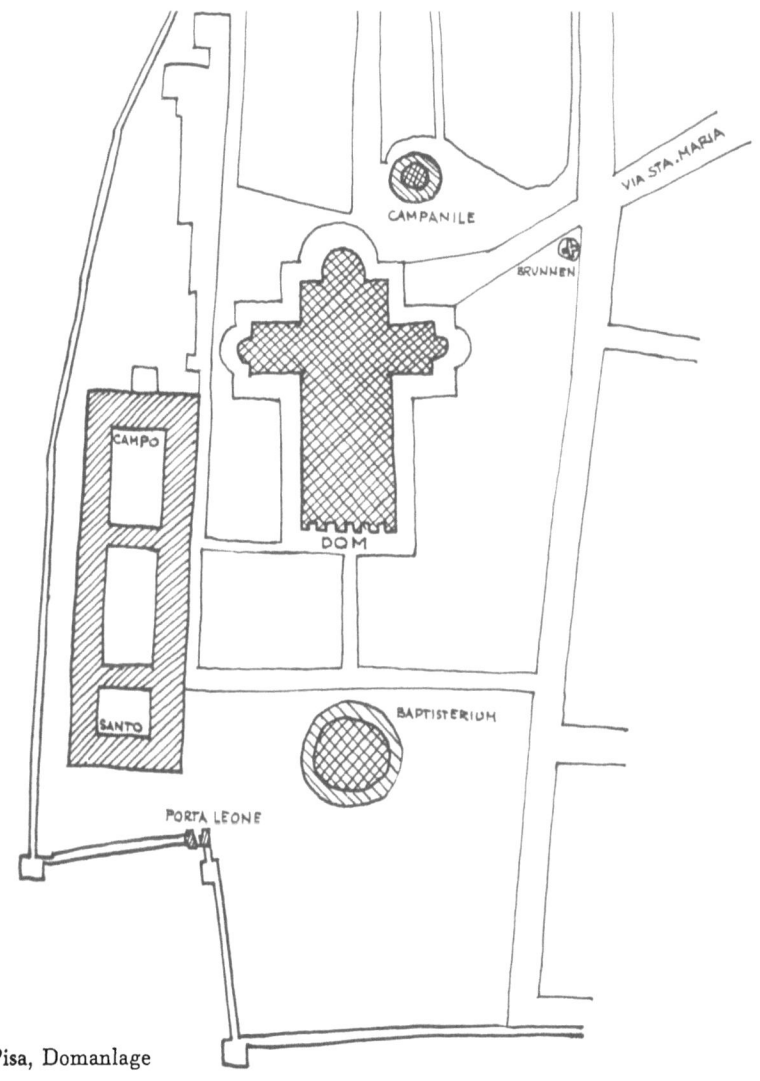

18 Pisa, Domanlage

diesen anderen Voraussetzungen, daß solche mittelalterliche Gestaltung möglich wurde, obwohl sie dem italienischen Wesen nicht eigentlich entsprach. Eine exzeptionelle Schöpfung, besonders wenn man sie mit den zwar erheblich später begonnenen, aber etwa zu gleicher Zeit vollendeten Anlagen anderer oberitalienischer Stadtstaaten vergleicht.
Zu der Zeit, da die Dome der beiden damals bedeutendsten toskanischen Städte

Florenz und Siena, im Zenit der Popularbewegung, ihre gewaltigen Neufassungen erfahren, um die Wende zum Trecento und in dessen erster Hälfte, sind die strukturellen Voraussetzungen gegenüber der Pisaner Situation bereits wesentlich verändert. Die oben umrissenen gestaltwirkenden Kräfte (siehe den Abschnitt über die gestaltwirkenden Kräfte, S. 51) sind hier schon in starken Ansätzen wirksam geworden: die Rationalisierung, das Raum- und das Ich-Bewußtsein, die virtú und die agonalen Leidenschaften. Die ökonomisch-politische Blüte der beiden toskanischen Städte fällt in eine Zeit, in der mit diesen Voraussetzungen auch das ästhetische Gestaltprinzip sich durchzusetzen beginnt.

Das äußert sich schon — vor Beginn der Domerneuerungen, im Anfang des Dugento — in der Art und der rapide zunehmenden Zahl der Bauvorschriften, die, wie wiederum Braunfels darstellt[1] und durch zeitgenössische Dokumente belegt, sich immer mehr auf ästhetische Ziele richten, und zwar bald nicht mehr nur auf die Zulässigkeit oder Unzulässigkeit von Vorbauten und straßenseitigen Freitreppen, auf Breite und Pflasterung der Straßen, sondern alsbald auch auf Einzelheiten in den Fassadenformen von Privathäusern. In Florenz werden im Jahre 1325 »pro majorem pulchritudinem civitatis« Vorschriften darüber erlassen, daß alle Straßenfronten obligatorisch bis zu genau festgelegten Höhen in Stein auszuführen sind. In Siena (s. Bild 19) wird für den Campo bereits eine einheitliche Formgebung für die ihn begrenzenden Gebäudefassaden festgelegt, die bis in die Details der Fensterteilungen geht und in allem auf den Palazzo publico ausgerichtet ist, als dieser erst geplant, mit dem Bau aber noch nicht begonnen worden war. Das hierüber erhaltene Dokument trägt das Datum 10. Mai 1297![2]

Um die Mitte des Trecento gibt es in Florenz und in Siena, wie Braunfels berichtet, jeweils eine mit weitgehenden Befugnissen ausgestattete Behörde, deren Aufgabe es ist, alle Möglichkeiten zur Erhöhung der ästhetischen Wirkung der Stadt zu beobachten und die notwendigen Maßnahmen zu ihrer Verwirklichung den verfassunggebenden Organen vorzuschlagen: Die »Ufficiali sopra l'ornata«. In zahlreichen Erlassen nehmen ihre Beamten Einfluß auf die Formen der Privathäuser. Diese verwaltete Ästhetik kann hundert Jahre später in Siena so weit führen, daß die Ufficiali bei der Stadtregierung den Antrag stellen, man möge dem Oberhaupt der Familie Sansedoni, die des längeren schon ihren Palazzo am Campo hatte, eine Podestá-Stelle (Bürgerhauptmann) verschaffen, damit er in die finanzielle Lage versetzt werde, endlich die Fassade seines Palazzo nach den hierfür längst statuarisch festgelegten Bestimmungen umzubauen.[3] Und wenn, wie Braunfels weiter mitteilt, diese Behörde in Siena in einem Dokument aus dem Jahre 1398 Klage darüber führt, daß das Ordnungsprinzip der Zunfteinteilung nach Straßen und Gassen sich zu sehr gelockert habe, so geschieht das ganz gewiß nicht aus dem Bedacht, das mittelalterliche ordo zu restituieren! Der Fall nämlich, auf den sich die Klage bezieht, betrifft die berühmte Strada di Banchi, deren eo ipso vornehme und reiche

---
[1] Braunfels a. a. O., S. 115 f.
[2] Das genannte Dokument ist bei Braunfels in der Neufassung von 1309 wiedergegeben. Siehe a. a. O., Anhang.
[3] Braunfels a. a. O., S. 210.

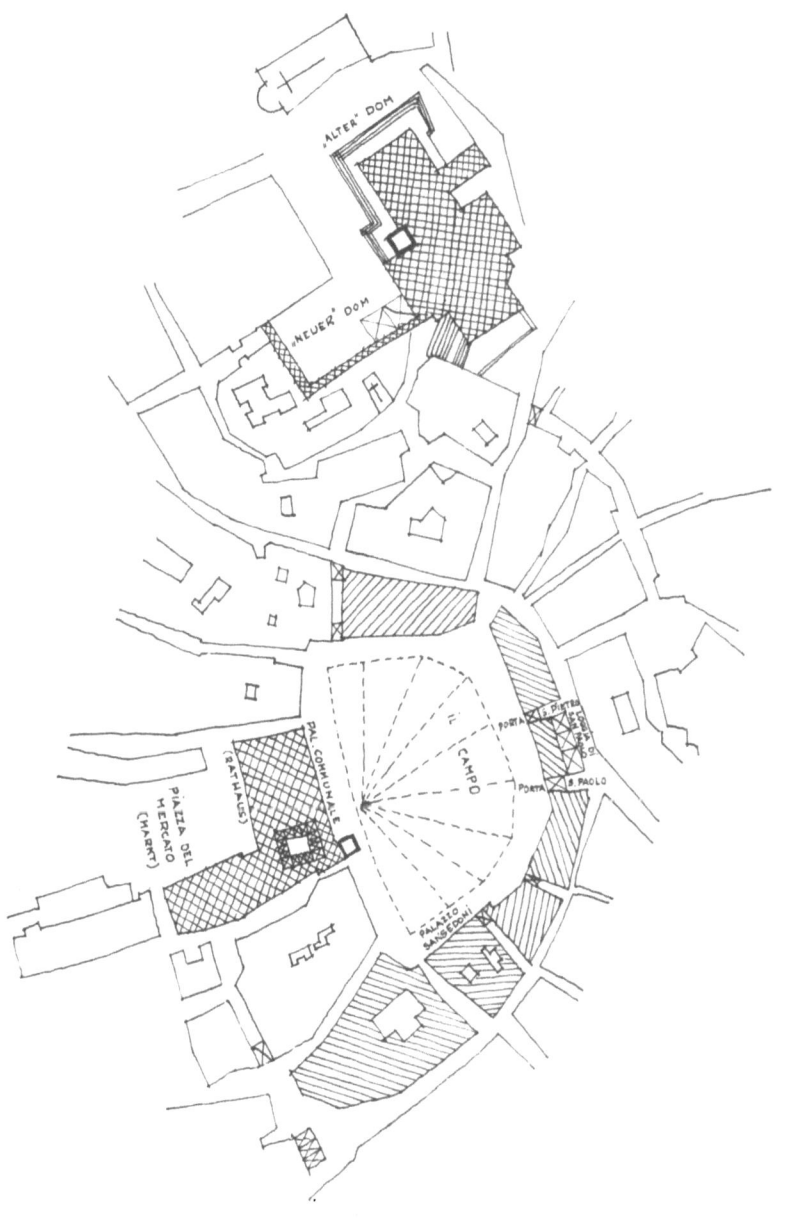

19 Siena, Campo und Domanlage

Fassadenfolge der Klage nach von Schustern und Schneidern und ihren naturgemäß ärmlicheren Häusern durchsetzt sei. Das aber störte zu dieser Zeit das ästhetische Empfinden weit mehr, als das abstrakte Ordnungsgefühl!
Ein recht bezeichnendes Beispiel ist auch für Florenz anzuführen. Im Jahre 1336 wurde vom Stadtrat der Neubau des städtischen Getreidespeichers mit einem zu seinem Schutz dazugehörigen Oratorium beschlossen. In der Verordnung heißt es, daß der Bau »super modum superbissimum« werden solle, über die Maßen prächtig — damit, wie die Aufschrift der in den Grundstein gemauerten Münze sagt, »die Herrlichkeit der Stadt sich an ihren Künsten und Kunstwerken zeige«! Von vornherein stand also fest, daß der Bau gleichermaßen praktischen Zwecken (der Speicherung des Getreides) wie religiösem Dienst (der Verehrung des Marienbildes) bestimmt sein sollte. Es stand aber zugleich auch fest, daß er die äußeren Formen eines Palazzo von hohen Graden erhalten werde. (Dieses zu verwirklichen wurde er — nach dem Bericht von Braunfels — mit dem ungewöhnlich hohen Betrage von 80 000 Goldstücken ausgestattet.) Alles das ist schon höchst bemerkenswert. Das eigentlich Denkwürdige aber geschieht erst, als der Bau selbst fertiggestellt ist und das dem einen Aspekt seiner Bestimmung dienende Tabernakel des Orcagna enthüllt wird. Das überaus kunstvolle Werk entfesselt unter den Florentinern einen derartigen Sturm der Begeisterung, daß man alsbald den Getreidemarkt in das Obergeschoß verlegt, damit der Glanz des Kunstwerkes, das eben diesem Markt zum geistlichen Schutz dienen sollte, nicht verblasse vor dem profanen Tun. Aus ästhetischen Rücksichten werden also praktischer Zweck und die ursächlich aus ihm hergeleitete religiöse Bedeutung — nach mittelalterlicher Tradition unmittelbar zusammengehörig — nun vollends getrennt. Die Ästhetik verbindet sich dem Erhabeneren. Das Profane wird isoliert. (Braunfels weist darauf hin, daß in der Begeisterung über das Tabernakel des Orcagna erstmalig seit der Antike in Italien der Kunstwert einer Arbeit über deren Materialwert gestellt wurde.)
Doch wir wollten die späteren Domanlagen der Pisaner Anlage gegenüberstellen. Das vollkommenste Beispiel bietet wohl auch hierfür Florenz. Hier wird der Dom nach und nach bewußt in eine geographisch zentrale, ausgesprochen räumliche Platzanlage einbezogen, wenn auch noch nicht im vollkommen perspektivischen Sinn, so doch durchaus nach ästhetischem Prinzip.
Es begann mit dem Abriß des alten Hospitals, zwischen dem neuen Dom San Giovanni und der alten Domkirche Santa Reparata gelegen (1296), und der Entfernung der in diesem Bereich aufgestellten Grabmonumente. Dies nicht ohne erheblichen Widerstand von konservativer Seite, wie Braunfels zu berichten weiß, ». . . aus einem Friedhof wurde ein repräsentativer Versammlungsraum«! Folgt 1339 die Verordnung, einige Straßen an der Südseite des Domplatzes, die höher lagen als dieser, zu senken und dadurch die Wirkung der Domgruppe auch nach dieser Seite hin zu steigern. Ein schon recht sehr aus perspektivischer Vorstellung gefaßter Beschluß — ganz darauf abgestellt, die repräsentative Baugruppe auf den Blickpunkt des Betrachters zu beziehen. Mit dem nächsten Schritt beginnt man, der Dreiergruppe Dom — Campanile — Baptisterium (das zuletzt genannte war inzwischen durch Arnolfo di Cambio erneuert, die erste Domfassade und der Campanile von

Giotto und seinen Nachfolgern errichtet worden) eine einheitliche, geschlossene Platzwand (!) zu geben. In den Jahren 1353 bis 1359 entsteht an der Einmündung der geradlinigen Verbindungsstraße zum Rathausplatz der Bigallo, dessen zum Platz gewandte Fassade das bereits Dom und Baptisterium einende Dreibogenmotiv aufnimmt (s. Bild 20).

In der Folgezeit werden einige an den Domplatz grenzende, den neuen ästhetischen Anforderungen nicht mehr genügende oder den Platz zu sehr einengende Privathäuser abgerissen. 1388/89 schließlich wird der Platz durch die einheitlich geformten Bürgerhäuser der Via delle fondamenta in räumlicher Geschlossenheit und — wie berichtet wird — auch in harmonischer Übereinstimmung der Farben vollendet. Es ließen sich eine Reihe weiterer Beispiele für das Vorherrschen des ästhetischen Prinzips bei der Ausbildung der neuen Domplätze zu dieser Zeit anführen. So Siena und Bologna, wo man der glänzenden Wirkung der Marmorfassaden zuliebe sogar die Baptisterien einreißt, die zu dicht vor diesen Fassaden standen und deren Wirkung beeinträchtigten. Doch scheint es uns vor allem wichtig zu sein, noch einmal nebeneinander die Grundrisse der Pisaner und der Florentiner Anlage (diese siehe auf Bild 23) zu betrachten. Dabei wird uns der Wesensunterschied zwischen der einen, nach symbolischem Prinzip gestalteten, und der anderen, bereits weitgehend räumlich-optisch vorgestellten, also nach ästhetischem Prinzip geprägten, recht deutlich werden.

Ganz allgemein ist die Haltung zu und in der Kirchenfassade, im Vergleich zur mittelalterlichen Gotik, kennzeichnend für die in den italienischen Stadtstaaten sich vollziehende Abkehr vom symbolischen und Hinwendung zum ästhetischen Prinzip. Auch dieses Thema wird von Braunfels angeschnitten.[1] Wir möchten die dort geäußerten Gedankengänge, allem bisher Erkannten zufolge, noch forcieren:

In dem ganz grundsätzlichen Unterschied zwischen der Behandlung der italienischen Westfassaden und der Gestaltung der Westwerke in der nordalpinen Gotik zeigt sich ein erneutes Mal der tiefe Wesensunterschied zwischen den beiden zunächst nebeneinander bestehenden Prinzipien, dem symbolischen und dem ästhetischen. Während das gotische Westwerk ein durchaus »inneres« Gesicht nach außen kehrt, finden die Italiener zunächst einmal überhaupt kein rechtes Verhältnis zu dieser Aufgabe — die meisten Kirchenbauten lassen daher zunächst ihre Westgiebel in rohem, geschlossenem Mauerwerk stehen. Wo und sobald diese Aufgabe aber angegangen wird, setzt man den Kirchen eine mehr oder minder prächtige M a s k e auf, die zumeist weder mit dem Wesen noch mit der inneren Formgebung des jeweiligen Kirchenbaus in Übereinstimmung steht. Während die gotische Kirche auf ihrer Westfront die große Mysterienwelt, die sie als Ganzes in sich birgt, in einer tief durchgeistigten, geordneten, in hohem Maße expressiven Symbolik von innen nach außen durchscheinen lassen will, wendet sich die italienische S c h a u w a n d gleichsam von der Kirche ab und dem Platz zu, der in immer häufigeren Fällen ihr vorgelagert wird und mit Bezug auf die Kirche bereits das ästhetische Prinzip der »Wirkung« verfolgt. Sie stellt vielfach eine durchaus sinnhafte, oft sogar profan erscheinende äußerliche Beziehung zur Umgebung her.

[1] Braunfels a. a. O., S. 167 ff.

20 Florenz, Dom, Bigallo, Baptisterium und Bischofspalast (Zocchi). Foto: Verlag Gebr. Mann, Berlin

Als Beispiele zeigen wir die beiden Florentiner Kirchen Santa Maria Novella (Bild 21) und Santa Trinita (Bilder 22a und 22b). Die eine wurde 1278 von Dominikanern in »gotischen« Formen begonnen und erst nach 1350 mit ihren riesenhaften Jochen von Fra Giacopo Talenti vollendet, blieb jedoch noch fast weitere hundert Jahre mit ihrer rohen Westfront stehen. Um 1450 erhielt sie dann von L. B. Alberti die Marmor-Inkrustation in heutiger Form, die allerdings auf einem früher schon begonnenen, liegengebliebenen gotischen Sockel aufgebaut wurde. Die Santa Trinita, eine ursprünglich dreischiffige Vallombrosanergründung aus dem Jahre 1077, wird später, nach Vasari von Nicoló Pisano, zu einer fünfschiffigen Anlage nach Zisterzienserart, ebenfalls in gotischen Bauformen, verändert. Die heutige Fassade, die dem Kircheninneren sehr wenig entspricht, ist dreihundertfünfzig Jahre jünger und stammt von Buontalenti.

Den stärksten Durchbruch aber erfährt das neue ästhetische Prinzip naturgemäß an der sich jetzt rasch ausbildenden Profanbaukunst — in den Bauten (und ihren jetzt räumlich-optischen Beziehungen zum Stadtganzen), die für die Bedürfnisse derjenigen errichtet werden, die wirtschaftlich und darüber hinaus in ihrer ganzen kulturellen Haltung die Entfaltung dieser Epoche tragen, der Großbürger. Das sind ebenso die privaten wie die öffentlichen P a l a z z i , unter den letzteren die Wohn- und Amtssitze der Räte, des Volkshauptmannes, des Podestá. Repräsentieren die einen das Selbstbewußtsein des einzelnen Großbürgers, den seine virtú zu Macht, Reichtum und Ansehen gebracht hat, so die anderen das kollektive Selbstbewußtsein der Bürgerschaft.

Warum kommt es aber überhaupt zu einer ganz bestimmten Zeit, um die Wende zum Trecento nämlich, zu den großen Rathausbauten? Zu einer Zeit, in der die Stadtstaaten sich doch schon lange der weitestgehenden politischen Unabhängigkeit erfreuen, in der lange schon das fast uneingeschränkte Prinzip der Selbstverwaltung besteht! — Die Organe dieser Selbstverwaltungen hatten bis dato in den Domen getagt. Das war gewiß keine Verlegenheitslösung, etwa aus Mangel an finanziellen Mitteln zu einer anderen Lösung. Es bestand vielmehr, solange das mittelalterlich-symbolische Prinzip sich noch durchsetzte, einfach kein anderes Bedürfnis. Denn in ausgesprochen mittelalterlicher Haltung war der Dom, die Spitze der »Gemeinschaft der Heiligen«, die Krone der Stadt schlechthin und damit der einzig geeignete Ort, über die Geschicke der Stadt in Christo zu beraten und zu beschließen. Symbolisches Prinzip!

Nun aber wurde »der politische Bereich säkularisiert«. Mit der Auflösung des symbolischen Prinzips, des mittelalterlichen ordo und seiner Spannungssysteme, erscheint es auch nicht mehr richtig, in den Domen die Politik zu bestimmen. Man will nun die politische Macht als solche und für sich repräsentieren, zur Schau stellen. Ästhetisches Prinzip!

Von gleicher Deutlichkeit ist der Hintergrund bei den privaten Palazzi. Auch in der mittelalterlichen Stadt des Nordens gibt es das große, besonders reich ausgestattete und sich dadurch von den anderen unterscheidende Haus des vornehmen und reichen Bürgers, das Patrizierhaus. Aber es unterscheidet sich eben von seiner weniger wohlhabenden Umgebung nur graduell, es bleibt einbezogen in das Ganze, hebt sich hervor, aber nicht heraus aus der allgemeinen Ordnung, bleibt immer im allgemeinen Maßstab, bleibt eigentlich Wir-bezogen in seiner Gestalt. Wie anders dagegen der Palazzo! Er bricht aus, will nur er selbst sein, schafft eigenes Recht, e i g e n e n M a ß s t a b (verliert ihn auch im Überschwang zuweilen völlig: Palazzo Pitti!), richtet sogar oft seine engere Umgebung auf sich aus. Braunfels zitiert nach Landucci, daß Filippo Strozzi, als er seinen berühmten Palazzo in Florenz baute, hierfür eine große Zahl alter Häuser einreißen ließ. Und — welche Ungeheuerlichkeit für mittelalterliche Anschauung — als der Palast fertig war, ging die Grenze zweier Pfarrbezirke mitten durch ihn hindurch!

Auf das Stadtganze bezogen, manifestiert sich das ästhetische Prinzip in einer Vorstufe zu der sich damit ankündigenden vollkommenen Perspektive, in einem Zwischenglied also zwischen der mittelalterlichen und der perspektivisch-neuzeitlichen Stadt, in einer auf die ästhetischen Wirkungen bedachten, aber noch auf das Stadtganze bezogenen räumlichen Darstellung der Ordnungsprinzipien.

So werden in Parma zum Beispiel bereits im siebenten Jahrzehnt des Dugento, nachdem auch hier zur b e s s e r e n W i r k u n g der Taufkirche eine Reihe von

21 Florenz, Santa Maria Novella, Fassade

Häusern abgerissen worden war, großzügige städtebauliche Maßnahmen getroffen, um die Beziehungen zwischen den verschiedenen Zentren der Stadt optisch darzustellen. Nach der von Doren übersetzten Chronik des Salimbene d'Adam»... legten sie drei große, breite und schöne (!) Straßen an; die eine von der Kirche der heiligen Christine bis an den Kommunalpalast, die zweite vom Neumarkt, wo der Podestá seine Ansprachen hält, zur Kirche des hl. Apostels Thomas; die dritte vom Kommunalpalast bis zur St.-Paulus-Kirche. Und an allen diesen Straßen bauten sie Häuser und schöne Paläste an beiden Seiten. Ferner bauten sie einen herrlichen Palast für den Volkshauptmann neben dem alten Palast.«

Wenig später, kurz nach Beginn des Trecento, äußert sich auch in Florenz mit Macht das Bedürfnis, die beiden Zentren der Stadt, den Dom und den gerade erbauten Palazzo vecchio, in eine optisch-räumliche Beziehung zu setzen. Braunfels schildert,[1] wie schwierig es zunächst war, den Palazzo, der ursprünglich völlig eingebaut und mit seinem aufragenden Turm ganz auf Fernwirkung berechnet war, durch einen vorgelegten, der Bedeutung des Bauwerkes entsprechend grandiosen Platz zur unmittelbaren Wirkung zu bringen. Stufenweise nur wird der Platz vergrößert. Als er bei weitem noch nicht seine endgültige Ausdehnung erreicht hatte, wird der Bau der Loggia dei Lanzi beschlossen (1356), jedoch erst rund zwanzig Jahre später verwirklicht. Diese Loggia ist, obschon sie in ihrer Art ein einmaliger Fall bleibt, selbst eine vollkommene Demonstration des ästhetischen Prinzips: So wie die einzelnen großbürgerlichen Familien das Bedürfnis haben, ihr neues Lebensgefühl und ihr Selbstbewußtsein zur Schau zu stellen, so soll hier — diese Tendenz wird offenkundig aus den Protokollen der Stadtratssitzungen, in denen der Plan propagiert wird — das staatliche Leben der Republik zur Schau gestellt werden. Palast und Loggia zusammen ergeben bereits eine stattliche räumlich-optische Wirkung, aber die gewünschte räumliche Beziehung zum Domplatz, die räumlich-optische Darstellung der Zweipoligkeit zwischen den Ordnungsmächten, war noch nicht gelungen.

Diese beginnt man, nach der Schilderung von Braunfels, im Jahre 1390. Es wird beschlossen, die Via Calzaiuoli, die vom Or San Michele her in Verlängerung des direkt vom Domplatz dorthin führenden Zuges Corso degli Adimari—Corso dei Pittori (s. Bild 23) zu verbreitern und ihre Fronten mit neuen Gebäuden zu besetzen, deren Formgebung, ähnlich wie beim Campo von Siena, vorher genau in entsprechenden Ratsbeschlüssen festgestellt wird. Dieses nach einem Vorbild genau festgelegte Formensystem wurde dann auch auf der Nordseite des Platzes vor dem Palazzo vecchio, gegenüber der Loggi dei Lanzi, weitergeführt. Alle diese Maßnahmen werden, wie immer wieder betont wird, aus rein ästhetischen Rücksichten, dem Glanz und der Herrlichkeit des Stadtbildes zuliebe getroffen. Wie weit das ästhetische Prinzip sich zu Ende des Trecento dem Bewußtsein der Bürger eingeprägt hatte, zeigt die unerhörte Konsequenz, mit der man das Begonnene vollendete: Vor den bescheidenen Häusern auf der Westseite des neugeschaffenen Platzes wurde im gleichen Macigno-Material, das für die übrigen Platzwände vorgeschrieben worden war, eine Mauer errichtet, die sogenannte mura dei Pisani, die den Bewohnern dieser Häuser den Zugang zum Platz versperrte, aber eben den Platz nach dieser Seite hin einheitlich abschloß.

Mit diesen, zum Teil recht gewaltsamen Eingriffen war ein konkretes räumlich-optisches System geschaffen, das die Ordnungsmächte der Stadt nach dem neuen, dem ästhetischen Prinzip zusammenfaßte: den heiligen Bezirk als den einen Pol, über das Zunfthaus Or San Michele und das Gebäude der Guelfenpartei zum

---

[1] Braunfels a. a. O., S. 119.

Zentrum der politischen Macht, der Piazza del Granduca mit dem Ratspalast und der Loggia (s. Bild 23).

Diese Stufe der Entfaltung zur Neuzeit wird man — im Gegensatz zur mittelalterlichen Stadtgestaltung und auch ebenso im Gegensatz (wie wir noch deutlich sehen werden) zur vollkommenen Perspektive der Neuzeit — mit Recht als »**Stadtbaukunst**« bezeichnen dürfen. Denn einerseits ist die Stadt als Ganzes durchaus noch bewußt und die Maßnahmen sind ganzheitlich bezogen, die Stadt wird also durchaus noch als Ganzes baulich repräsentiert. Aber andererseits geschieht das über quantifizierende optisch-räumliche Vorstellungen, über bewußte ästhetische Erwägungen, als Ausdruck bewußten künstlerischen Wollens, konkret das darstellend, was im Mittelalter abstrakt, hintergründig, unräumlich vorhanden war. Zum ersten Male erstrecken sich bewußt auf künstlerischen Ausdruck zielende Überlegungen und Maßnahmen auf die Stadt als Ganzes, als Kunstwerk. Zum erstenmal vollzieht die Stadtgemeinde (im Sinne der die Stadt bewohnenden und bewirtschaftenden Gesellschaft) eine **bewußte künstlerische Darstellung ihres Wesens in der baulichen Gestalt des Stadtganzen**, und dies geschieht gleichsam zwischen der ganzheitlichen **Sinnbezogenheit** des Mittelalters und der individuellen **Wirkungsgerichtetheit** der Neuzeit. War die idealtypisch mittel-

22 a Florenz, Santa Trinita, Fassade

22b Inneres der Santa Trinita, Florenz

alterliche Stadt das selbstverständlich vollzogene Ebenbild einer abstrakten, irrationalen, vom Göttlichen vorgegebenen Ordnung, gleichsam einatmend aufgenommen und primär psychisch wahrnehmbar, so war dieses erstmalig konkrete, materielle, primär die Sinne überzeugende, vom Menschen ausgehende künstlerische Vorstellung des Stadtganzen.

Mit dem Wirken des Brunellesco beginnt in Florenz schon eine nächste Stufe der Bewußtseinswandlung deutlich zu werden. Er ist es, der zum erstenmal bewußt und systematisch die räumlich-optische Eigenwirkung des einzelnen Bauwerkes verfolgt, es nach seinen individuellen Vorstellungen formt, in oft weitgehender Unabhängigkeit von den Beziehungen zum Stadtganzen, ja sogar von den Beziehungen zur engeren Umgebung. Wir finden das im kleinen Maßstab am Beispiel der bereits in anderem Zusammenhang erwähnten Pazzi-Kapelle im Klosterhof von San Croce. Betrat man neben der damals noch rohen, unverkleideten Westfassade der Bettelordenskirche den ersten Klosterhof, so mußte man von dem Marmor-Spiel des kleinen Tempels mit dem hohen Mittelbogen, dessen Wirkung durch den der Kirche angefügten Kreuzgang noch überhöht wurde, in einer damals noch ganz neuen und ungewöhnlichen Weise angezogen werden. Der Klosterhof war hier zur Kulisse für das kleine individualistische Meisterwerk geworden.

Oder der Plan, der Kirche Santo Spirito jenseits des Arno einen Platz zum Fluß hin vorzulagern (er ist niemals ausgeführt worden), um die Wirkung dieser Kirche vom Arno her räumlich zu erhöhen. Das ist ebenfalls etwas ganz Neues, ein individuelles, selbstbezogenes Spiel mit dem Raum, vor dessen Hintergrund die Kirche ganz bewußt nicht mehr primär als das funktionelle Lebenszentrum der neuen Pfarrgemeinde jenseits des Arno aufgefaßt wurde, sondern als Monument einer neuen bürgerlich-religiösen Humanität.[1]

Noch einen Schritt weiter geht Brunellesco mit der Anlage des Ospedale degli Innocenti bei der Kirche Santissima Annunziata. Im Zusammenhang mit der Vorhalle dieser Kirche, deren Bogensystem aufnehmend, wird eine perspektivische Platzanlage vorbereitet, die dann durch den späteren anderen Flügelbau (1516) des Antonio da Sangallo d. Ä. vervollständigt werden sollte. Es entsteht eine Platzanlage von starker perspektivischer Wirkung, wobei die Anlage über eine geradlinig auf den Chor des Domes zuführende Straßenachse in eine deutlich spürbare räumliche Beziehung zum Dombereich gesetzt wird.

Oder Palazzo Pitti. Hier wird für einen Privatmann, einen Großbürger, Luca Pitti, auf einem von der Straße her ansteigenden Gelände und von dieser weit zurückgesetzt ein eigenes Zentrum geschaffen, von gewaltigen, fast zu gewaltigen Ausmaßen (auch schon in der ersten Form, in der es nur sieben Achsen maß). Wie weit — wir sagten es schon — ist das vom mittelalterlich-nordalpinen Patrizierhaus entfernt! Das ist ein Anspruch, der zwar der Bedeutung des Bauherrn im wirtschaftlichen, politischen und gesellschaftlichen Leben der Zeit entsprochen haben mag, der aber beweist, daß hier bereits der einzelne und das einzelne deutlich über der Ordnung des Ganzen stehen.

Damit löst sich aber die selbstverständliche Ordnung des Stadtganzen auf. Persönliche Macht und auf ihr begründeter subjektiver Anspruch höhlen hier bereits den eben erst gültig gewordenen Begriff von der »Stadt als Kunstwerk« wieder aus. Dieser Begriff bleibt damit gebunden an die republikanische Blütezeit, an die Zunftherrschaft, in der noch die wirklichen bürgerlichen Elemente bestimmend waren. Diese Zeit war, wie das geschichtliche Regel zu sein scheint, zugleich Höhepunkt und Verfallsbeginn. Mit der zunehmenden Feudalisierung des Großbürgertums in den Städten weicht der republikanisch-bürgerliche Gestaltungswille mehr und mehr

[1] Braunfels verneint eine solche Absicht des B. unter Hinweis darauf, daß »man in Italien zu allen Zeiten die Sichtbarmachung des Schönen und Bedeutenden gefordert hat« (a. a. O., S. 126 f.), sowie auf den Pisaner Dom-Komplex. Hier scheint uns jedoch eine grundsätzliche Eigenschaft der Italiener mit ihrer aus einem bestimmten Bewußtwerdungsvorgang erwachsenen spezifischen Anwendung verwechselt zu sein. Die Haltung Brunellescos in der Gesamtheit seiner Arbeiten läßt uns zu der vertretenen Auffassung kommen.

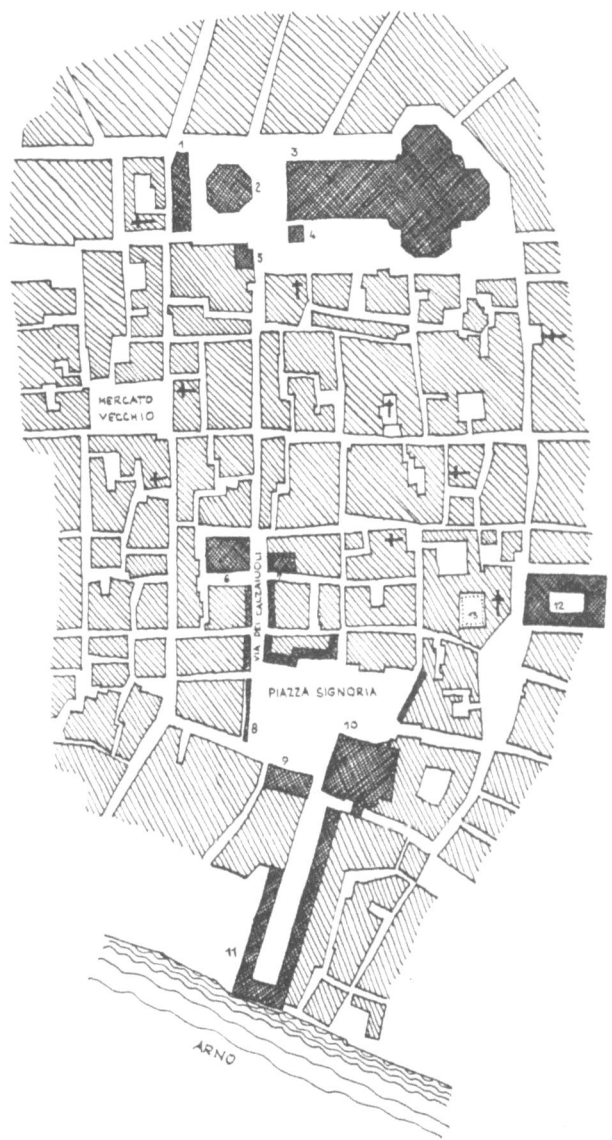

23 Florenz, Grundriß der Innenstadt zu Ende des 16. Jahrh. 1 Bischofspalast, 2 Baptisterium, 3 Dom, 4 Campanile, 5 Bigallo, 6 Or San Michele, 7 Parteihaus der Guelfen, 8 Mura dei Pisani, 9 Loggia dei Lanzi, 10 Palazzo Vecchio, 11 Uffizien, 12 Bargello, 13 Badia

24 Florenz, Uffizien und Palazzo Vecchio

der Ruhmsucht der Geschlechter und den von ihr hervorgebrachten genialischen Einzelleistungen.

Diese Haltung wird naturgemäß auch aus den öffentlichen Bauten der Folgezeit sprechen. Mit den Uffizien wird das Regierungszentrum von Florenz in den Jahren 1560 bis 1574 um ein neues Amtsgebäude erweitert. Es tritt nicht neben die übrigen repräsentativen Bauwerke am Platz vor dem Palazzo vecchio (der jetzt längst Piazza Signoria – Platz der Herrschaft – genannt wird), fügt sich nicht mehr der großen Anlage aus dem Trecento ein, sondern eröffnet etwas ganz Neues: Nachdem hierfür eine größere Anzahl von Häusern und auch die Kirche San Piero Scheraggio zwischen Palazzo vecchio und dem Arno abgerissen worden waren, geben die Uffizien einerseits dem Platz eine räumliche Verbindung und Öffnung zum Fluß, überhöhen andererseits vom Fluß her den Palazzo vecchio durch ihre langen, kräftigen, eng gefaßten Horizontalen und saugen gleichsam den Freiraum des Flusses in den Platz der Signoria herein (s. Bild 24, vgl. auch Bild 23). In seinem Charakter war so das neue Amtsgebäude bereits deutlich ein Sitz fürstlicher, nicht mehr demokratischer Regierungsgewalt – etwas ganz anderes also, als die im Verlauf des Trecento geschaffene oben geschilderte Anlage um den Palazzo vecchio.

Die perspektivische Wandlung der Gesellschaft
vom Frühkapitalismus zur Verstaatlichung des Bürgertums

Mit der oben besprochenen Stufe der optisch-räumlichen Darstellung der noch als ganzheitliches Gebilde verstandenen Stadt ist die volle, reife Blüte der ersten Epoche bürgerlicher Stadtkultur bereits erreicht. Und — wie in jedem Blühen bereits das Verblühen beschlossen liegt — beginnen auch hier, wo noch letzte mittelalterliche Strukturen auslaufen, bereits die ersten Ansätze der Verfallsperiode.
Wir hatten zu Eingang dieses Abschnittes die Tatsache erwähnt, daß der Durchbruch zur Freiheitlichkeit und die Demokratisierung, die mit dem Aufblühen der bürgerlichen Frühkultur verbunden waren, zunächst Episode blieben. Die frühzeitliche feudale Adelsherrschaft, die von der Kraft des Bürgertums gebrochen worden war, wurde nun mehr und mehr durch eine neue Form feudaler Herrschaft ersetzt, nämlich durch die aus der Oligarchie der Großbürger auf verschiedene Weise sich herausbildende dynastische Alleinherrschaft. Die erste bürgerliche Bewegung, die das Abendland aus dem Mittelalter in die Neuzeit hinüberträgt, beginnt mit einer starken Tendenz zur Freiheitlichkeit demokratischer Formen und endet mit der Rückwendung zum Feudalismus.
Die republikanische Florentiner Verfassung von 1293 war auf der Zunftordnung aufgebaut. Das bedeutete, daß die ökonomische Macht der Oberzünfte nicht nur de facto, sondern nun auch de jure zur politischen Macht geworden war. Es hatte also schließlich schon in dieser verfassungsmäßigen Konstituierung der Republik nicht »das Volk« gesiegt, sondern die in dem voraufgegangenen Prozeß nach oben gelangte plutokratische Auslese von Großkaufleuten. Die teilweise und vorübergehende Beteiligung auch unterer Schichten an der Selbstverwaltung war reine Bündnispolitik der Großbürger geblieben.
Die Lohnarbeiter jedenfalls — ihrer wirtschaftlichen Abhängigkeit wegen nicht als Vollbürger geltend — blieben nicht nur vom Eigentum an den Produktionsmitteln ausgeschlossen, sondern, nach Alfred v. Martin, auch mit Koalitionsverbot belegt und »ein Objekt rücksichtsloser ökonomischer Ausbeutung«. Das Gesellschaftsgeschehen wird bereits weitgehend im perspektivischen Sinne von einigen wenigen bestimmt. Das überlebte System der Geburtsadelsherrschaft war also nur abgelöst, trat in der abgewandelten Form der Geldadelsherrschaft wieder auf — auf dem Umweg über die bürgerliche Epoche verjüngte sich schließlich die herrschaftliche Struktur. Die kulturelle Leistungsfähigkeit ist hier wie immer in hohem Maße abhängig vom Wirkungsgrad der gestaltenden Kräfte. Solange diese im Kampf um die politisch-ökonomische Machteroberung frisch bleiben und sich immer wieder bewähren müssen, solange währt der Auftrieb in der kulturellen Leistung. Mit dem Quattrocento ist der Zenit der bürgerlichen Kraftentfaltung erreicht, danach beginnen die Kräfte zu erlahmen im Genuß des Errungenen und nun Besessenen. Das Erringen und Erobern schlägt um in das Bewahren des Errungenen und Eroberten. »Der kapitalistische Geist bricht zusammen und verflacht in ein sattes Rentnertum« (v. Martin). Die Dynamik verebbt, eine neue Statik erobert sich ihr Feld. Der Besitz an Reichtum und Macht verlangt nach Garantie, nach Auf-

rechterhaltung, nach einem status — nach dem Staat. Die zunächst illegitime Tyrannis wird schließlich sanktioniert, wird erbliche Dynastie, die Gesellschaft richtet sich höfisch aus und mündet schließlich — aber davon erst später — in der absoluten Monarchie. In den Künsten folgt den großartigen Bemühungen der Aufbruchszeit, die in der sogenannten Renaissance ihre absolute Höhe erreichten, der monarchisch-höfische Barock, diesem die weitere Auflösung ins Rokoko.
Aus der Produzentenkultur des bürgerlichen Aufbruchs wird eine Konsumentenkultur. Man konsumiert materiellen Besitz und man konsumiert klassische Antike. Bildung und Kunst sind nicht mehr dynamisches Ringen um den neuen Ausdruck, um neue Bewußtwerdung, sie sind Angelegenheit der Muße und des geistigen Genusses. Das Reale und Konkrete, um das man in der Aufbruchszeit gerungen hatte, wird schon wieder verpönt, man wendet sich ins Idealische, möglichst weit fort von der Gegenwart in Richtung auf die Vergangenheit, die klassisch-antike. Es gibt eine Renaissance des Platonismus, die in Florenz ihren Niederschlag findet in der 1460 gegründeten Plato-Akademie.
Kunst und Bildung gehen in den »Salon«. In den Häusern der Wohlhabenden pflegt man eine idealisch-schwärmerische »Bildungsgeselligkeit«, zu deren Wesen es gehört, daß sie sich von der »Masse« distanziert, sie verachtet. Und immer häufiger zieht man sich mit der »Pflege« von Kunst und Bildung zurück aus der Stadt, die allen großen Aufschwung geboren hatte, man flieht die Urbanität, geht aufs Land, in die »Villa«, um dort zu konsumieren. Und im Dienst dieses immer mehr höfische Formen annehmenden Konsums steht der Künstler. Seine Aufgabe ist nun wiederum nicht mehr die eines Giotto oder eines Masaccio, die mit dynamischer Kraft um neues Bewußtsein gerungen und buchstäblich neuen Raum erschlossen hatten. Die Tizian, Raffael und Michelangelo werden in der Kunst die Klassiker des idealisch-platonischen Schwärmens dieser Gesellschaft.
Die philosophisch-literarische Bewegung, die dieser Konsumentenkultur entspricht, ist ein gewandelter Humanismus, der sich seiner ursprünglichen Bestimmung, der mittelalterlichen Scholastik eine neue, dynamische, vom Individuum ausgehende, weltlich-bürgerliche Philosophie entgegenzusetzen, entfremdet hatte. Waren die ersten Humanisten durchaus in Gemeinwesen engagiert, ja oft führend, wie jener bereits erwähnte Coluccio Salutati zum Beispiel, so begann mit Petrarca, Boccaccio, Nicoli und anderen bereits die Loslösung von der Gesellschaft und damit vom Bürgertum und der Zug zu jener vermeintlichen Eigenständigkeit des Geistigen, der den späten Humanismus ganz beherrscht. Die geistige Oberschicht verleugnet ihre eigenen Wurzeln, indem sie sich vom Bürgertum abwendet, sich antibürgerlich gibt, indem jeder die Welt ausschließlich auf sich bezieht (sich »seine« Welt schafft — man lese zum Beispiel die Sonette des Petrarca!) und damit in jene »klassischen« Regionen enteilt, in die die breite Masse nicht mehr zu folgen vermag.
In dieser Verabsolutierung von Geist und Bildung liegt der Dualismus begründet, der von nun an die abendländische Kulturgeschichte durchzieht. Die geistige Oberschicht tritt der politisch-ökonomischen gegenüber. Beide brauchen sich — die einen die anderen zur Sicherstellung ihrer materiellen Bedürfnisse, die anderen jene zur

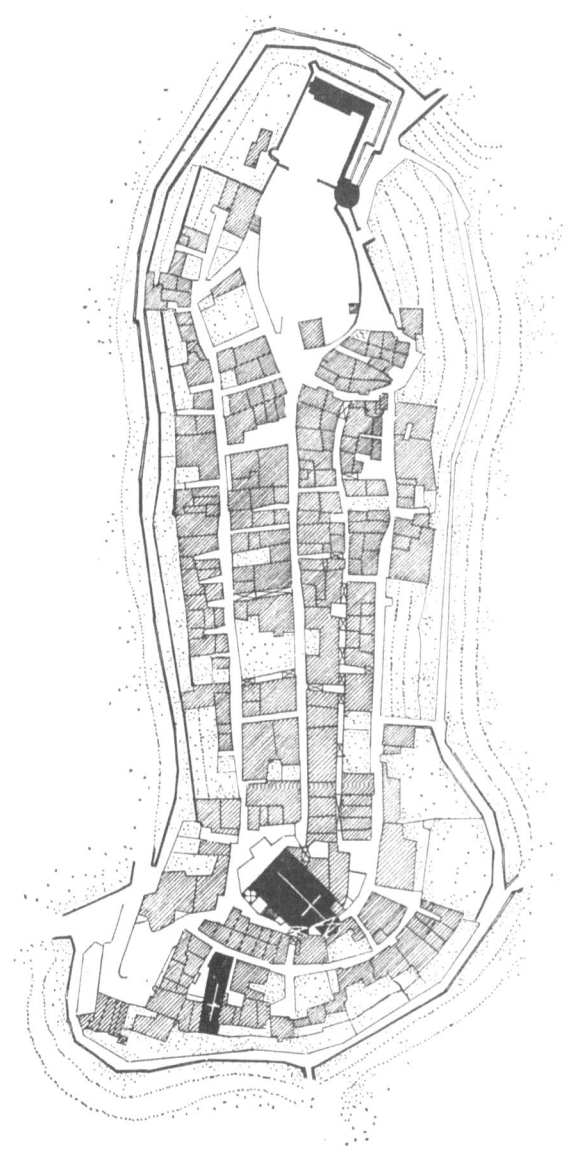

25 Castelnuovo Magra, Stadtgrundriß

Erhöhung ihres Glanzes und zur Verherrlichung ihres Wohlstandes. Von diesem gegenseitigen Interesse sind die Beziehungen der beiden Schichten zueinander bestimmt, wobei der permanente Protest der Geistigen gegen das Materielle, das Reale, das Politische (von Alfred v. Martin als »Reaktionskomplex und eine Hinneigung zum Kontrast« erklärt) eben gerade das antithetische Verhältnis herstellt, aus dem dieser Dualismus resultiert. Das ist die Errichtung des »Elfenbeinturmes« — und bereits die vollendete Perspektivität im Geistigen.

Es liegt auf der Hand, daß durch diese Haltung der beiden Oberschichten, der geistigen wie der ökonomisch-politischen, das mittelalterliche Gemeinschaftsbewußtsein vollends abgebaut wurde, das — wie wir in unseren Betrachtungen der Stadtbaukunst des Trecento sahen — auch im oberitalienischen Bereich noch lange in starkem Maße wirksam war. Die materielle Oberschicht mußte ja zwangsläufig gemeinschaftsfeindlich eingestellt sein. Aber auch das Geistige führte nicht mehr, wie im Mittelalter, alle Lebensbereiche unter einem allgemeinverbindlichen Prinzip zusammen, sondern brachte eine Vielzahl a b s o l u t e r, individueller, genialischer Höchstleistungen hervor — aber eben Einzelleistungen! Zu der ganzheitlichen Gemeinschaftsleistung des Mittelalters ist diese Gesellschaft ihrem Wesen nach nicht fähig.

An die Stelle der richtungslosen, aufnehmenden, mythischen Welt-A n s c h a u u n g ist die gerichtete, projizierende, mentale Welt-V o r s t e l l u n g getreten. Weltanschauung bezog das Ganze gleichsam von außen her auf den Menschen und den Menschen auf das Ganze. Weltvorstellung r i c h t e t den Menschen von sich aus auf den Teil, den Sektor. Das ganzheitliche Prinzip geht zwangsläufig verloren, weil es mit dem perspektivischen Wesen unvereinbar ist.

Darum ist es auch mit der Ganzheitlichkeit der Stadtgestalt zu Ende. Die mittelalterliche Stadt hatte ihre ganzheitliche Gestalt außerkünstlerisch aus dem ordo heraus vollzogen. Die oben dargestellte Stadtbaukunst nach dem ästhetischen Prinzip — im Sinne eines auf das Ganze gerichteten künstlerischen Gestaltw i l l e n s — war nur eine verhältnismäßig kurze Zwischenepisode, und sie blieb die letzte ganzheitliche städtebauliche Leistung des Abendlandes bis auf den heutigen Tag, der Abgesang ganzheitlicher Stadtgestalt. Alles Spätere ist entweder Addition von Einzelleistungen oder aber — wie im absolutistischen und im totalitären Staat — verordnete Einheit ohne Ganzheit.

Die sektorierende Wirkung der Perspektive:
Verherrlichung des Teiles vor der Ordnung des Ganzen

Mit der Entfaltung und Realisierung der perspektivischen Welt ist der Mensch in der Verwirklichung seiner selbst einerseits ein großes Stück vorangekommen: Sein Bewußtsein hat sich um eine neue Dimension erweitert, und mit der Bewußtwerdung des Raumes war die Bewußtwerdung seines eigenen Ich verbunden. Der

Mensch hat sich selbst und seinen persönlichen Willen ins Zentrum seiner (vorgestellten) Welt gerückt, hat die theozentrische Welt des Mittelalters in eine anthropozentrische Welt umgewandelt. Er hat Großes dadurch gewonnen — aber er hat, mit diesem Gewinn unlösbar verbunden, gleichzeitig auch v e r l o r e n.
Er verlor die Möglichkeit, das Ganze zu sehen, zu erleben, zu gestalten. Denn die Perspektive erfaßt ja nur jeweils den durch die Sehstrahlen begrenzten Sektor und stellt ihn in der Bedeutung über das Ganze. Perspektive ist die optische Erfassung eines Objektes durch ein Subjekt von einem bestimmten Standpunkt aus. Sie fixiert den Standpunkt des Betrachters ebenso wie das betrachtete Objekt. Sie ist von Natur antithetisch. Wie sehr sie damit zum sinnhaften Ausdruck der ganzen Epoche wird, führt uns Gebser ausführlich vor Augen.[1] Der weltliche Wirklichkeitssinn, das Machtstreben, die große Flut der Entdeckungen und Erfindungen, aber eben auch die Teilvorstellung, der Dualismus und schließlich in der Defizienzperiode die Vermassung entstammen diesem Prinzip.
Die Stadt, nicht mehr als ganzheitliches Wesen empfunden, verliert dementsprechend auch ihre ganzheitliche Gestalt, wird mehr und mehr zur Organisationsform reduziert, in der das jeweils Mindere die Kulisse abzugeben hat für das Hervorragende. Dem hervorragenden T e i l aber möchte man Ganzheitsanspruch einräumen, er bekommt seinen eigenen Maßstab, seine eigenen Gesetze zuerkannt und führt ein eigenständiges Dasein ohne Sinnbeziehung oder zumindest ohne Darstellung von Sinnbezügen zum Ganzen. Die Schönheit, die »bellezza« der Stadt wird endgültig nicht mehr in der Harmonie selbstverständlicher, ganzheitlicher Geschlossenheit der Beziehungen empfunden, nicht mehr im Sinne von »Ordnung« aufgefaßt, sondern als »W i r k u n g« vorgestellt. Sie wird jetzt verströmt aus der Vielzahl baulicher, räumlicher Einzelattraktionen. Die V o r s t e l l u n g des Teiles ist an die Stelle der S c h a u des Ganzen getreten. Die Ensembleleistung des Mittelalters ist ersetzt durch die primadonnenhaften Einzelauftritte der Genies. Barock! — Die Stadt ist nicht mehr Ergänzung, sie ist nun S y n t h e s e.

Der Einbruch der Perspektive in die Stadt mittelalterlicher Prägung

Der im Mittelalter im Ansatz begonnene und dann unter den im italienischen Bereich waltenden besonderen Voraussetzungen zur vollen Intensität gelangte bürgerliche Aufbruch konnte in seinen Folgeerscheinungen nicht auf den engeren italienischen Kreis beschränkt bleiben. Die in Italien vollzogene perspektivische Wandlung war zu einer geschichtlichen Notwendigkeit für das ganze Abendland geworden, zu einer Erlösung aus der dem Menschen und dem Menschlichen allmählich sich entfernenden und entfremdenden mittelalterlich-mystischen Spätgotik. Und so dringt denn alsbald das in Italien prototypisch verdichtete neue Wesen

[1] Gebser: »Ursprung und Gegenwart«, Bd. I, besonders S. 23 ff.

überall im Abendland durch. Damit tritt der ganze abendländische Kulturkreis aus dem Mittelalter in die Neuzeit hinüber, aus der mythisch-irrationalen, unperspektivischen Zeitwelt in die mental-rationale, perspektivische Raumwelt. Kunst, Philosophie und die nun erst zur freien Entfaltung gelangende empirische Wissenschaft wenden sich jetzt allenthalben ins Perspektivische. Claus S l u t e r und v a n E y c k sind die ersten großen Namen, die diesen Wandel im nordalpinen Bereich deutlich manifestieren. Das mentale Raumbewußtsein wird gesamteuropäisch. Damit beginnt die Perspektive auch die Stadt mittelalterlicher Prägung wesentlich zu verändern.

Das geschieht naturgemäß in sehr verschiedenen Graden. Die Intensität des Gestaltwandels ist überall in starkem Maß abhängig von der Intensität des urbanen Lebens, der urbanen Struktur. Je ausgeprägter die Urbanität, je eindeutiger noch die städtische Selbstbestimmung und Unabhängigkeit, je inniger die ökonomische und kulturelle Kommunikation einer Stadt mit der Welt, um so deutlicher vollzieht sich im allgemeinen der Gestaltwandel. Es gibt Städte, deren Bedeutung und urbane Kraft zu dieser Zeit — aus welchen Gründen auch immer — bereits stark geschwunden ist, und die, weitgehend unbeteiligt an diesem Wandel, sozusagen am Rande der Geschichte liegenbleiben. Nur dort, wo die städtische Gesellschaft auf Grund hochgradiger Urbanität und intensiver Kommunikation das kulturelle Geschehen der Epoche mitträgt, kann sich der Gestaltwandel auch sichtbar entfalten.

Unweit der ligurischen Küste, in der Nähe von Luni und Versilia, liegen einige kleine Landstädte, wie in Ober- und Mittelitalien weithin üblich auf Bergkuppen gebaut, noch heute in Formen verharrend, in denen einst mittelalterliches Wesen sehr einfach und unkompliziert gestaltet wurde. Gewiß sind diese kleinen Städte auch im Mittelalter nicht über eine gewisse regionale Bedeutung hinausgekommen, immerhin war aber die eine von ihnen, Castelnuovo Magra, zeitweilig sogar Bischofssitz. Dieses Städtchen entstand, als der Bischof von Luni eine Burg anlegte, um bei dieser Burg die Einwohner der umliegenden Ortschaften zu versammeln und sie vor den Anmaßungen der in der Nähe sitzenden Geschlechter zu schützen. Um 1230 erhielt die Stadt durch bischöfliches Dekret eine weitgehend demokratische, auf allgemeiner Wahl der Organe ihrer Selbstverwaltung beruhende Verfassung. Das weitere Schicksal war wechselvoll: Kämpfe um Abschüttelung der bischöflichen Hegemonie und vorübergehende Erhebung der Stadt zum Bischofssitz. Doch das Städtchen mußte — abseits von den großen Handelswegen und Umschlagplätzen gelegen und stark agrarischer Struktur — bedeutungslos bleiben für den sich nur in den urbanen Zentren vollziehenden Gestaltwandel. Durch alle Zeitläufe bis auf den heutigen Tag blieb es in einer ganz einfachen mittelalterlichen Gestalt erhalten. Deutlich tritt noch heute die übergeordnete Beziehung zutage, die unräumliche, hintergründige Zweipoligkeit zwischen Pfarrkirche, die gleichzeitig der Versammlung der Bürgerschaft und den Sitzungen der Exekutive diente, und dem Palazzo vescovile, dem Bischofssitz, einer mittelalterlichen Burg (s. Bild 25).

In einem auf benachbartem Hügel gelegenen Städtchen hingegen, in N i c o l a , das unmittelbar die Via Romea oder Via Francesca (die antike Via Aurelia und

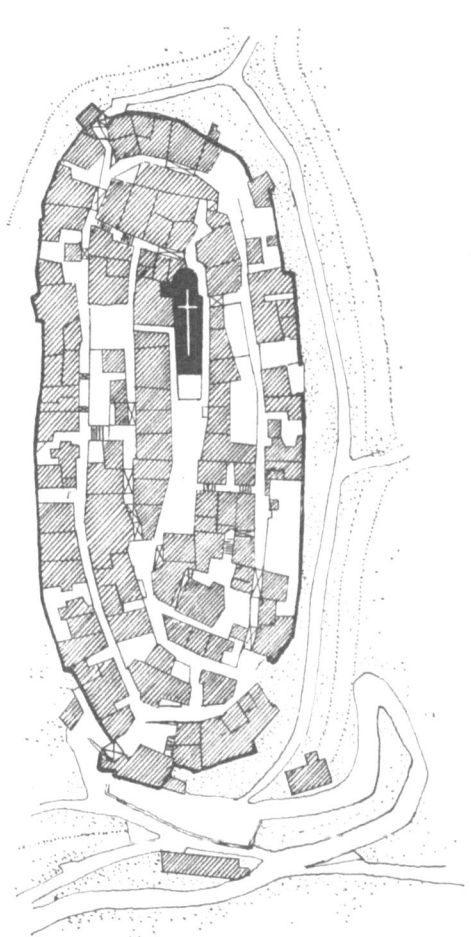

26 Nicola, Stadtgrundriß

heute die nationale Autostraße) beherrschte, hat sich bei aller Einfachheit und Bescheidenheit der baulichen wie der sozialen Substanz doch der Gestaltwandel manifestiert (Bild 26).

In dem Städtchen, in dessen heutigem Grundriß noch deutlich eine ältere, kleinere Umfassung zu erkennen ist, von deren Befestigung man heute noch Teile auffindet, waren einige deutlich erkennbare Freiflächen ausgespart, vor allem in der Nähe der Tore, auf denen sich wahrscheinlich die Bevölkerung des Agrarstädtchens zur gemeinsamen Feldarbeit traf. Es ist anzunehmen, daß der Freiraum in der Mitte des Stadtgrundrisses gleichfalls diese Funktion hatte und daß er nicht etwa als Folgeerscheinung der Kirche, als deren »Vorplatz« angelegt wurde, sondern ur-

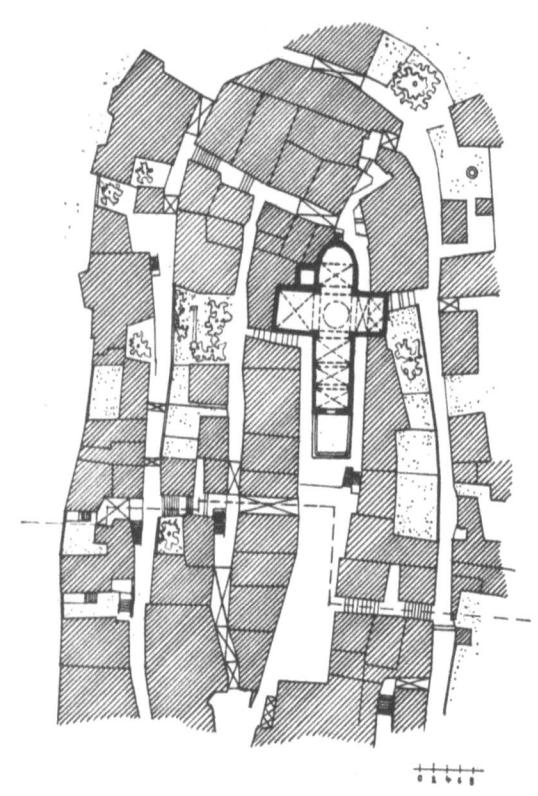

27 Nicola, Grundrißausschnitt und Querschnitt

sprünglich auf eine noch frühere heidnische Ansiedlung zurückzuführen ist. Dichtgedrängt umstanden Wohnhäuser die auf den höchsten Punkt des Hügels gebaute Kirche, zum Teil ihre Mauern an die der Kirche unmittelbar anlehnend. Nur der

Kirchturm ragte symbolhaft über die Silhouette des Ortes hinaus. In diese völlig unräumliche Anlage des Mittelalters wird jedoch eine räumlich-ästhetische Prätention hineingebracht, als man die Kirche erweitert und ihr inmitten der mittelalterlichen Anlage in den Formen der Neuzeit eine Schauwand zu dem zentralen Freiraum hin gab, der nun erst »Raum« wurde, gerichtet, auf ein Zentrum bezogen (s. Bild 26 und 27).

Etwas Ähnliches geschieht in einem kleinen, ebenfalls in einfacher mittelalterlicher Struktur gewachsenen Städtchen am Rand der Campagna (s. Lageskizze Bild 28) namens S a c r o f a n o. Auf dem Stadtgrundriß (Bild 29) ist wiederum die kleinere mittelalterliche Umfassung abzulesen, die dann erweitert wurde – und mit dieser Erweiterung erhielt der Ort eine neue Kirche. Der Abstand zwischen ihr und dem südöstlichen Tor der Altstadt wird nun bewußt räumlich geformt, und damit wird auch die bislang ganz unräumliche Mittelgasse des alten Stadtgrundrisses räumlich auf die neue Kirche bezogen. Der Gesamtgrundriß erscheint nun geordnet auf den einen Punkt: die Eingangsfront der Kirche.

Eine ausgeprägt perspektivische Erweiterung erfährt das nordöstlich von Sacrofano gelegene Städtchen F i l a c c i a n o. Auch hier ist der mittelalterlich liegengebliebene Grundriß der Altstadt deutlich zu erkennen (Bild 31). In harten Gegensatz dazu setzt sich die im 17. Jahrhundert aus fürstlicher Initiative angelegte Vorstadt vor dem in einen Palazzo verwandelten früheren Castello. Die Bürgerschaft, die jene einfache mittelalterliche Altstadt nach ihren bescheidenen Maßstäben formte, hat nicht mehr die urbane Kraft, ihre Stadtgestalt zu wandeln; sie ist selbst nicht einbezogen in den urbanen Gestaltwandel. Die neue, die höfische Ordnungsmacht aber stellt jene, dem überkommenen Wesen dieses Städtchens nicht mehr entsprechende, seinen Maßstab völlig verwerfende großräumig-perspektivische Anlage vor der Stadt auf, die mit konzentrierten Mitteln perspektivischer Überhöhung alles übrige auf den Palazzo ausrichtet – die im Zusammenhang des Ganzen jedoch unwillkürlich das Bild eines zu pompösen Eingangs für ein zu kleines Museum heraufbeschwört (s. Bild 30 und 31).

Deutlicher, scheint uns, und zugleich unkomplizierter vermag sich der unmittelbare und bestimmende, zwingende Einfluß der gesellschaftlichen Verhältnisse auf die Stadtgestalt, der sich in den urbanen Zentren so überaus vielgestaltig und vielschichtig auswirkt, wohl kaum zu offenbaren als an diesen schlichten Beispielen, die wir darum der Betrachtung der weitaus komplizierteren Materie vorangestellt haben.

Vielgestaltig und vielschichtig vor allem vollzieht sich der Einbruch des perspektivischen Prinzips in die mittelalterlich geprägten Städte des Nordens. Und in besonderem Maße gilt hier die bedingende Voraussetzung intensiver Urbanität. Diejenigen Städte des Mittelalters, deren ungebrochene »Mittelalterlichkeit« die Touristen aus aller Welt heute noch bewundern (oder bis zur Zerstörung bewundert haben), sind ja gerade solche, die das perspektivische Prinzip nicht mehr in sich aufnahmen, weil ihnen zur Zeit des perspektivischen Einbruches bereits weitgehend der urbane Atem ausgegangen war – sei es, weil neue Handelswege und deren Schnittpunkte benachbarte Städte begünstigten und darum die neuen Kräfte an dem alten

Platz kein Interesse hatten, sei es, daß sie im »Schatten« benachbarter, aufblühender Residenzstädte liegenblieben, oder aus welchen Gründen im einzelnen auch immer. Einen wirklichen ästhetisch-perspektivischen Gestaltwandel erfuhren nur solche Städte, in denen sich auf Grund der gegebenen Voraussetzungen die gesellschaftliche und die kulturelle Struktur intensiv umbildete. Je intensiver dies geschah, um so intensiver vollzog sich auch die Perspektivierung in der baulichen Gestalt, und je intensiver die bauliche Gestalt perspektivisch wurde, um so stärker wirkte das wiederum in das Bewußtsein der Gesellschaft zurück.

Im Norden vollzog sich die perspektivische Umgestaltung der Stadt — wenn auch allgemein weitaus weniger konsequent als in Nord- und Mittelitalien — in ähnlicher Stufenfolge, wie wir sie für die italienischen Städte wahrgenommen haben. Dabei handelt es sich freilich nicht um eine zeitliche Stufenfolge, sondern vielmehr um

28 Lageskizze Sacrofano und Filacciano

29 Sacrofano, Stadtgrundriß

88

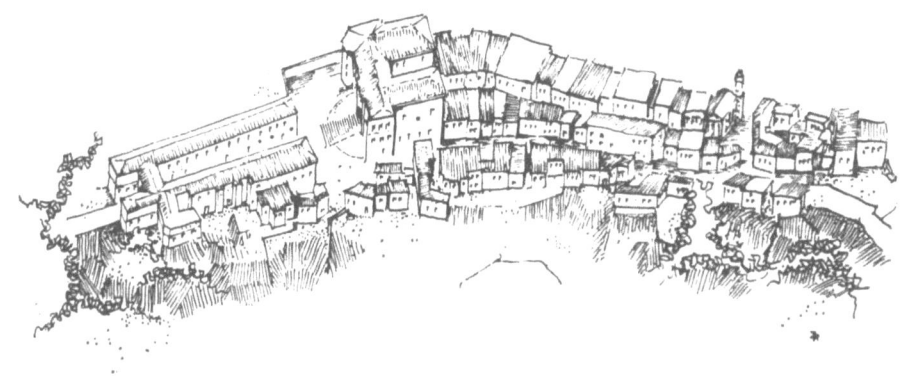

30 Filacciano, Vogelschau

31 Filacciano, Stadtgrundriß

eine Stufung der Intensität, wie sie sich aus den jeweils örtlich vorherrschenden Bedingungen ergibt. Das Gestaltschicksal der Städte ist jetzt — in weit höherem Maße noch als im Mittelalter — so überaus vielfältig, daß jede Kategorisierung problematisch bleiben müßte. Wir versuchen darum, an idealtypisch erscheinenden Gestaltvorgängen Beispiele zu geben für die Intensitätsstufen, in denen sich der Gesamtvorgang der Perspektivierung vollzog.

Die Kennzeichen der ersten Stufe begegnen uns bereits in Anlagen der Hoch- und Spätgotik, und zwar vor allem in zwei Erscheinungsformen: In den ausgesprochenen S c h a u w ä n d e n, die im 15. Jahrhundert, in Ausnahmefällen auch schon zu Ende des 14. Jahrhunderts, den älteren Rathausbauten vorgesetzt werden, um räumlich-ästhetische Wirkungen, ja manchmal sogar ausgesprochene Platzbildungen herzustellen, und in den gotischen T o r b a u t e n, die nun über ihre funktionelle und ihre bisherige symbolische Bedeutung hinaus ästhetische Aufgaben zugewiesen bekommen.

Ein Beispiel für die räumlichende, ästhetische Wirkung der Rathaus-Schauwände gibt uns wiederum Lübeck. Auf der Südseite des Rathauses, dem Marktplatz zu-

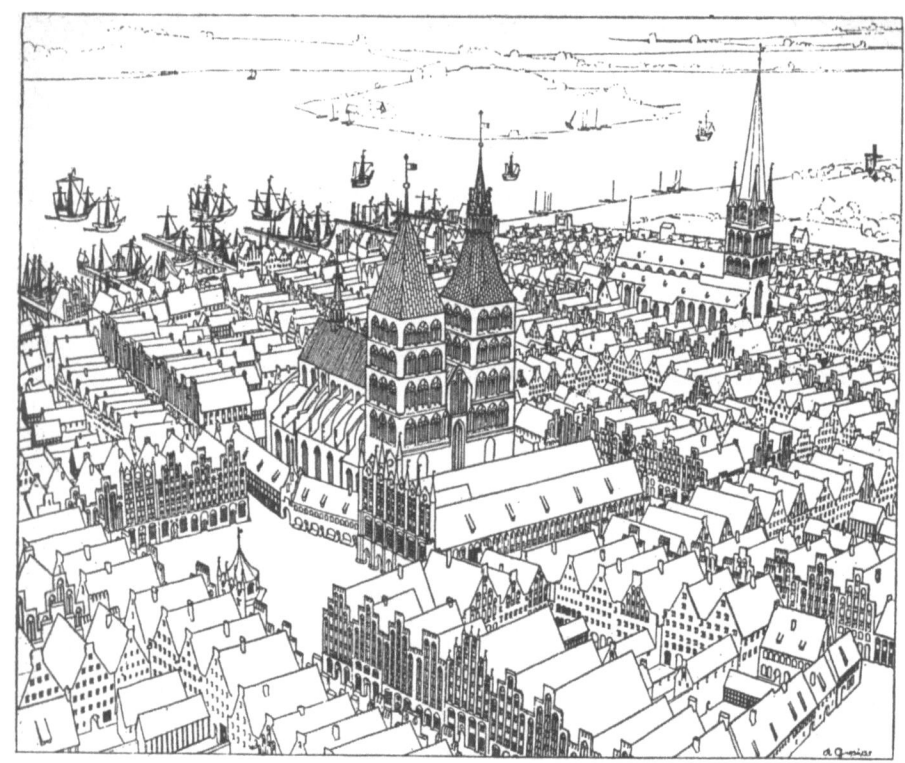

32 Stralsund, Vogelschau des Stadtzentrums im Spät-Mittelalter (Gruber)

gewandt, gibt die im frühen 15. Jahrhundert vollendete gotische Schauwand zusammen mit dem sogenannten »Kriegsstubenanbau« dem Marktplatz Richtung und räumliche Fassung (s. Bild 7 und 8). Ein anderes Beispiel gibt die nördliche Rathaus-Schauwand von Stralsund, die das Ratsgebäude, das bisher ausschließlich und völlig unräumlich auf die Westfront der Nikolaikirche bezogen war und mit der Kirche und den Kaufbuden zusammen eine typisch mittelalterliche Gruppe bildete, plötzlich »umdreht«, auf den Marktplatz ausrichtet und diesen räumlich-optisch auf sich bezieht (s. Bild 32 und 33).
Ähnliche Erscheinungen finden wir in Stettin (Bild 34), in Frankfurt/Oder, Tangermünde und anderen Städten. In diesem Zusammenhang ist auch die neue Rathausfassade von Münster in Westfalen zu erwähnen, die schon 1335 fertiggestellt wurde (Bild 36) und die in das mittelalterliche Beziehungsspiel zwischen Dom, Pfarrkirche St. Lamberti und Rathaus bereits eine sehr prätentiös ästhetische Note hereinbringt. (Vgl. Bild 35.)
Daß die erste intensive Einwirkung des ästhetischen Prinzips in die mittelalterliche Stadt sich gerade an den Rathausbauten manifestiert, entspricht durchaus der funk-

tionellen und repräsentativen Bedeutung, die diesen Rathäusern in der in zunehmendem Maße großbürgerlich geführten Gesellschaft zukommt. So werden auch die neu entstehenden Rathäuser, sei es noch in gotischen, sei es bereits in Renaissance-Bauformen, dieser Bedeutung entsprechend mehr und mehr auf ästhetische Wirkung hin angelegt. Sie werden entweder als freistehende Baukörper nach allen Seiten oder — auf Straßenmärkten zum Beispiel — als Giebelbauten nach zwei Seiten optisch wirksam, den Freiraum, in den sie hineingestellt sind, beherrschend. Oder sie werden — wie das auch bei den bereits erwähnten Beispielen Lübeck, Stralsund, Stettin der Fall war — innerhalb einer Platzwand so wirksam angeordnet, daß die Freifläche eben zum Freiraum wird, auf das Ratsgebäude hin ausgerichtet.

Für den ersten Fall dürfte eines der größten und stärksten Beispiele das um die Wende vom 15. zum 16. Jahrhundert gebaute Rathaus zu Breslau sein. Als

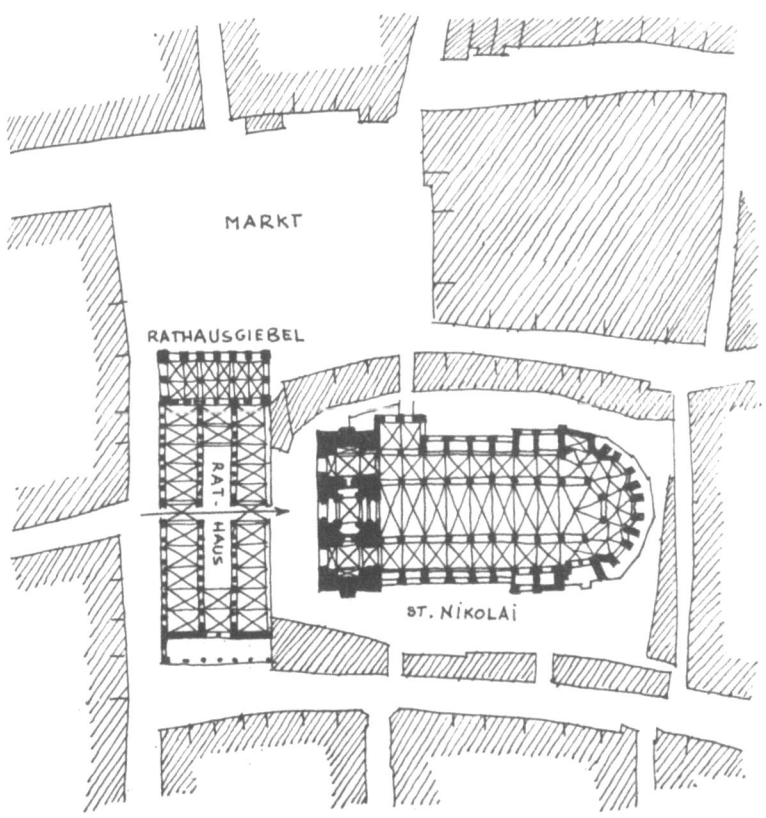

33 Stralsund, Grundriß Rathaus, St. Nikolai und Markt im Spät-Mittelalter

34 Stettin, Stadtansicht (Braun-Hogenberg)

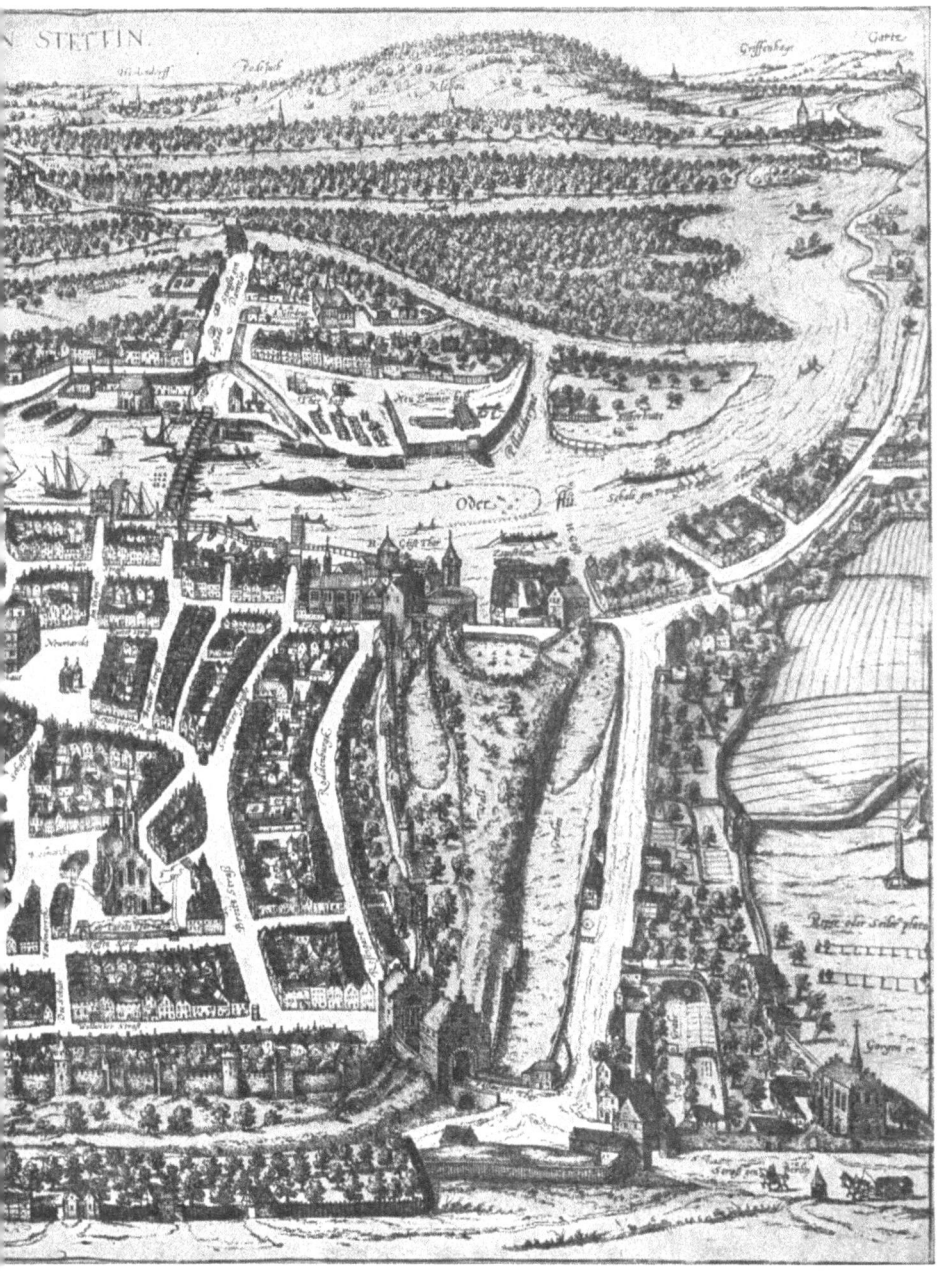

weitere Beispiele seien genannt im Süden Kempten (Bild 37), in Mitteldeutschland Halberstadt (Bild 38) und Wernigerode, im Norden Emden (siehe Bild 53). Für den zweiten Fall zeigen wir im Süden Schweinfurt (Bild 39), im Südosten Graz (Bild 40), in Mitteldeutschland Quedlinburg (Bild 41) sowie die märkischen Städte Calau (Bild 42) und Rathenow (Bild 43) und im Norden den Rathausneubau in Bremen (s. Bild 52). Es versteht sich von selbst, daß dies jeweils nur wenige greifbare Beispiele sein können, die sich um eine Vielzahl ergänzen ließen.

Die Stadtbefestigungen der mittelalterlichen Städte, die Mauern, Türme und Tore hatten, wie wir sahen, durchaus nicht nur den praktischen Zweck der Verteidigung gegen weltliche Feinde. Aus dieser praktischen Aufgabe heraus waren Turm und Mauer, Tor und Zinne zu Trägern starker symbolischer Bedeutung geworden. Diese Bedeutung wird nun − eine weitere frühe Erscheinungsform des ästhetischen Prinzips in der Stadt des Nordens − optisch-räumlich überhöht, indem man Tortürme aufführt, die aus ihrer Gestalt heraus die Ausfallstraßen auf sich ausrichten, als Blickpunkte teilweise schon vom Stadtzentrum aus. So in Lübeck zum Beispiel das Holstentor, aber auch das Burgtor mit dem besonders hohen Turm, die Tortürme in Wittenberge, in Prenzlau und vielen anderen märkischen Städten. Als ein süddeutsches Beispiel der »Schöne Thurm« in München, dessen Name bereits auf die

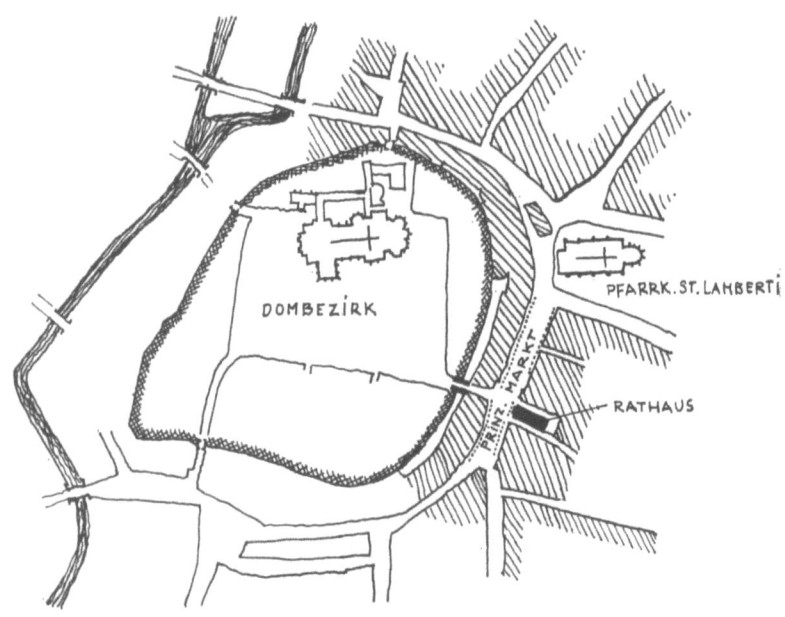

35 Münster i. W., Stadtzentrum im frühen Mittelalter

36 Münster i. W., Rathausfassade (Gruber)

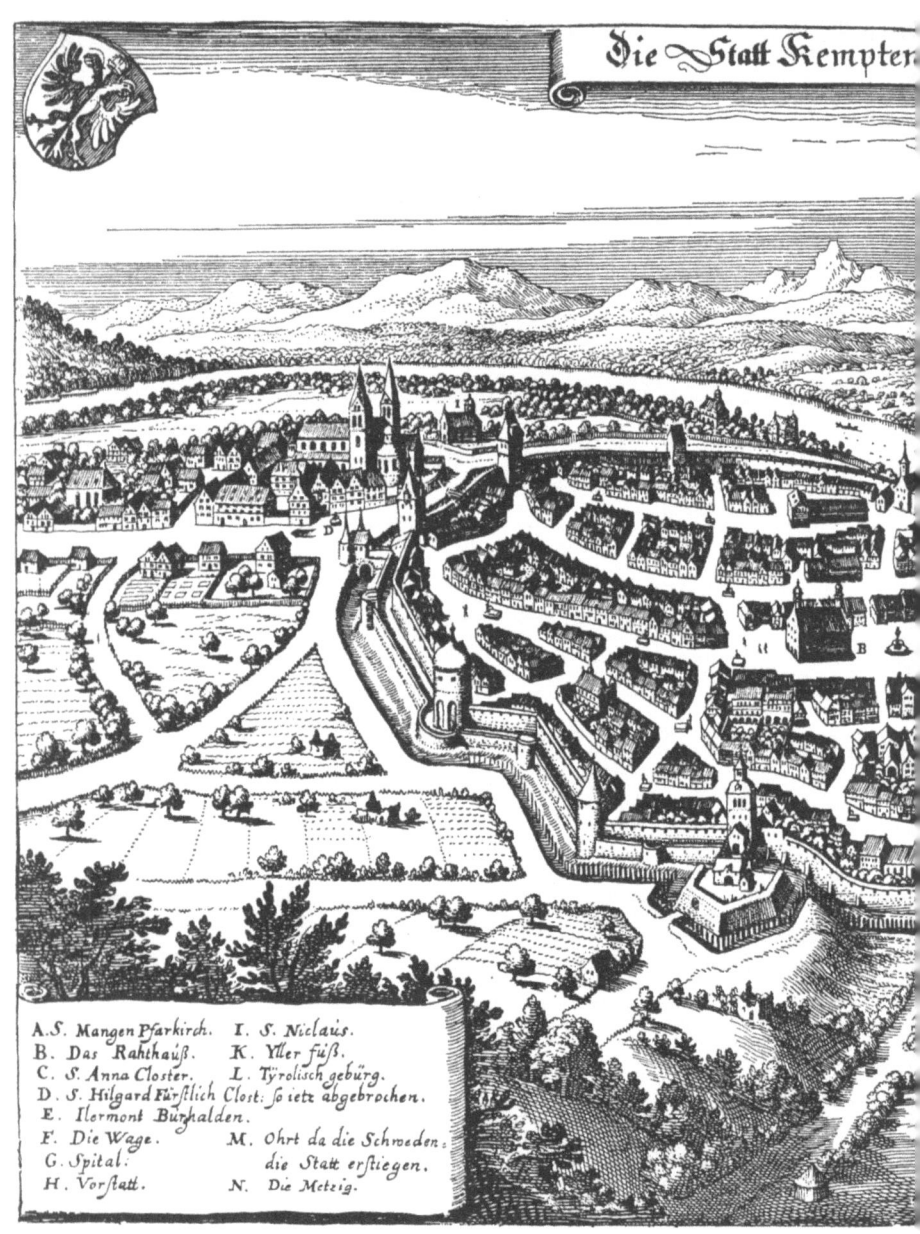

37 Kempten i. Allgäu, Stadtansicht (Merian)

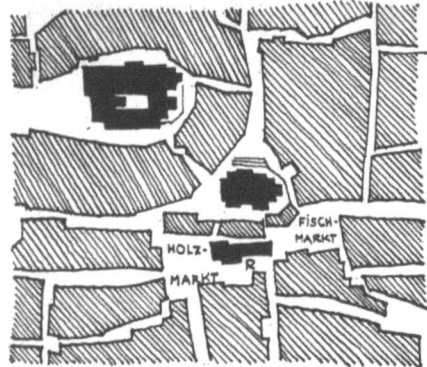

38 Halberstadt, Stadtzentrum, R Rathaus

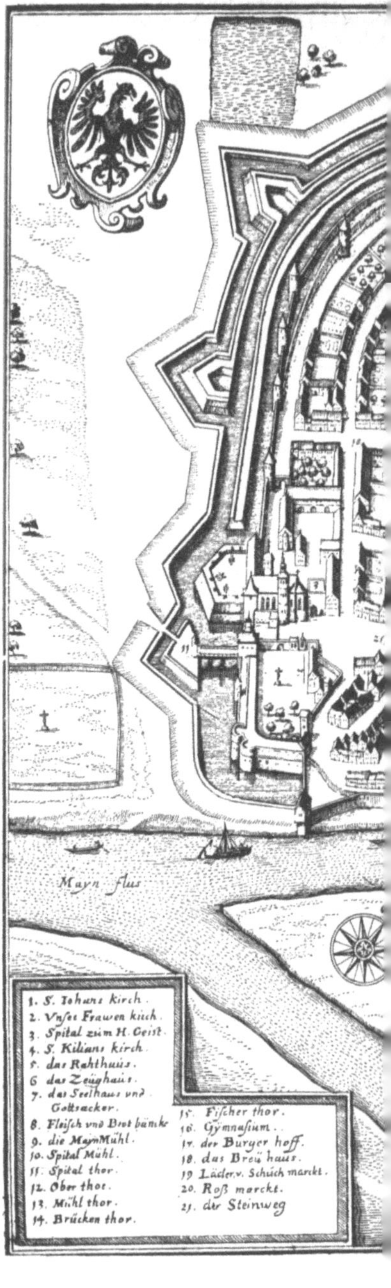

39 Schweinfurt, Stadtansicht (Merian)

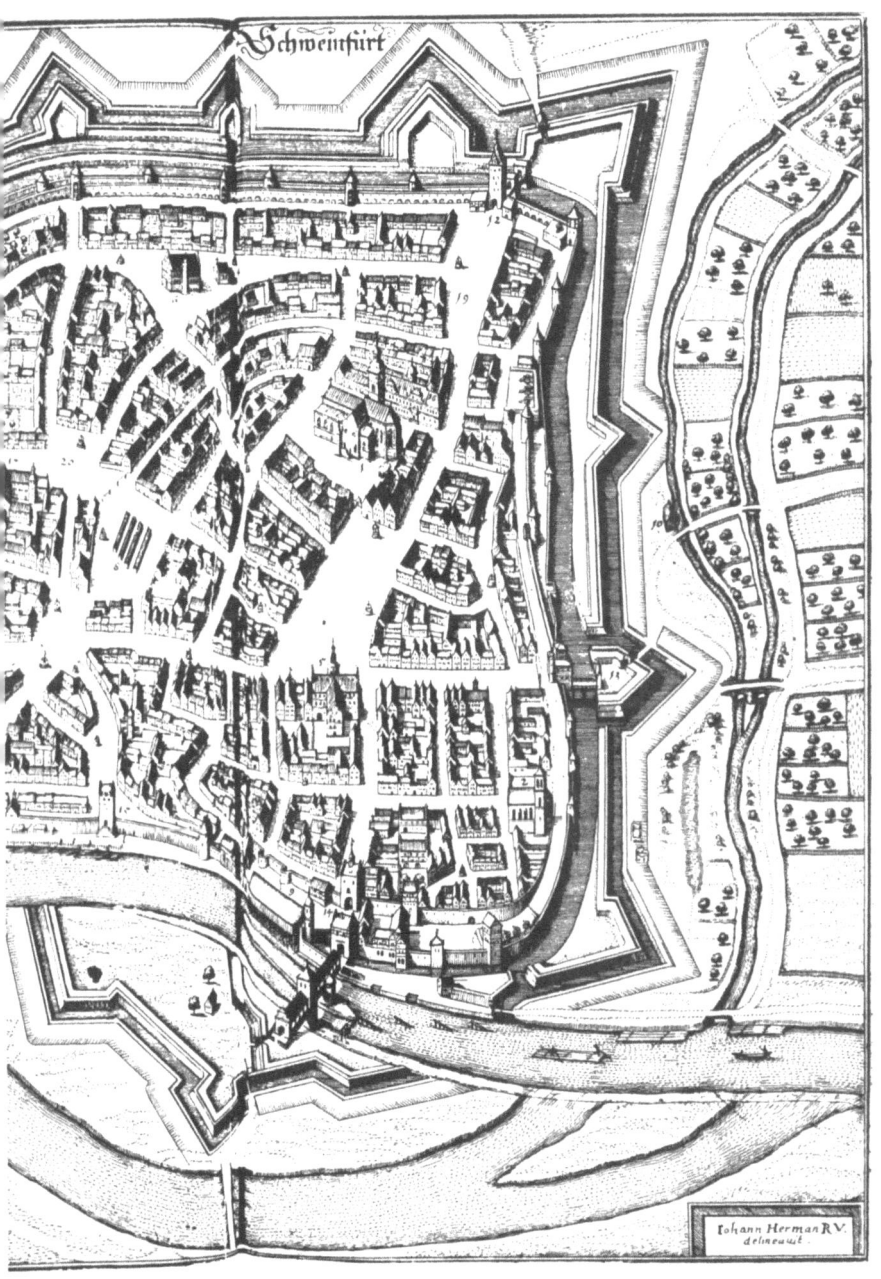

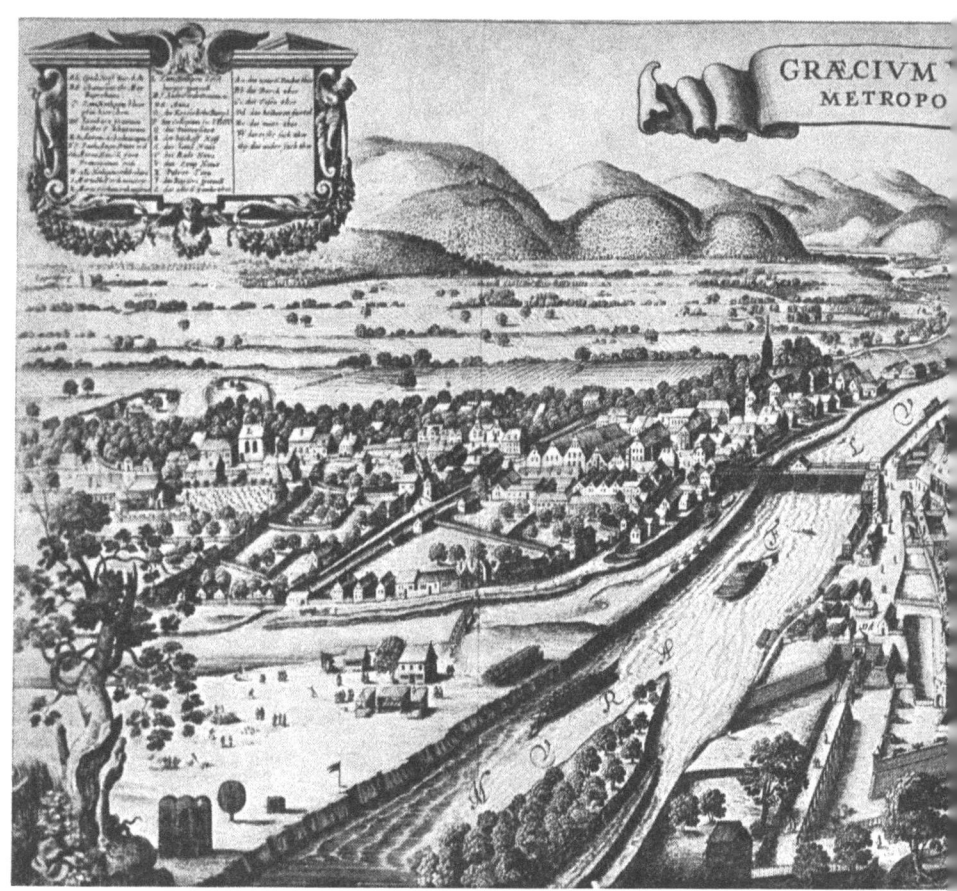

40 Graz, Stadtansicht (Laur. v. d. Sype — W. Hollar um 1635)

(Nach dem Original im Stadtmuseum Graz am Joanneum)

41 Quedlinburg, Marktplatz und Rathaus

Absicht hinweist. Ein besonders klares Beispiel scheint uns N e u b r a n d e n b u r g (Bild 45), mit seinen vier Tortürmen die vier Ausfallstraßen deutlich markierend. Bild 44 zeigt das Stargarder Tor im Süden des Stadtgrundrisses.
Die Abbildung des Fuldaer Paulustores (Bild 46) bedeutet freilich einen erheblichen Vorgriff, den wir tun, um zu zeigen, wohin der mit den ersten Beispielen beschrittene Weg schließlich führt. Erkennen wir am Neubrandenburger Beispiel noch durchaus klar die Absicht, den Wesensgehalt des Bauwerkes aus abstrakt-symbolischer Aussage in konkrete, räumlich-ästhetische Wirksamkeit einzuformen, mit eindeutigem, deutlich spürbarem Wesensbezug zum Ganzen, so ist das barocke Paulustor in Fulda ganz vorrangig von seinen eigenen vorgestellten Formen her bestimmt, die es in reicher Fülle entfaltet. Es ist aus seinem rationalen Zweck heraus Vorwand für ein räumlich-ästhetisches Spiel, für vordergründige Repräsentation. Der Bau stellt sich dar im Übergewicht der eigenen Form über die Wesensbeziehungen zum Ganzen. In der Trennung von Wesenheit und Form und im Übergewicht der Formbedeutung über die Wesensbedeutung liegt aber bereits ein erheblicher Verlust an Gestalt.
Ein weiteres bauliches Merkmal der beginnenden perspektivischen Wandlung sehen wir in dem vielfach einsetzenden Übergang von der überkommenen, giebelständi-

gen zur traufständigen Bauweise in den Städten, in denen bisher die giebelständigen Bauformen geschriebenes oder ungeschriebenes Gesetz waren. So ist zum Beispiel in Braunschweig der Übergang verhältnismäßig plötzlich und zeitgleich mit anderen Merkmalen der einsetzenden Perspektivierung, so daß man wohl annehmen darf, daß die Betonung der Horizontalen beider Straßenfronten und die daraus entstehende räumlich-perspektivische Wirkung bewußte ästhetische Absicht waren, die auf Weisung der Behörden hin verwirklicht wurde.[1]
Doch auch für andere, in ganz anderen Gegenden gelegene Städte ergeben sich deutliche Anhaltspunkte für die Wende von giebelständiger zu traufständiger Bauweise, die wir auch aus den alten Stichen entnehmen können. Der Merian-Stich von Kempten im Allgäu (Bild 37), der 1639 entstand, zeigt deutlich das Nebeneinander von giebelständigen und traufständigen Bauten, und zwar dergestalt, daß die giebelständigen überwiegend an den Nebenstraßen und an der Peripherie zu finden sind, während die offenbar neueren Bauten der Wohlhabenden an den Hauptstraßen überwiegend und am Markt fast ausschließlich traufständig sind. Ganz besonders deutlich wird der Unterschied auch aus der Gegenüberstellung der Stadtansicht von Nürnberg aus Schedels »Weltchronik« von 1493 (Bild 47) mit dem Merian-Stich von 1648 (Bild 56).
Die konsequente Fortsetzung ist die mehrfache horizontale Betonung in den sich mehr und mehr durchsetzenden Renaissance-Bauformen. So zum Beispiel in den Hamelner Bauten der sogenannten Weser-Renaissance, wo das erste im neuen, auf dem Umweg über die Niederlande übernommenen Stil erbaute Haus (der heutige »Rattenkrug«) bereits eine ganz energische Horizontalgliederung mit je einem kräftigem Gesims über jedem der sechs Fassadengeschosse zeigt. Diese Horizontalgliederung wird in den auf das erste Beispiel folgenden vornehmen Neubauten an den Hauptstraßen und am Markt fortgesetzt und auch von den Fachwerkbauten übernommen (zum Beispiel am Haus des Bürgermeisters Poppendieck, dem sogenannten »Stiftsherrenhaus«) und findet ihren Höhepunkt in dem städtischen »Hochzeitshaus« am Markt, das gleichzeitig in bereits deutlich erkennbarer perspektivischer Absicht in optische Beziehung zum Marktplatz und zu den auf ihn mündenden Straßen gesetzt ist (Bild 48).
Damit beginnt die zweite Stufe, die nach der ästhetisch-räumlichen Geltendmachung von Wirkungsansprüchen einzelner Gebäude nun auf die optisch-räumliche Darstellung der ganzen — und auch noch als Ganzes empfundenen — Stadt abzielt, der nun auch im Norden sich durchsetzenden Stufe der Stadtbaukunst.
Eines der markantesten Beispiele in Deutschland gibt dafür die Altstadt von Braunschweig. Dort stand seit der Mitte des 13. Jahrhunderts das Altstadtrathaus, eines der ältesten Gebäude in Deutschland, die ausschließlich für diesen Zweck errichtet worden waren. Freilich hatte es noch nicht seine bis heute erhaltene spätgotische Gestalt, sondern war ein wahrscheinlich recht schlichter, einflügelig in Nord-Süd-Richtung gestellter Bau, mit dem südlichen Giebel zum Langhaus der Martini-Pfarrkirche. Nicht viel später als das Rathaus, auch noch im

[1] Vgl. O. Stelzer: »Braunschweig«, S. 18.

13. Jahrhundert, baute man auf der Südseite des Altstadtmarktes das Gewandhaus, das Haus der vornehmen Zunft der Tuchmacher und -händler, bereits so, daß es mit dem östlichen Giebel die Straße vom Kohlmarkt zum Altstadtmarkt — durch die Stadt führender Teil einer wichtigen ost-westlichen Handelsstraße — abschloß. Die Nordseite und die Ostseite des Altstadtmarktes nahmen vornehme Bürgerhäuser ein. In drei oder — wenn man will — vier Etappen wurden nun die Zentren der Altstadt in einer ausgesprochen kunstvollen Raumfolge verbunden, und zwar im Verlauf der ost-westlichen Fernhandelsstraße (vgl. den Stadtgrundriß in Bild 13). So wurde die ganze Altstadt optisch-räumlich auf diese Achse bezogen — ein Vorgang, der in seiner geistigen Haltung durchaus der oben geschilderten optisch-räumlichen Darstellung der Lebensachse von Florenz (vgl. S. 76 ff. und Bild 23) vergleichbar ist.

In der ersten Etappe, etwa um 1400, wurde das Rathaus um seinen Ost-West-Flügel zu einem Winkelgrundriß erweitert. In einer zweiten Etappe erhielt es um 1450 die schönen, spätgotischen Lauben mit den Herzogs-Skulpturen vorgesetzt. So

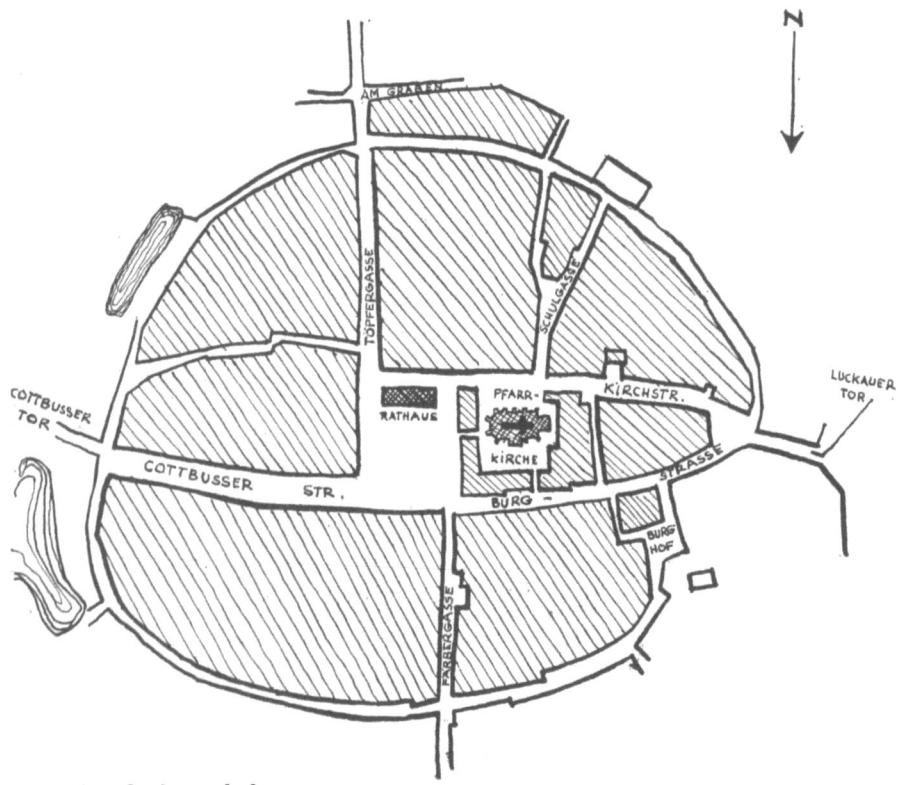

42 Calau, Stadtgrundriß

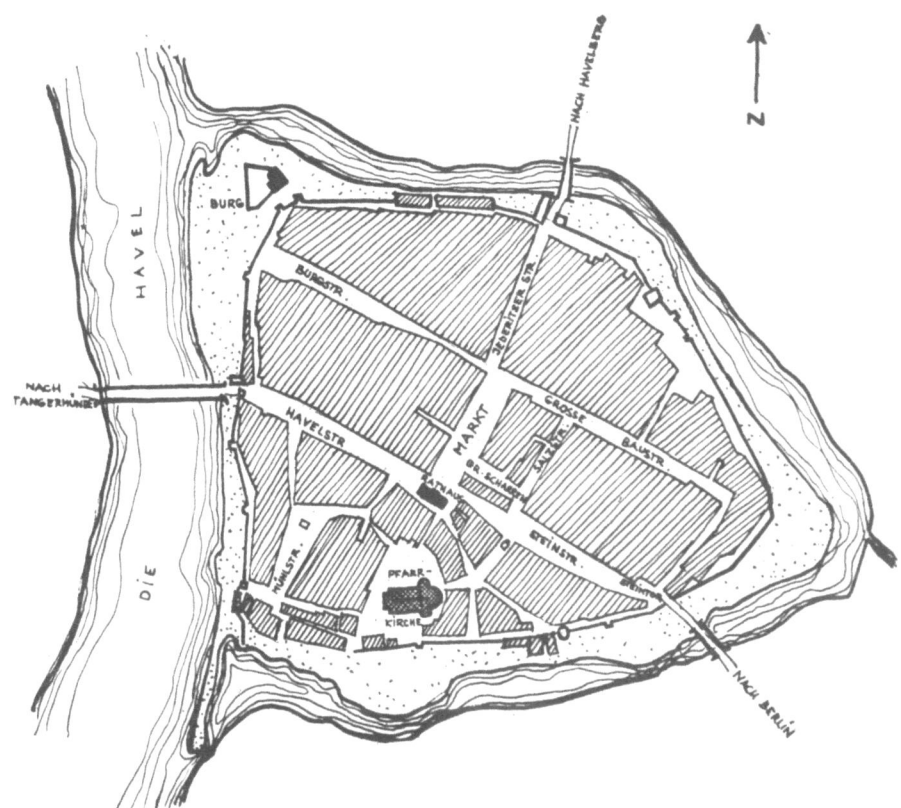

43 Rathenow, Stadtgrundriß

war der Altstadtmarkt im Zusammenwirken von Rathaus und Martini-Chor mit den vornehmen Bürgerhausfassaden ein gefaßter und gerichteter Raum geworden. Diese Wirkung wurde durch den in seiner Mitte aufgestellten, spätgotischen Brunnen noch gesteigert (Bild 50). Welcher Unterschied nun zwischen diesem räumlichen Platz und dem als Straßenmarkt gewachsenen Kohlmarkt! Doch weiter: In der dritten Etappe wurde dem Gewandhaus die ebenfalls heute noch erhaltene Ostgiebelfassade vorgesetzt (in der zweiten Hälfte des 16. Jahrhunderts). Wie bewußt das in stadtbaukünstlerischer Absicht geschah, welchen Wert man diesem Werke in offensichtlicher Erkenntnis einer besonderen städtebaulichen Chance beimaß, das zeigt die Tatsache, daß man gerade hierfür namhafte Künstler, zum Teil von weit her, herbeiholte, um dieses ungewöhnlich subtile Stück norddeutscher Renaissance-Kunst zu vollbringen. 1592 wurde es mit der Engelsfigur über dem obersten der acht Stockwerksgesimse vollendet. So wurde die vom Kohlmarkt auf den Gewand-

44 Neubrandenburg, Stargarder Tor (Südseite)

hausgiebel zuführende Straße vollends zum Straßen r a u m, einen starken Sog vom Giebel her auf den ungeformten Kohlmarkt ausübend.

Fassen wir den Vorgang noch einmal zusammen (vgl. dazu Bild 49): Der von Osten her die Altstadt in ihrer ost-westlichen Hauptachse, auf der Handelsstraße kommend, Betretende gelangte zunächst auf den in mittelalterlicher Funktionalität und Raumlosigkeit verharrenden Kohlmarkt, wurde von hier aus, der lockenden Wirkung des Gewandhausgiebels folgend, durch den regelmäßigen Straßenraum vor diesen geführt und gelangte schließlich, nachdem er ihn — ungestört durch neue Eindrücke — zunächst in Ruhe betrachten konnte, fast unversehens auf den Altstadtmarkt, in das Zentrum des Stadtganzen — Ziel und räumliche Vollendung des Weges zugleich.

Noch weiter gesteigert wurde die räumliche Wirkung des Altstadtmarktes schließlich, als man um 1700 die Apsiden des Martinchores durch die in Bild 49 erkennbaren Dreiecksgiebel bekrönte. (Im 18. Jahrhundert, das gehört jedoch in einen anderen, später zu erörternden Zusammenhang, wurde dann auf der anderen, der

Südseite der Martinskirche, deren Langhausfront ganz einbeziehend, ein weiterer, mit dem Marktplatz korrespondierender Raum geschaffen, der von der klassizistischen Fassade des sogenannten Landschaftsgebäudes Chr. Gottl. Langwagens beherrscht wird.)
Von den Seestädten der Hanse mag uns Bremen als stärkstes Beispiel dienen. Bremen könnte man in seiner Entwicklung bis zum Niedergang des großen Städtebundes als »Gruppen-« oder »Ketten-Stadt« bezeichnen. Parallel zur Weser reihen sich die vier nacheinander entstehenden Siedlungskerne aneinander an. Schon die Altstadt hatte zwei zunächst völlig voneinander getrennte Kerne: den Domhügel mit den Domherrenkurien und der Ansiedlung erzbischöflicher Ministerialen und Knechte, und die im Gefolge entstehende bürgerliche Siedlung auf dem Steffensberg. Um 1300 wurden beide Kerne vereinigt, jedoch erst um die Mitte des 16. Jahrhunderts die alten Mauern zwischen ihnen vollständig entfernt, nachdem die unterschiedliche Bevölkerungsstruktur sich ausgeglichen hatte. Von 1623 bis 1627 wurde dann die Neustadt planmäßig angelegt, zu einer Zeit, als Bremen abermals auf einem Höhepunkt seiner wirtschaftlichen Bedeutung und seines Reichtums stand. Noch später kam als vierter Siedlungskern die sogenannte Vorstadt hinzu. Uns interessiert in diesem Zusammenhang jedoch nur der Zustand nach dem Zusammenschluß der beiden Altstadtkerne, also gegen Ende des 16. Jahrhunderts (s. Bild 51). Der Stadtgrundriß erscheint in diesem Stadium überaus sinnfällig: Das ursprüngliche Nebeneinander der beiden Kerne ist durch die kräftige und schnurgerade von

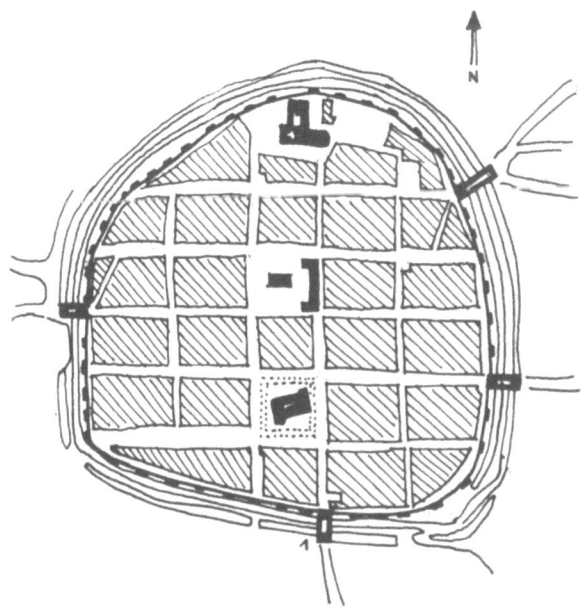

45 Neubrandenburg, Stadtgrundriß. 1 Stargarder Tor

Westen her auf das im östlichen Teil liegende Zentrum zulaufende Achse straff vereinigt und zusammengefaßt. Das System der Nebenstraßen und der zur Hauptachse parallel laufenden Züge ist deutlich und konsequent auf die Hauptachse bezogen und über sie auf das »Zentrum«. Durch welches Tor auch immer man die Stadt betreten mag — immer führt der Weg geradezu auf diese Achse. Und auf ihr, die von den repräsentativen Häusern der vornehmsten Bürger gesäumt ist (Obernstraße!), wird man von Westen her zunächst in das großartig angelegte bürgerliche Zentrum (Rathaus, Börse, »Schütting«, dazwischen das mit dem Roland gewappnete Forum) und dann erst, über einen Vorplatz, zum Dom geführt, an dem die Hauptstraße südlich vorbeigeleitet ist, um dann durch das »Oster-Tor« die Stadt zu verlassen. Das mittelalterliche Spannungsverhältnis D o m (= Repräsentation der geistlichen Stadtherrschaft) — R a t h a u s (= weltliche Repräsentation der Bürgerschaft) — P f a r r k i r c h e (= geistliche Repräsentation der Bürgerschaft) ist mit räumlich-ästhetischen Mitteln weitgehend perspektivisch gestaltet, indem die verschiedenen Bedeutungsträger ganz konkret durch eine gestufte Raumfolge in Beziehung gesetzt sind, die ihre höchste Intensität im Forum findet (Bild 52).
Der alte Marktplatz ist längst über seine ursprüngliche Funktion erhaben und zum repräsentativen Stadtplatz, eben zum »forum« geworden, während das eigentliche Marktgeschehen von dieser repräsentativen Aufgabe abgetrennt und in den nördlich außerhalb der repräsentativen Gruppe bleibenden Freiraum verlegt wurde. Das Forum ist die mit allen Mitteln ästhetischer Wirkung angelegte bauliche Repräsentation des wohlhabenden, welterfahrenen, leistungsfähigen Bürgertums, G r o ß bürgertums dieser Stadt.
Bremen darf in diesem Stadium als eine der schönsten, weil geschlossensten Leistungen der Epoche früh-neuzeitlicher, nordalpiner Stadtbaukunst gelten: tief im Mittelalter wurzelnde Ordnungsprinzipien sind mit den neuen ästhetisch-räumlichen Mitteln zu einer in hohem Maße ganzheitlichen Gestalt vollzogen. Ganzheitlich noch eben deshalb, weil deutlich spürbar ist, wie jedes Teil vom Ganzen her bestimmt wurde.
Das wird um so deutlicher, wenn wir noch einmal in kurzen Zügen die s o z i a l e Geschichte dieser Stadt rekapitulieren: 1139 erstmalig als civitas erwähnt, wurde Bremen zunächst von einem erzbischöflichen Vogt verwaltet, der auch das Marktgericht hegte. Bereits zu Beginn des 12. Jahrhunderts war dieses Marktgericht jedoch zu einer kollegialen Körperschaft umgebildet worden, deren Mitglieder durch die Kaufmannsgilde berufen wurden. Zu Ende des 12. Jahrhunderts gibt es einen R a t unter Beteiligung auch der nichtkaufmännischen Schichten. Dieser fungiert zunächst unter der obersten Leitung des Vogtes, dann m i t dem Vogt und schließlich, nach 1250, mehr und mehr ohne ihn. Nach dem vorläufigen Abschluß dieser Periode der Spannungen zwischen Bürgerschaft und Stadtherrschaft treten prompt die Spannungen zwischen oberem und niederem Bürgertum in den Vordergrund. Die Stadtgeschichte des 14. und des 15. Jahrhunderts ist weitgehend hiervon bestimmt. Der Rat nimmt bald nach seiner Lösung aus der Vormundschaft des Vogtes eine recht uneingeschränkte Machtstellung ein, wogegen die unteren Schichten der Handwerker mehrfach offen revoltieren. (1304 Austreibung der Geschlechter des

46 Fulda, Paulustor (Foto Büttner, Paulusverlag, Fulda)

»Kaufmannsadels«, weitere Aufstände der Handwerker 1330, 1356 und 1366, dann 1426 eine »demokratische« Revolution, die für sieben Jahre zur Herrschaft des unteren Bürgertums führt.)
1433 wird in Gestalt der »Eintracht« ein Kompromiß geschlossen: Ein Ausschuß von 16 Vertrauensleuten der unteren Bürgerschaft wird zusammen mit den 8 Elterleuten der Kaufmannsgilde bei der Ratswahl beteiligt. Rund hundert Jahre später, im Jahre 1531, erhebt sich eine neue, diesmal im Zuge der Reformation auch religiös bestimmte Bewegung gegen den Rat, der abermals starke absolute Neigungen zeigt. Betrieben wird diese neue Erhebung sowohl von der Kaufmannsgilde als auch von den »Ämtern« der Handwerkszünfte. 1534 wird die alte Verfassung wieder hergestellt durch die »Neue Eintracht«. Eine neue wirtschaftliche Blüte hebt an, die um 1600 ihren Höhepunkt findet.
Inzwischen waren jedoch auch die Spannungen zwischen der Bürgerschaft und der Stadtherrschaft weitergegangen. Zu Anfang des 14. Jahrhunderts war am ersten Rathaus, das am Eingang der Sögestraße in die Obernstraße gestanden hatte, der Roland aufgestellt, ein Jahr später (1405) wurde mit dem Bau des neuen Rathauses begonnen, das bereits im Jahre 1407 fertig war. In den Jahren 1609 bis 1612 erhielt es die neue Schaufront zum Forum hin. Das alte Kaufmannsgildehaus am

47 Nürnberg, Stadtansicht (Schedel)

Seite 112/113: Bild 48 Hameln, Stadtansicht (Merian)

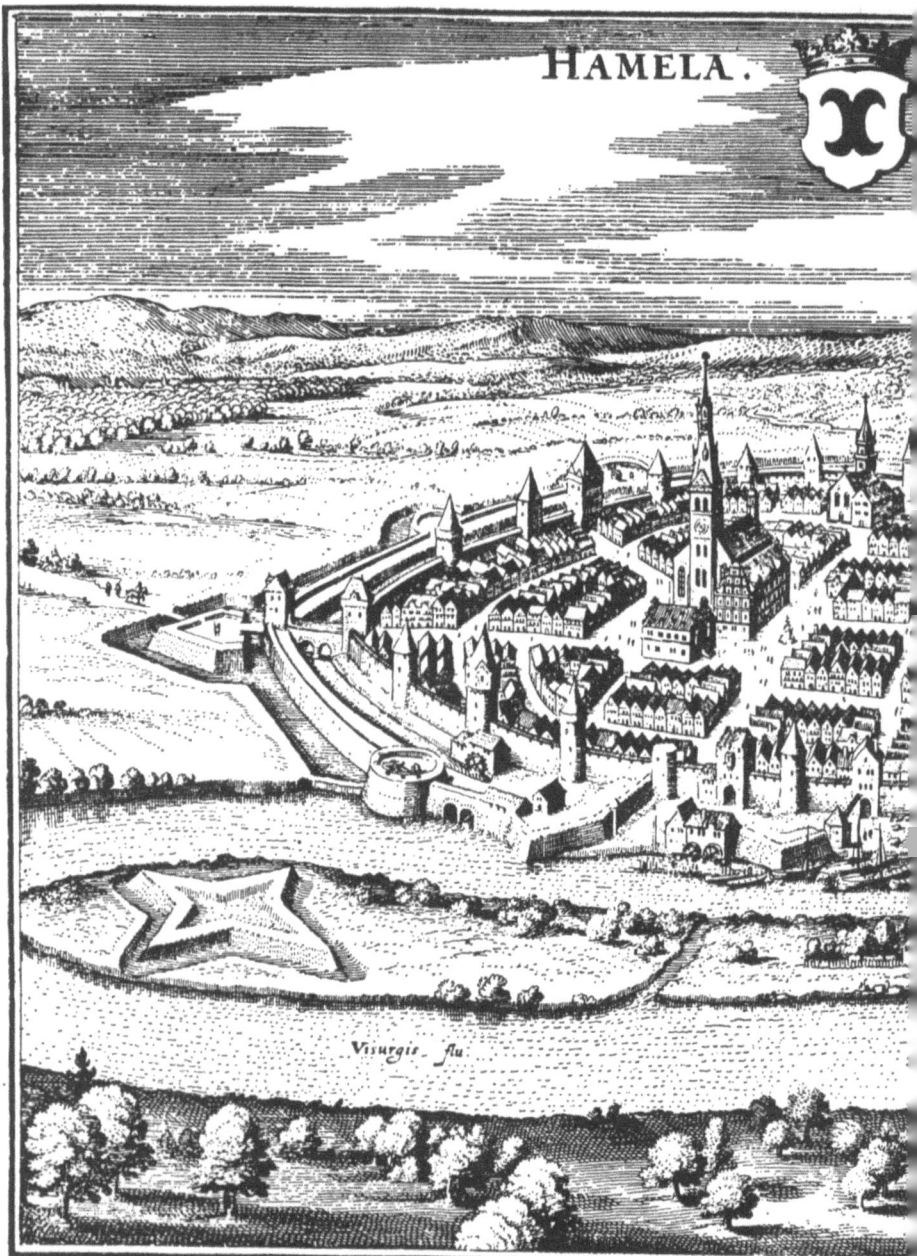

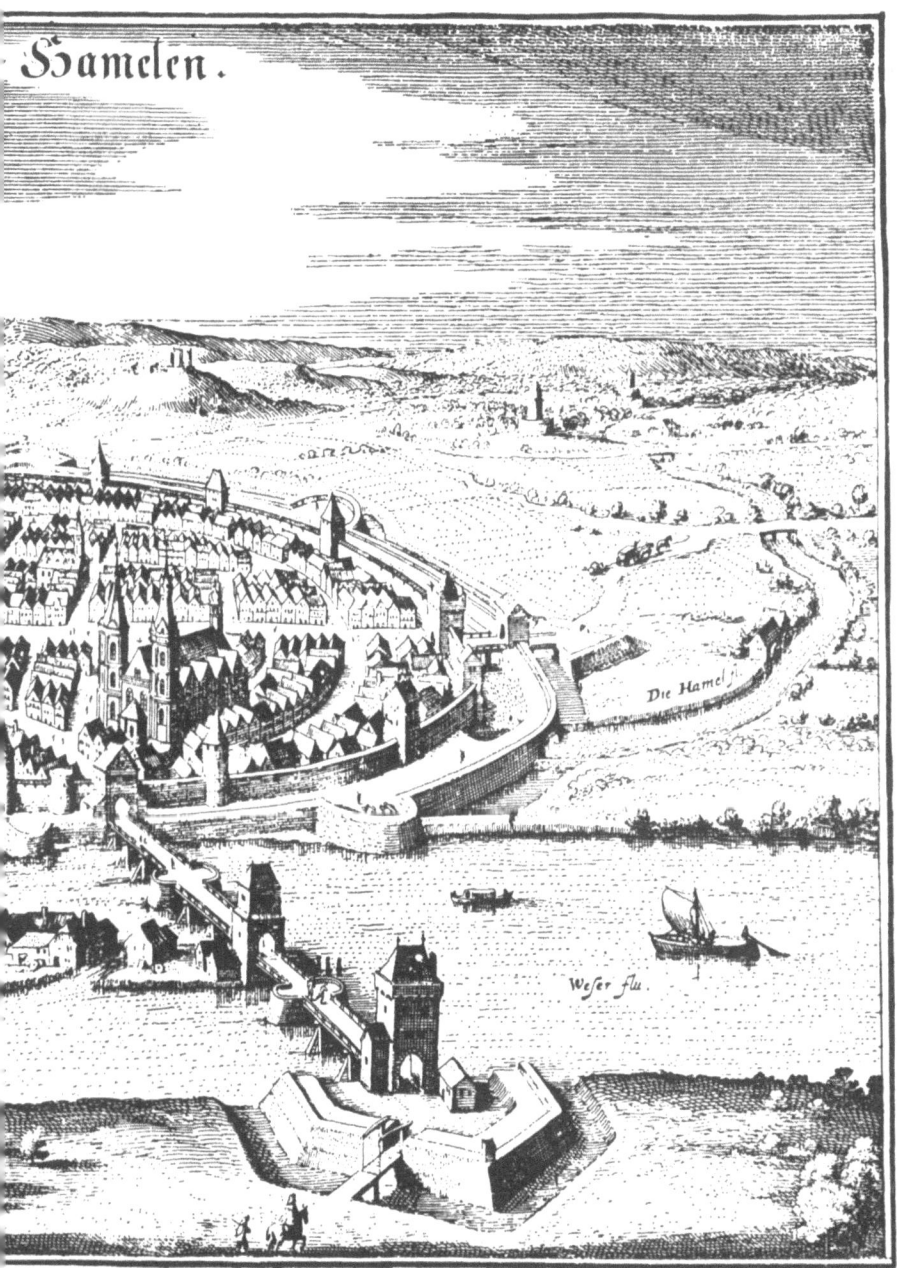

49 Braunschweig, Altstadtzentrum (Luftfoto Strähle, Schorndorf)

Markt, der sogenannte Schütting, wurde 1537/38 mehrfach umgebaut und erhielt dabei die ausgesprochen räumliche Beziehung zu Forum und Rathaus, die das bürgerliche Stadtzentrum von nun an wesentlich bestimmt (s. Bild 52). Der Vogelschauplan von Braun-Hogenberg aus dem Jahre 1598 zeigt auch bereits die Börse westlich neben dem Rathaus, deren Ursprung wohl noch weiter zurückreicht.
So findet die Geschichte einer kraftvollen bürgerlichen Entfaltung in dieser Stadt, getragen von den typischen Spannungsverhältnissen, ihren Höhepunkt und ihre

Entsprechung in einer Stadtgestalt von außerordentlicher Ganzheitlichkeit und Intensität — ähnlich der Hansegefährtin Lübeck nominell Bischofsstadt bleibend, im Wesen jedoch B ü r g e r s t a d t, während allenthalben bereits die frühere Kraft der Bürgerstädte der neuen Bedeutung der Residenzstädte unterliegt.
Von ganz anderem Werdegang, anderem Wesen und so auch anderer Gestalt ist die westlichere Hafenstadt E m d e n. Ursprünglich eine recht harmlose Fischer- und Viehzüchtersiedlung, wird sie jedoch auch frühzeitig schon zum Hafenort für den Englandverkehr. Im 12. Jahrhundert erhält der Ort eine Pfarrkirche, im 13. und im 14. Jahrhundert wächst er über die Bedeutung eines einfachen Dorfes hinaus, und in der Zeit der Hamburger Herrschaft (1433—1439 und 1448—1453) wird er sozusagen von außen her, nämlich von Hamburg aus, urbanisiert. Er übernimmt städtische Einrichtungen und gilt fortan als Stadt, ohne daß je eine offizielle Ver-

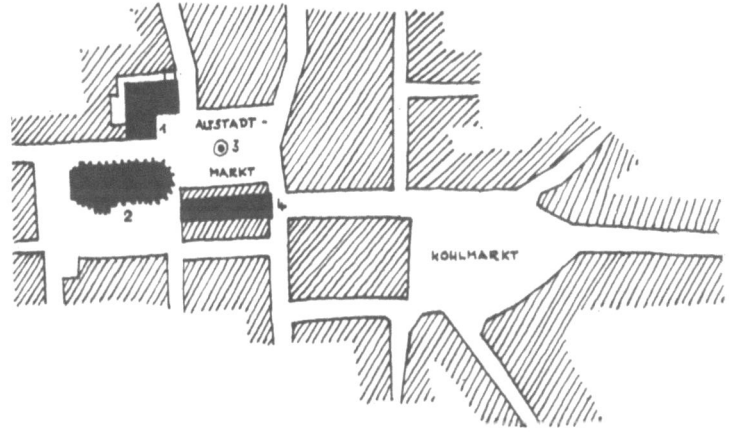

50 Braunschweig, Grundriß des Altstadtzentrums. 1 Altstadt-Rathaus, 2 St. Martini, 3 Gotischer Marktbrunnen, 4 Gewandhaus mit Prachtgiebel

leihung von Stadtrechten stattgefunden hätte. Städtisches Wesen jedoch wird mit solcher Vehemenz übernommen, daß in einer einzigartigen zentralen und raumbeherrschenden Position 1574 bis 1576 das große Rathaus gebaut werden kann (nach dem Vorbild des Antwerpener Rathauses). Durch seine raumbeherrschende Position, unterstützt von Formen, die wohl zu den bedeutendsten Rathaus-Architekturen der deutschen Renaissance gezählt werden dürfen, prägte es den Charakter der Stadt in hohem Maße. Es steht nicht am Markt, wo die anderen städtischen Institutionen sich versammeln, sondern hier tatsächlich im geographischen Zentrum, im Kreuz der Hauptachsen, von Westen her auf die Hauptstraße zu besonders überhöht durch den großen Freiraum, in den sich die ost-westliche Hauptstraße, die »Große Straße«, öffnet, gebildet aus dem von zwei Nord-Süd-Straßen begleiteten Flußarm. Damit der Blick sich jedoch nicht in dieser ungewöhnlichen Weitläufigkeit

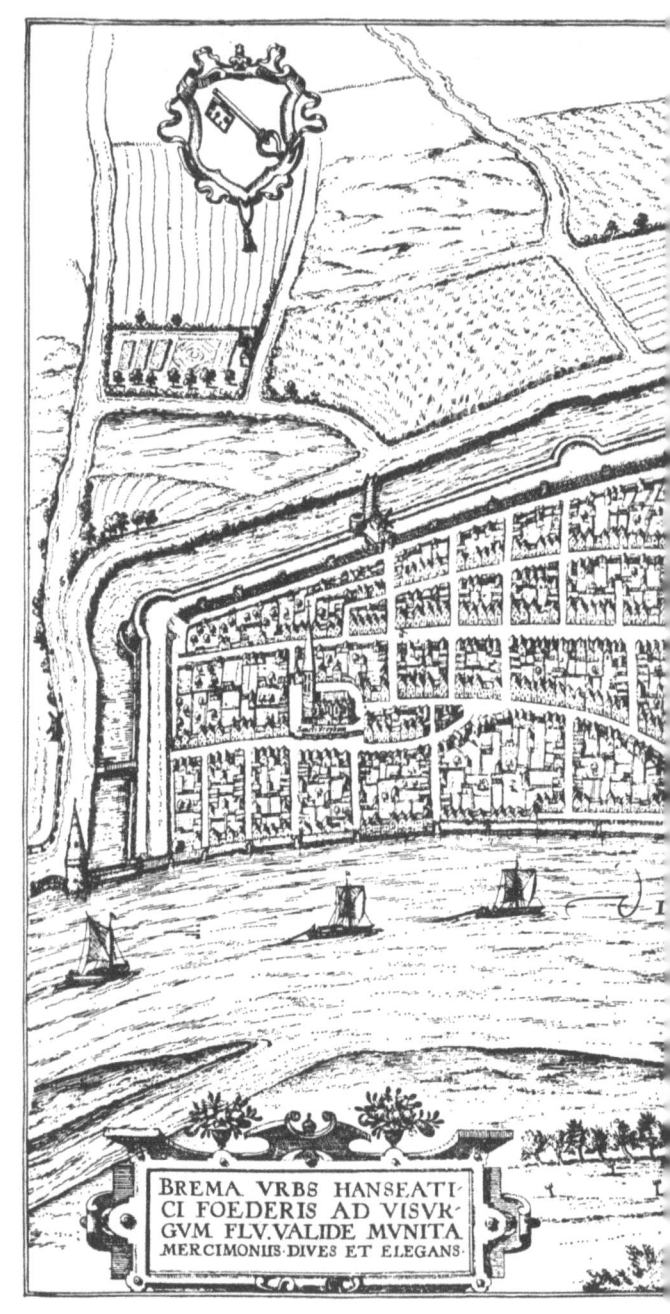

51 Bremen, Stadtansicht (Braun-Hogenberg)

innerhalb der Stadt verliert, wird er wieder auf das Rathaus konzentriert im Durchschreiten des in der Straßen- und Rathausachse angeordneten, der Brücke vorgelagerten Stadthausbogens. Hier ist das Rathaus allein zur Stadtkrone geworden, in einem konsequenten, räumlich-perspektivischen System das Stadtganze sich unterordnend (Bild 53).

Ganz anders, wiederum mehr dem Bremer Beispiel verwandt, Osnabrück (Bild 54). Auch hier wird in der Altstadt jetzt das alte Spannungsverhältnis zwischen geistlichem und bürgerlichem Zentrum mit räumlich-ästhetischen Mitteln gestaltet. Sowohl der Dom als auch die Pfarrkirche Unser Liebe Frauen werden in die bewußte Raumbildung einbezogen: die Pfarrkirche mit ihrer Südseite zum Rathausplatz — das heute noch bestehende neue Rathaus, von 1477 bis 1511 erbaut, ist ganz auf diese Raumkonzeption ausgerichtet —, der Dom dagegen mit der nördlichen Langhausseite einem anderen Platzraum zugewandt, dem Domhof mit den Kuriengebäuden. Beide Räume sind in Ost-West-Richtung orientiert, beide grenzen aneinander, sind jedoch gerade so weit gegeneinander versetzt, daß sie sich voneinander differenzieren. Jeder der beiden Räume hat seine Bedeutung, ist eigene Gestalt, und doch ergänzen sich beide zu einem größeren Ganzen. Die übrigen Teile der Stadt sind über eine gerade Nord-Süd-Straße, die auf den gelenkartigen Platz bei St. Paulus führt, an dieses sehr schöne räumliche Kräftespiel angebunden. Obschon Bischofssitz seit ältester Zeit, hatte Osnabrück bereits früh weitgehende Unabhängigkeit gewonnen. Seit 1275 war die Verwaltung der Stadt von einem Schöffenkollegium mit einem Bürgermeister als primus inter pares geleitet worden. Ihre wirtschaftliche Bedeutung beruhte im Mittelalter vorwiegend auf ihrer Lage am Südrand eines weiten, teilweise bis zur Nordsee reichenden, städtelosen Agrargebietes, für das sie Haupt-Marktort und -Umschlagplatz war. Im Aufbruch der Neuzeit wandelte sich die wirtschaftliche Struktur der Stadt durch die Entfaltung zweier neuer, eigenständiger Gewerbe: der Wollweberei seit der Mitte des 15. Jahrhunderts und, wohl noch bedeutender, der Leinenweberei (Produktion überwiegend auf dem umgebenden Lande, Handel in Osnabrück), die im 16. Jahrhundert stark nach Italien, im 17. und 18. Jahrhundert sogar über England, Holland und Spanien nach Amerika exportierte. Diese Umstände sind hier insofern bedeutsam, als sie zeigen, daß Osnabrück nicht so sehr als Bischofssitz, sondern vielmehr vor allem aus diesen neuen wirtschaftlichen Impulsen die Neugestaltung mit ästhetischen Mitteln erfährt.

Ein anderes Beispiel, im Südwesten, kleiner als die bisher geschilderten, deswegen nicht weniger deutlich: Ravensburg. Eine typische Anlage am Kreuz zweier Fernstraßen, von denen die nord-südlich verlaufende wohl die übergeordnete in der Bedeutung war. In ihrem Verlauf hatte sich innerhalb der Stadt der Straßenmarkt gebildet. Dieser wird nun ebenfalls zum geformten Raum. Im Kreuzungspunkt der Hauptstraßen selbst ist dieser Raum aufgeweitet, und hier konzentrieren sich, diesen Zentralraum fassend und gleichzeitig die vier Hauptstraßenarme auf sich ausrichtend, die öffentlichen Gebäude der Bürgerstadt: das Rathaus, das Kaufhaus mit dem Stadt-Turm, das Hospital (Eleemosinarium). In der Mitte der Stadtbrunnen mit reichem Dekor, die Pfarrkirchen außerhalb dieses Stadtzentrums als Mittel-

52 Bremen, Ansicht des Forums (Dillich)

punkte der einzelnen Pfarrbezirke. Die ganze Stadt ist in ihrer, westlich des Straßenmarktes sehr regelmäßigen, östlich dagegen »wild« gewachsenen Anlage stark auf diesen Zentralraum bezogen.

Die Stadt N ü r n b e r g tritt uns in dem Holzschnitt der Schedelschen »Weltchronik« (s. Bild 47) noch ganz als mittelalterlich erscheinende und aufgefaßte Stadtgestalt entgegen. Der Merian-Stich von 1648 zeigt dann jedoch deutlich die Wandlungen, die in der zwischen den beiden Darstellungen liegenden Zeit vor sich gegangen sind. Auch hier das Spiel zweier bewußt geformter Platzräume als Stadtzentrum (siehe Bild 56) — jedoch nicht als räumlich gestaltete Polarität zweier verschiedener Ordnungsmächte wie im Falle Bremens oder Osnabrücks, sondern als Abgrenzung des repräsentativen Stadtplatzes vor dem mächtigen Rathauskomplex von dem funktionellen Marktplatz. (Auch hier wird die südliche Langhaus-Seite der Altstadt-Hauptkirche St. Sebaldus an der Platzbildung beteiligt!) Wieder werden die verschiedenen, sichtbar differenzierten Stadtteile (Pfarrbezirke) durch Straßenräume an das Zentrum sinnfällig angeschlossen. Auch die Nebenzentren der einzelnen Pfarrbezirke lassen deutlich Ansätze räumlich-ästhetischer Gestaltungsabsicht erkennen. Das gilt ganz besonders für den nordöstlichen Bezirk um St. Ägidi: Reiche Patrizierhäuser, teils mit Renaissance-Giebeln, überwiegend aber traufständig, umschließen den quer vor die nördliche Längsseite der Kirche gelegten Platz, der von dieser nun auch räumlich beherrscht wird. Gewiß nicht ohne Absicht ist am Zugang zum Zen-

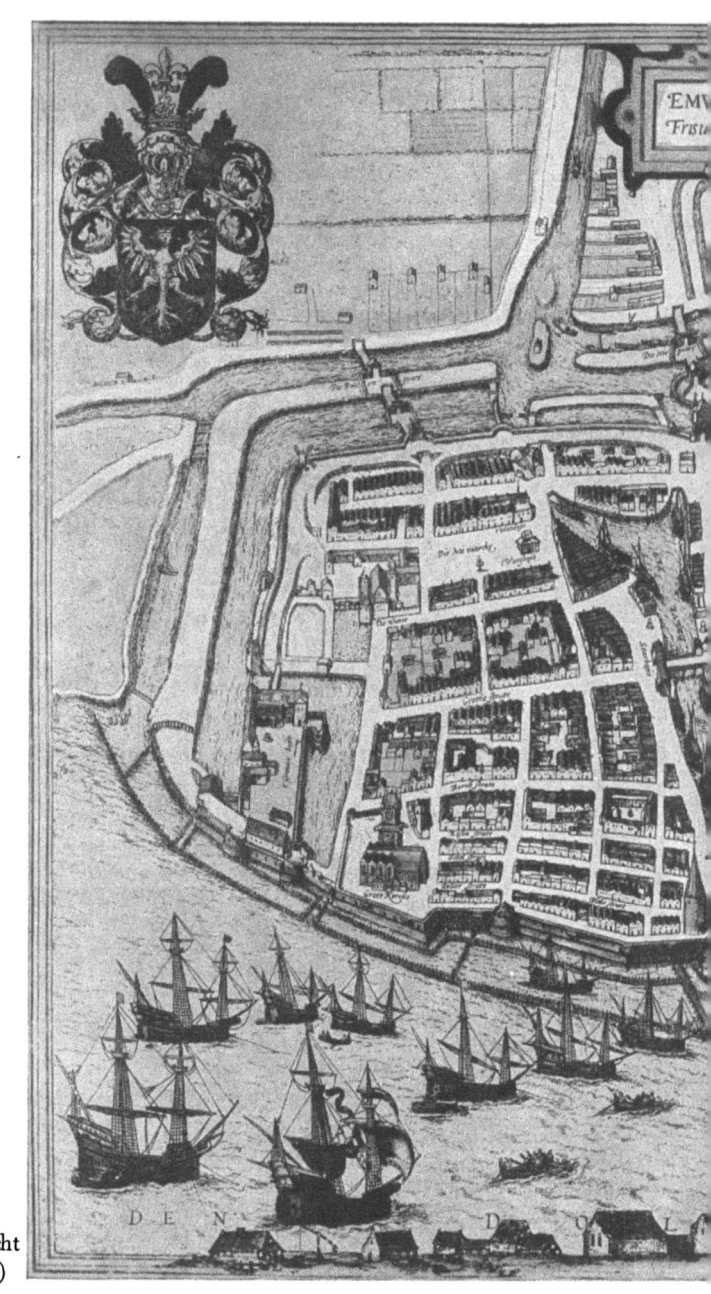

53 Emden, Stadtansicht (Braun-Hogenberg)

54 Osnabrück, Stadtansicht (Jansson)

Seite 124/125:
55 Ravensburg, Stadtansicht (Merian)

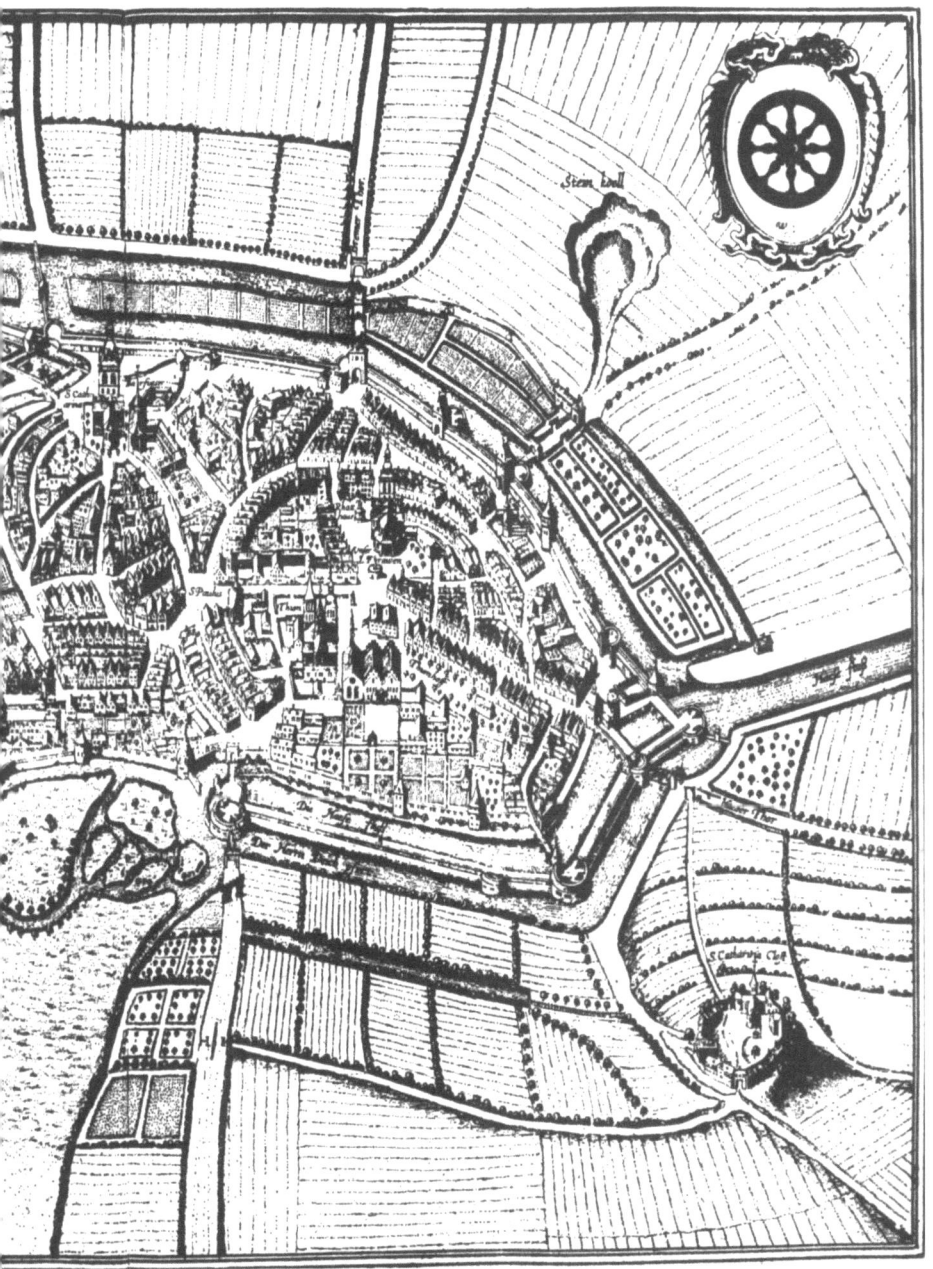

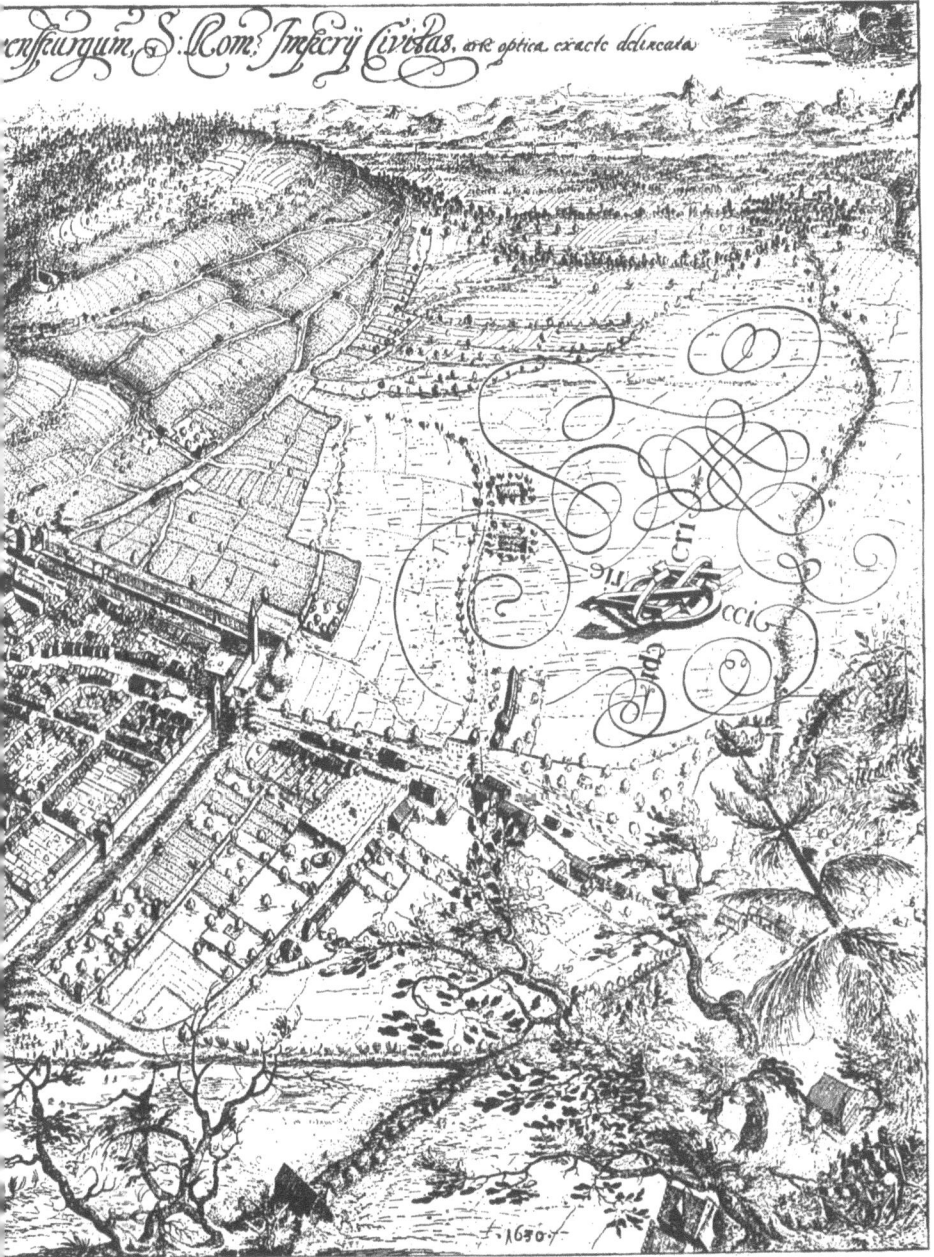

56 Nürnberg, Stadtansicht (Merian)

57 Nürnberg, Durchblick über die Fleischbrücke (Merian)

trum des südwestlichen Pfarrbezirks St. Jacobi der »Weiße Turm«, ein Teil der früheren Stadtbefestigung, stehengeblieben. Durchschreitet man, vom Stadtzentrum über den Heumarkt kommend, seinen Torbogen, so öffnet sich der Raum auf die Kirche zu.
Durch die Traufstellung der neuen Wohnhäuser, vor allem der großen, reichen Patrizierhäuser, werden im übrigen hier teilweise schon ausgesprochen perspektivische Wirkungen erzielt, die nicht unbedingt mehr in die ganzheitlich empfundene Stadtgestaltung einbezogen sind. So wird durch solche Bauten zum Beispiel auch der Pegnitzlauf perspektivisch »erschlossen«. Der Merian-Stich in Bild 57 zeigt den perspektivischen Durchblick nach Osten über die »Fleischbrücke« und die »Barfüßerbrücke« auf das Heiliggeist-Spital.

Schließlich noch im Südosten S a l z b u r g (Bild 58). Der Braun-Hogenberg-Stich von 1581 zeigt das sehr weitläufige Stadtzentrum als ein stark spürbares Raumgefüge in räumlich-ästhetischer Gestaltung alter polarer Spannungsverhältnisse. Fast genau in der geographischen Mitte des Stadtgebietes liegt der Dom mit dem Kurienhof, westlich davon die Stadtkirche. Über den Marktplatz ist der Domhof, über die Kirchgasse die Stadtkirche in räumliche Beziehung zum Rathaus gesetzt, das seinerseits die bogenförmig dem Lauf der Salzach folgende Umfassungsstraße optisch beherrscht, als umfasse es mit zwei mächtigen Armen die ganze Stadt. Auch hier ist die Stadt in eine ganzheitliche, sinnfällige räumliche Gestalt gefaßt.

STADTENTWURF UND IDEALSTADT

Hier scheint uns der Augenblick gekommen, vor der Darstellung der vollendeten Perspektive, einen Blick auf das I d e a l b i l d der Stadt zu werfen. Auf das Idealbild, das die Vorstellung der beginnenden Neuzeit hervorbrachte. Idealstadt-Konzeptionen hat es gegeben, solange es Städte gibt. Sie entsprachen jeweils der Bewußtseinslage, der sie entstammten. Sicherlich wird uns eine knappe vergleichende Gegenüberstellung der verschiedenen Konzeptionen, der mittelalterlichen nach dem symbolischen Prinzip, der Konzeption der Übergangsepoche nach dem ästhetischen Prinzip und der neuzeitlichen nach dem perspektivischen Prinzip, ergänzende Aufschlüsse geben und die bisher gewonnenen Erkenntnisse vertiefen.

Das a n t i k e Idealstadtkonzept Platos war einerseits ganz auf die Polis, also auf den überwiegend staatsrechtlichen Aspekt des griechischen Stadtstaates bezogen. Andererseits war es ein überaus abstraktes, kaum auf die Gestalt, sondern fast ausschließlich auf das W e s e n der Stadt, auf ihr geistiges, idealisches Bild bezogenes Konzept, ein »platonisches« eben.

Das mittelalterliche Stadtideal übernahm diese Abstraktion von der platonischen Idealstadt. Jedoch setzte es, naturgemäß, an die Stelle des Stadtstaat-Aspektes den Gottesstadt-Aspekt. Wir haben schon in anderem Zusammenhang darauf hingewiesen, daß selbst die wirklichen mittelalterlichen Städte von den zeitgenössischen Chronisten nicht konkret nach ihrer sozialen und baulichen Gestalt, sondern gänzlich abstrahiert als ein System der Heiltümer gesehen und beschrieben wurden. Um so mehr mußte diese Abstraktion das Konzept einer Idealstadt bestimmen. Obzwar solche Konzeptionen dem mittelalterlichen Bewußtsein im Grunde nicht übermäßig lohnend erschienen sein mögen — sie waren nicht Selbstzweck, sondern Teil der geistigen Ordnung dieses Zeitalters. Sie wurden nicht angestellt in konstruktiver Absicht, sondern ausschließlich als Reflexion. Sie waren eben keine aktive V o r s t e l l u n g im späteren perspektivischen Sinne, sondern passive A u s s a g e geschauter, a u f g e n o m m e n e r geistiger Prinzipien.

Dem entspricht es, daß die Idealstadt des Mittelalters in den weitaus meisten Fällen J e r u s a l e m hieß. Nicht etwa, daß man das existente Stadtgebilde dieses Namens

58 Salzburg, Stadtansicht (Braun-Hogenberg)

in seiner wirklichen Gestalt als Ideal empfand und rational propagierte. Man übertrug vielmehr die Heiligkeit des Stadtbegriffes Jerusalem auf das Stadtideal. Jerusalem, die Heilige Stadt – ihr mußte eine ideale Stadt (im abstrakten Sinne) gleichen. Unter den überlieferten zeitgenössischen Darstellungen gibt einen besonders ausführlichen Aufschluß über diese abstrakte, rein geistige Stadt-Auffassung das literarische Werk der Hildegard von Bingen[1] innerhalb einer umfassenden Offenbarung des für das Mittelalter verbindlichen allegorischen Weltbildes.

[1] Hildegard von Bingen, Äbtissin von Rupertsberg (1098–1178) – vgl. H. Liebeschütz: »Das allegorische Weltbild der heiligen Hildegard von Bingen«, Leipzig/Berlin 1930.

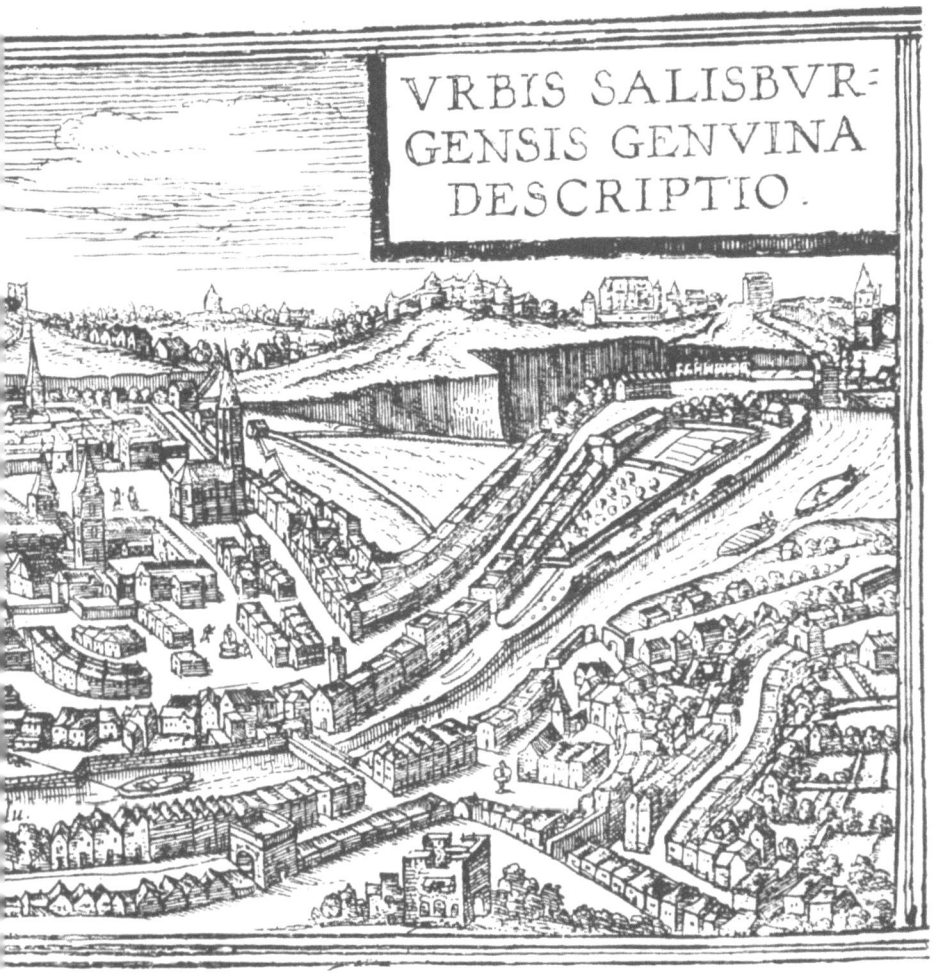

Die Abbildung 59 zeigt ein Beispiel der mittelalterlichen Idealstadt-Darstellung »Jerusalem«. Es besteht nur aus Symbolen — Stadtmauer mit Türmen und Toren, Symbol für die Abgrenzung der Gottesstadt von dem, was außer ihr ist, Kirchen und die sie verbindenden Pilgerwege —, alles in einer sehr stark abstrahierten Darstellung, die auf bauliche Beziehungen keineswegs und bewußt nicht eingeht, sondern eben nur Zeichen, S y m b o l e setzt.

Noch weiter als in diesem Plan von Cambrai wird die Abstraktion in einer anderen Jerusalem-Darstellung getrieben, in der des Beatus von Sankt Severin (in der Bibliothéque Nationale, Paris). Sie zeigt in einem Mittelfeld das Osterlamm, da-

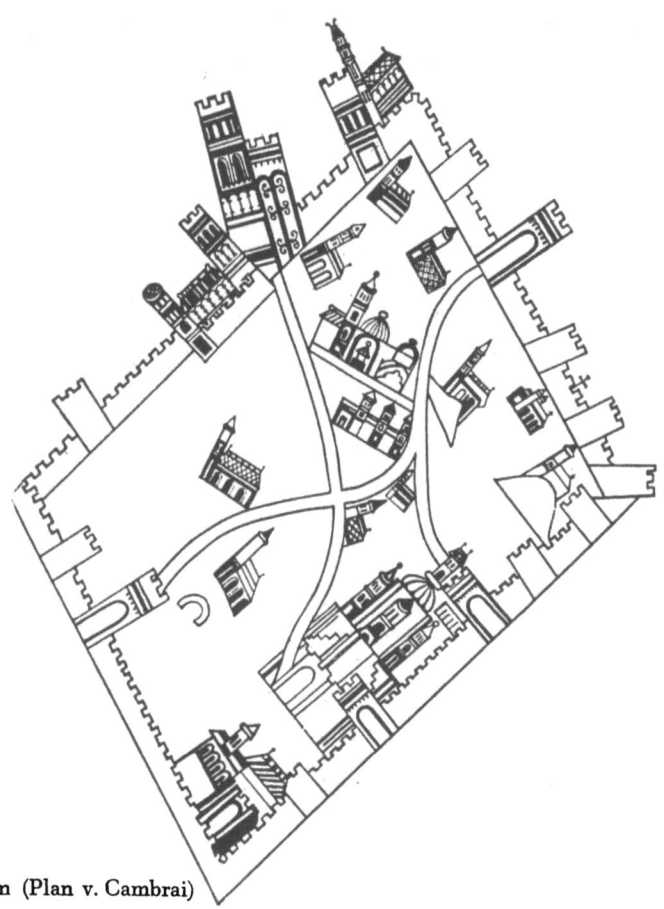

59 Jerusalem (Plan v. Cambrai)

neben einen Engel mit Stab und die Figur des heiligen Johannes. Ringsum auf jeder Seite der quadratischen »Grundfläche« je drei Tore, im ganzen also zwölf. Durch jedes Tor tritt ein Apostel, und über jedes schaut ein Engel in die »Stadt«. Hier sind also nicht einmal mehr Symbole für die Bauwerke gesetzt, sondern ausschließlich für das geistige Prinzip der Idealstadt Jerusalem (Bild 60).
Wie ganz anders dagegen bereits die Darstellung eines Idealstadtkonzeptes des Filarete (Bild 61)! Das hat bei aller noch vorherrschenden Abstraktion doch bereits deutlich erkennbare Merkmale einer konkreten Form, einer Grundriß-Vorstellung. Es stammt aus einer mehrfach illustrierten Beschreibung, entstanden etwa um 1460[1]. Ein »vitruvischer« Kreis, wohl als äußere Stadtmauer zu verstehen, um-

[1] Filarete: »Trattato d'Architettura«, darin »Codex Magliabecchianus«, Biblioteca Nazionale, Florenz.

schließt zwei sich überschneidende Quadrate. (Helen Rosenau bringt in ihrer Ideal-
stadt-Geschichte, der auch die Abbildungen entnommen sind, diese Anordnung mit
einem mittelalterlichen Maßwerk in Zusammenhang[1].) Daß dieser Plan bereits von
recht konkreten Vorstellungen inspiriert ist, geht auch aus dem beschreibenden Text
hervor:
Filaretes Idealstadt ist bereits ganz aus dem Geist des Humanismus geboren: Besondere Bedeutung wird den Schulen und anderen städtischen Einrichtungen zugemessen, die der moralischen Vervollkommnung der Stadtbürger dienen sollen.
Auffällig ist die bereits sehr ausgeprägte perspektivische Vorstellung, die in den
Mittelpunkt der geometrischen Konstruktion den Sitz der Stadtregierung legt. Dieser
ist bei aller Stilisierung doch mit starkem Gewicht ausgestattet. Von diesem Zen-

[1] Helen Rosenau: »The Ideal City in its architectural Evolution«, London 1959.

60   Jerusalem (Plan d. Beatus v. St. Severin)

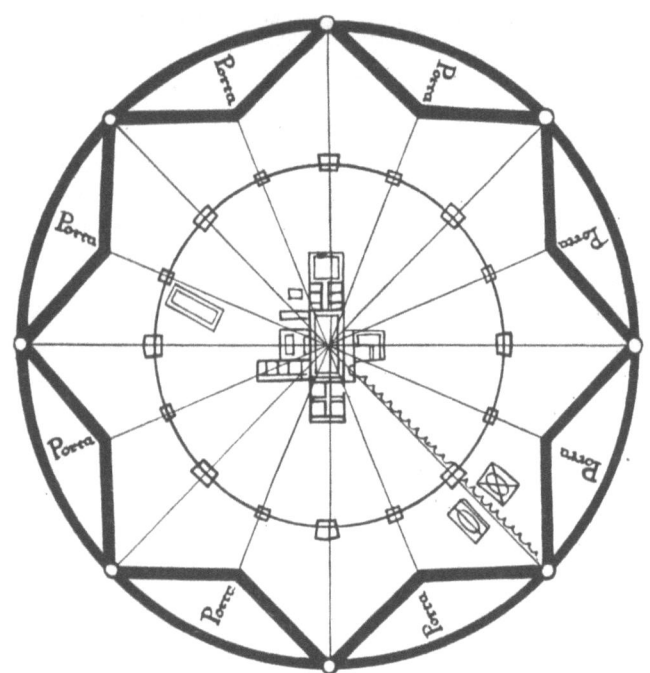

61 Sforzinda (Idealstadtplan des Filarete)

trum aus sind Sehstrahlen auf die Eckpunkte der beiden Stadtmauer-Quadrate gelegt, die den gesamten Stadtraum in sechzehn gleichförmige Sektoren (!) aufteilen. Diese Sehstrahlen ergänzen nun aber nicht etwa bloß rein äußerlich das geometrische Spiel der Stadtbefestigung, sondern richten sich vom Zentrum aus abwechselnd jeweils auf ein Stadttor oder auf einen Turm der Mauer. Und auf den Sehstrahlen liegen auch, in gleichmäßigem Abstand vom Mittelpunkt, also in ihrer Gesamtheit einen konzentrischen Kreis beschreibend, die den einzelnen Sektoren zugeteilten öffentlichen Einrichtungen. Lediglich die Kirchen sind noch nicht in das perspektivisch konstruierte System einbezogen. Sie sind tatsächlich bereits sekundär, als noch durchaus gültiges, aber nicht mehr primär ordnendes Prinzip übernommen. Wichtig scheint uns auch, daß — wie Rosenau berichtet — in den zahlreichen weiteren Illustrationen Filaretes zu seinem Idealstadt-Konzept mehrfach sehr ausführlich der Zusammenhang der Stadt mit der sie umgebenden Landschaft betont wird. Auch das ist ein Teil der bereits weitgehend der mittelalterlichen Auffassung entfremdeten Sicht.

Und von hier aus ist es eigentlich kein sehr weiter Schritt mehr zu der in Bild 62 gezeigten späteren Idealstadt-Vorstellung des Franzosen Perret[1]. Zwar gehört diese

[1] Jacques Perret: »Des fortifications et artifices«, zuerst publiziert in Paris 1601.

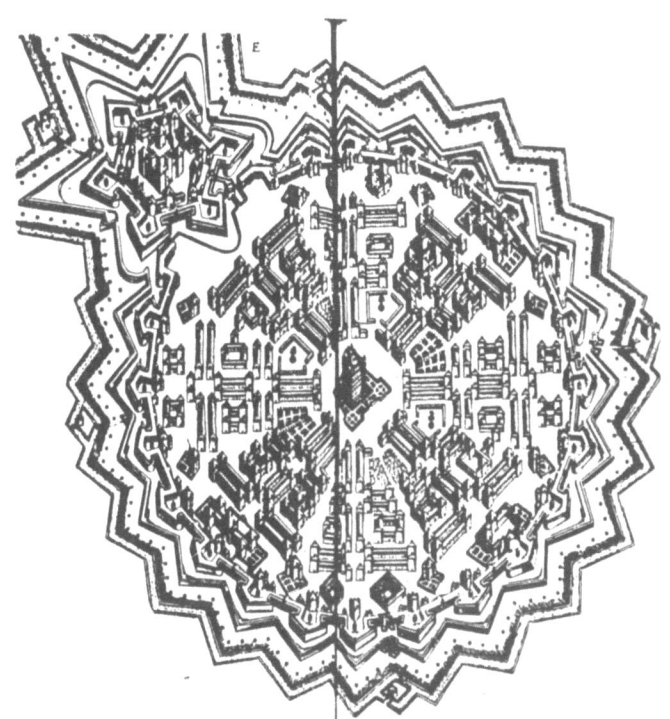

62 Idealstadt des Perret

Darstellung eindeutig der letzten perspektivischen Entfaltungsstufe an, der wir uns im nächsten Abschnitt zuwenden wollen, und sie trägt dementsprechend auch deutlich die Merkmale der absoluten Perspektive, des absolutistischen Prinzips einer total räumlich auf den zentralen Herrschersitz ausgerichteten Residenzstadt — und insofern ist sie eben eine Stufe weiter als die Darstellung Filaretes —, aber die Anordnungen innerhalb des Stadtbildes ähneln sehr denen des früheren Konzeptes: Einteilung in sehr gleichmäßige und gleichförmig ausgebildete Sektoren — von einem Mittelpunkt, der Stadtregierung, aus. Das Ganze hier freilich sehr konkret in Bauformen dargestellt, deren Anordnung in einem Rausch perspektivischer Wirkungen alle Funktionen und Bedeutungen dem perspektivischen Konzept unterwirft.

An diesem kleinen Exkurs in die Geschichte der Idealstadt zwischen Mittelalter und Neuzeit sollte sich bei aller Knappheit noch einmal eindringlich — gleichsam im Zeitraffer — die Spanne zwischen dem mittelalterlich abstrakten, absolut unräumlichen, auf die Verdeutlichung geistiger Beziehungen zielenden s y m b o l i s c h e n Prinzip und dem neuzeitlichen, konkret räumlichen, ä s t h e t i s c h - p e r s p e k t i v i s c h e n Prinzip erweisen. Die Spanne zwischen dem jeweiligen geistigen Material, dem W e s e n , und der aus ihm in adäquaten Formen vollzogenen Gestalt.

Die absolute Perspektive

In der Vergegenwärtigung des Bewußtseins- und Strukturwandels in der Stadt hatten wir den Ausklang der Dynamik des Frühkapitalismus, den Übergang vom dynamischen Gewinnen zum immer mehr statischen Bewahren im ökonomischen, im politischen, im geistigen Leben der Stadtgesellschaft beobachtet. Die geschilderte, im Laufe des Cinquecento immer mehr sich verdichtende Geistes- und Lebenshaltung der beiden oberen Schichten, der geistigen einerseits und der ökonomisch-politischen Führerschicht andererseits, mußte nun immer mehr die Entwicklung begünstigen, die hinwegführte von Selbstverantwortung und Selbstverwaltung des Bürgertums und hinführte zum Obrigkeitsstaat. Das nicht mehr vor allem unternehmende, sondern nun vor allem konsumierende, Renten ziehende Bürgertum entmachtete sich selbst politisch, unterwarf sich mehr oder minder freiwillig wieder obrigkeitlicher, zunehmend dynastischer Herrschaftsform.
Waren die frühen Humanisten, in deren Kreis sich geistige wie politische Oberschicht oft personell vereinigte, die Salutati, Boccaccio und andere, noch von leidenschaftlichem Freiheitspathos erfüllt gewesen, und gehörten sie in ihren geistigen Äußerungen durchaus dem unternehmerischen, auf die eigene Tüchtigkeit bauenden bürgerlichen Element zu, so floß nun aus der Feder Pontanos, eines der späten Humanisten gegen Ende des 16. Jahrhunderts, eine Apologie der Gehorsamkeit gegenüber der staatlichen Autorität. Die Oberschichten, nun voneinander geschieden, verzichten freiwillig auf wesentliche Freiheiten zugunsten von Ruhe und Sekurität, die der Obrigkeitsstaat ihnen mit mehr und mehr erstarkender Zentralgewalt garantiert. Bei den Geistigen vereint sich eine romantische Schwärmerei für die »erhabene Größe des einzelnen« mit der erwähnten Massenfeindlichkeit, das Großbürgertum hingegen ist bereit, für die Sicherung seiner ökonomischen und sozialen Vorrangstellung und seines ruhigen Rentengenusses die eigene politische Initiative und Bedeutung weitgehend aufzugeben. Beide opfern gern der staatlichen Garantien wegen das Bürgertum als geschichtliche Kraft auf. Der Weg für den perspektivischen Zentralstaat, für den fürstlichen Absolutismus, für die absolute Perspektive wird frei.
Selbstverständlich vollzieht sich auch diese Weiterentfaltung des perspektivischen Prinzips zu einer höchsten Ausprägung auf vielfach verschiedene und auf sehr unterschiedlich geschwinde Art und Weise. Auch hierbei interessiert uns nicht die einzelne Methode, nicht der einzelne Vorgang, sondern das Strukturbild der Gesamtentwicklung, das wir an einigen idealtypisch erscheinenden Beispielen erläutern:
Die päpstliche Kurie in Rom hatte auch während der höchsten Kraftentfaltung und Blüte des Bürgertums ihre herrschaftliche Struktur und Organisationsform niemals verloren. Sie war ihrem Wesen nach stets Hofhaltung geblieben, wenn sie auch — vor allem zu Zeiten starken Kaisertums — ihre Funktion als geistliches Zentrum der christlichen Welt gegenüber dem Zentrum des Kaisertums sehr zu betonen hatte. Während aber die weltliche zentrale Macht, die Reichsgewalt, an keinen festen geographischen Ort gebunden war, niemals eine von einem bestimm-

ten Zentrum ausgehende und durch dieses symbolisierte Ausstrahlung gewonnen hatte, war Rom doch, von der Periode des Schismas vielleicht abgesehen, stets eindeutiges, allgemein bewußtes Zentrum und Symbolort der geistlichen Zentralgewalt des Papstes geblieben, trotz aller zeitweilig auch auf römischem Boden recht kräftigen bürgerlich-republikanischen Anstrengungen.
Im Verlauf des Cinquecento nun trat dieses, vorher unter den Triumphen des Bürgertums in Nord- und Mittelitalien etwas zurückgetretene Zentrum herrschaftlichen Charakters als solches wieder deutlich hervor und wurde gewissermaßen zu einem V o r b i l d des fürstlichen Absolutismus, indem es zunächst einen Umweg über eine Periode sehr weitgehender Verweltlichung nahm. Diese Periode ist vor allem durch die kaum anders als weltliche Fürsten regierenden Mediceer- und Borgia-Päpste gekennzeichnet. Pracht und Prunk gab deren säkularisierter päpstlicher Macht die äußere Erscheinung. Auf dem Umweg weltlicher Macht- und Glanzentfaltung wandelte sich dann das Papsttum unter dem Einfluß der Erneuerungsbewegungen, vor allem des Jesuitentums, zu der wieder primär geistlichen, jedoch durchaus absolutistisch geformten und organisierten Zentralgewalt mit Anspruch auf geistliche Weltherrschaft zu einer perspektivischen Gestalt von weltweiter Ausstrahlung.
Zwei Beispiele kennzeichnen besonders deutlich die baulichen Entsprechungen dieses Gestaltwandels der kirchlichen Zentralgewalt: Die Baugeschichte des römischen K a p i t o l s und die Baugeschichte des Vatikans, im besonderen die des P e t e r s d o m e s, und seiner städtebaulichen Umgebung.
Der kapitolinische Hügel in Rom hat seine weit in die Antike, unmittelbar in den Ursprung hineinreichende Geschichte.[1] In der heidnisch-römischen Zeit war er zum größten und wichtigsten Staatsheiligtum geworden. Die Bauten, die dieses Heiligtum verkörperten, und die Anlage als Ganzes waren eindeutig auf das Forum hin orientiert, von dem aus auch der einzige Zugangsweg, der Prozessionsweg, hinaufführte. Die zentrale, übergeordnete und im Bewußtsein der Römer noch lange tief verwurzelte Bedeutung dieses Staatsheiligtumes war naturgemäß für das junge Christentum im Ausgang der römischen Antike Anlaß genug, die Isolierung dieser Stätte anzustreben, sie nach Möglichkeit aussterben zu lassen. Die Wiederbelebung der »kapitolinischen Idee« setzte erst mit der aufkommenden republikanischen Bewegung ein, dem Aufstand des römischen Adels um die Mitte des 10. Jahrhunderts, aus der Sehnsucht, die alte, überragende Rolle des Platzes im Wesen Roms wiederherzustellen. Der Hügel wird wieder Gerichtsstätte der Kommune. Aber auch die kaiserliche Reichsidee, das »Heilige Römische Reich Deutscher Nation«, baute den Nimbus des Kapitols in seine Manifestationen ein. Während der Faktionskämpfe des römischen Adels wurde der Hügel von einer Familie okkupiert und zur Festung ausgebaut. Erst als 1143/44 die römische Verfassung nach dem Vorbild der toskanischen und lombardischen Stadtstaaten erneuert wurde, machte man das Kapitol zum offiziellen Sitz des »Sacer Senatus«, des Gemeinderates. Damit war der letzte Schritt in der Profanierung des alten Heiligtums getan — gleichzeitig aber auch die entscheidende Voraussetzung gegeben zu einer neuen, der gewandelten Struktur entsprechenden Gestalt.

[1] Vgl. H. Siebenhüner: »Das Kapitol in Rom — Idee und Gestalt«.

63 Rom, Ansicht des Kapitols im frühen 16. Jahrhundert (anonym)

Dem ersten, 1144/45 errichteten, noch recht bescheidenen Bauwerk für den Senat folgte um die Wende zum Trecento ein vierflügeliger Neubau mit Atrium, so wie er auch in Oberitalien zu dieser Zeit üblich war. In der Nachbarschaft des Senatspalastes entstand, auf dem nördlichen Gipfel des Doppelhügels (der Senatspalast selbst stand in der Mitte zwischen beiden Gipfeln, etwa an der Stelle des antiken Staatsarchivs), zwar höher gelegen, doch von untergeordneter baulicher Ausbildung, die heute noch vorhandene Kirche Santa Maria in Aracoeli. Was die Errichtung dieser Kirche zu dieser Zeit an dieser Stelle veranlaßt hat, war bisher nicht zu erfahren. Fest steht jedenfalls, wie Siebenhüner betont, daß sie einen unmittelbaren Zusammenhang mit der neuen Funktion des Kapitols weder im Wesen noch in der Form gehabt hat. Sie wurde später mit der letzten, der Vollendungsphase des neuzeitlichen Kapitolsplatzes aus der Gesamtanlage denn auch weitgehend ausgeschlossen. Der Neubau des Senatspalastes hatte den kapitolinischen Hügel sozusagen »umgedreht«, hatte eine neue Orientierung von den antiken fora hinweg zur Gegenseite, dem alten Marsfeld, geschaffen. Im Zusammenhang damit wurde auch, wie Siebenhüner berichtet, die Mulde zwischen den beiden Gipfeln eingeebnet, womit die spätere Platzanlage topographisch vorbereitet wurde.

Schon der erste Senatsbau von 1145 darf als ein echtes, wenn auch bescheidenes Wahrzeichen und Symbol des republikanischen Stadt-Römertums angesehen werden. Auch der größere zweite Bau war das zunächst, war noch durchaus Einheit von

Funktion und eben diese Funktion überhöhendem Symbol, ohne jede räumlich-perspektivische Pretention. Doch als der zweite Palast gebaut wurde, war der Höhepunkt der städtischen Selbständigkeit für Rom bereits überschritten. Der triumphale Empfang der Römer für Kaiser Konradin bei dessen Einzug in die Stadt im Jahre 1267 hatte zur Folge, daß der Papst als Stadtherr die Selbständigkeitsrechte der Stadt wieder beschnitt und dann (ab 1278) sogar selbst wieder die Spitzen der Verwaltung einsetzte. Freilich hat das Stadtrömertum danach noch mehrfach heftig aufbegehrt, jedoch stand die Stadt so sehr im größeren politischen Spannungsfeld zwischen Kaiser und Papst und ist ihre Geschichte so stark von der Faszination bestimmt worden, die von ihr und gerade von ihrem Kapitol aus sowohl auf Kaiser und Reichsidee wie auch auf Papst und Weltkirchenidee ausging, daß die inneren republikanischen Bestrebungen davon immer wieder überschattet und verdrängt wurden. Diesen geschichtlichen Boden wußte das Papsttum vor allem zu bestellen und auch seinem weltlich-politischen Machtwillen nutzbar zu machen.

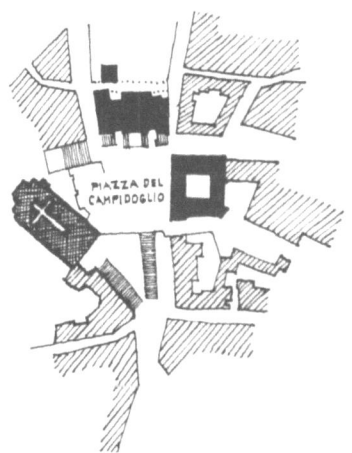

54 Das Kapitol am Ende des 14. Jahrhunderts

So bestimmten die Päpste auch in zunehmendem Maße das bauliche Geschehen auf dem Kapitolshügel. Im Verlaufe des Quattrocento waren die städtischen Ämter weitgehend an der Piazza Campidoglio, wie der Platz vor dem Senatorenpalast benannt worden war, konzentriert worden. Nicht nur die Gerichtsstätten (nach Siebenhüner hatte die Zivilgerichtsbarkeit seit 1144 beim Senat gelegen und wurde am Fuße des Senatspalastes ausgeübt – aber auch Urteile der Reichsgerichtsbarkeit wurden hier verkündet und vollstreckt), sondern auch die Ämter der Zünfte und die Zunftgerichte sowie die Arbeitsräume der Konservatoren, die in Rom naturgemäß eine besonders einflußreiche Position einnahmen. Schon im 14. Jahrhundert stand auf der Südseite der Piazza ein großes Amtsgebäude, das im Erdgeschoß die Räume der Zünfte, im Obergeschoß die der Konservatoren beherbergte (vgl. Bild 63).

65 Kapitolsentwurf von Michelangelo. Stich von E. Dupérac

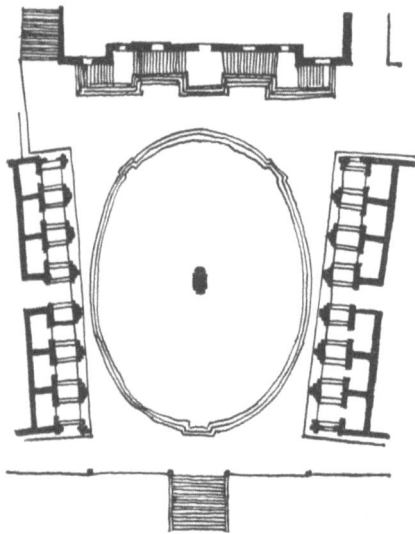

66 Kapitol, Grundriß der Piazza Campidoglio Michelangelos

Das erste bauliche Abbild des neuen herrschaftlichen Einflusses der Päpste in der Stadt Rom zeichnete sich in den Umbauten am Senatorenpalast in den Jahren 1450 und 1525 ab. Dem Bauwerk wurde zunächst eine doppelgeschossige Loggia vorgelegt, der Siebenhüner gewiß zu Recht eine demonstrative Entsprechung zu der Benediktionsloggia Pauls I. vor St. Peter (s. unten auf S. 153 und Bild 68) unterstellt. Durch diese Veränderung und die folgenden Maßnahmen, die Aufstellung des Reiterstandbildes des christlichen Römerkaisers Marcus Aurelius (vorher auf der Piazza di San Giovanni in Laterano), die verschiedenen Freitreppen-Anbauten und -Umbauten, die Neuaufstellung des genannten Reiterstandbildes in sehr viel wirkungsvollerer Position, durch alles das wird bereits deutlich der Wunsch erkennbar, die gesamte Anlage räumlich zu ordnen und zur Wirkung zu bringen. Diese Absicht wird weiterverfolgt dadurch, daß auf der Nordseite des Platzes, gegenüber dem Amtsgebäude der Zünfte und der Konservatoren, eine kräftige Stützmauer aufgeführt wird. So entsteht bereits eine erste, deutlich spürbare Trennung zwischen dem Kapitolsbereich und der »fremden« Klosterkirche St. Maria in Aracoeli — das Kloster schafft sich nunmehr seinen eigenen Bereich, der über die bereits um die Mitte des 14. Jahrhunderts aufgeführte eigene Zugangstreppe von der westlichen Talseite her erschlossen wird.
Im Jahre 1563 schließlich gibt Papst Pius IV. den Befehl zum Neubau des Konservatorenpalastes nach den Plänen Michelangelos. Diese Anordnung wird unverzüglich in die Tat umgesetzt. Damit ist bereits ein großer Schritt zur Verwirklichung des von Michelangelo verfaßten Gesamtentwurfs für das neue Kapitol getan. Für das päpstliche Kapitol, dessen Funktion es sein wird, den päpstlichen Anspruch auf die Herrschaft über Rom und die Realisierung dieses Anspruches deutlich zu machen, zu gestalten.
Um diese perspektivische Anlage ganz zu vollenden, brauchte es noch den nördlichen Flügelbau des Michelangelo-Planes. Und hier ging man bereits so weit, diesen Bau in allen Details zu planen, ohne daß ein Programm, ein Inhalt dafür dagewesen wäre. Die Ausführung hat sich deshalb zwar bis ins 17. Jahrhundert verzögert, aber sie wurde schließlich vollzogen und damit das neue, das herrschaftliche, das perspektivische Kapitol vollendet (s. Bild 65, 66, 67).
Heute birgt dieser Nordflügel das kapitolinische Museum. Er war die im perspektivischen Sinne notwendig gebotene Vervollkommnung des neuen Kapitols. Eine Notwendigkeit, die das Mittelalter niemals empfunden hätte.
Im Gegensatz zum Kapitol hat unser zweites römisches Beispiel, die Papstkirche St. Peter und ihre Ausstrahlung auf ihre städtebauliche Umgebung, eine ausschließlich im Christlichen wurzelnde Vorgeschichte. Ehe ihre Zeit reif war durch den Wandel zum perspektivischen Prinzip, hat die Peterskirche recht wenig Gestaltwirksamkeit auf ihre Umgebung ausgestrahlt. Das Stadtviertel vor dem Vatikan und der Kirche, der sogenannte Borgo, war durch Jahrhunderte ein recht zusammengewürfeltes Quartier von Pilgerherbergen, Schenken, Marketenderhäusern — an einem Wallfahrtsort übliche und unentbehrliche Einrichtungen. Dieser Zustand dauerte noch unverändert an, als Papst Nikolaus V. den Gedanken faßte, den Borgo zu einer »Idealstadt« — ganz im Sinne der Renaissance — umzugestalten. Aus-

67 Das neue Kapitol mit den Bauten Michelangelos. Zeichnung von L. Cruyl

gehend vom Vatikan, sollte eine großzügige und großartige Anlage entstehen: Verwaltung, Archive, Gerichte, Kardinalswohnungen — das Ganze wahrscheinlich in Form eines großen, eindrucksvollen Loggienhofes um den Petersplatz geordnet. Daran anschließend war, zum Ponte Sant' Angelo hin, eine bürgerliche Ansiedlung vorgesehen, für die schon unter dem Pontifikat Nikolaus II. ein Programm aufgestellt worden war, das allerdings kaum Zukunft haben konnte, da es den in Gang gekommenen gesellschaftlichen Strukturwandlungen gar nicht mehr entsprach, sondern Adel, Beamtenschaft, Künstler einerseits — gewerbliches Bürgertum andererseits zusammen ordnete. Das ging so weit, daß in den Erdgeschossen der Palazzi Kaufläden eingerichtet werden sollten. Immerhin haben sich solche Vorstellungen nach H. Rose[1] bis in das hohe 16. Jahrhundert gehalten.

Rose sieht den Anfang zu der geplanten großen Hofanlage in der Benediktionsloggia Pauls II. (Bild 68) und glaubt, ein Vorbild für die Gesamtanlage, allerdings in weitaus kleinerem Maßstab, in dem von Kardinal Balbo (eben dem späteren Papst Paul II.) unter dem Pontifikat Nikolaus II. angelegten Hof des Palazzo di Venezia erkennen zu dürfen. Jedenfalls hätte eine solche Anlage diesem Stadium

---

[1] Die Fakten zu diesem Beispiel sind dem Kommentar von Hans Rose zu H. Wölfflins Werk »Renaissance und Barock«, München 1926, entnommen, siehe dort im Anhang S. 219 ff.

des Strukturwandels durchaus entsprochen: Eine r ä u m l i c h e Konzeption, auf W i r k u n g bedacht und dieser die Inhalte unterordnend, aber in sich abgeschlossen, keineswegs schon im absolut perspektivischen Sinne allen Raum auf sich, auf das eine Zentrum beziehend. Daß diese Anlage nicht ausgeführt wurde, scheint uns hingegen logisch und zwangsläufig bedingt zu sein: Diese große Vorstellung konnte nicht realisiert werden, da sie in ihrer Haltung ganz einer Übergangsstruktur entsprach. Sie lag gewissermaßen am Wege zur absoluten Perspektive und mußte, des langen Zeitraumes wegen, den ihre Verwirklichung erfordert hätte, von der absoluten Perspektive überholt werden.

Die entscheidende Voraussetzung für eine absolut perspektivische Gestalt des Ortes ergibt sich aus dem päpstlichen Beschluß von 1506 zur Neugründung der Peterskirche. Rose sagt dazu: »Tatsächlich war der Bau erst möglich geworden, nachdem die Blüte der italienischen Bürgerkultur zu welken begann...« — das war eben kein aus bürgerlichem Bewußtsein kommender Bau, keine »Bürgerkathedrale« wie die von Florenz oder Siena oder Pisa —, das war von vornherein gewollt als Gestaltung eines zunächst stark verweltlichten, später wieder überwiegend geistlich betonten Macht- und Herrschaftsanspruches!

Die Geschichte dieses Neubaus und seiner Gestaltwirksamkeit auf seine städtebauliche Umgebung währt über 150 Jahre und manifestiert wie kaum eine andere die sich wandelnde Haltung der auftraggebenden Kurie wie auch der ausführenden Künstler im Verlauf eines durchgreifenden Strukturwandels. Sie nimmt ihren An-

68   Die Benediktionsloggia Pauls II. vor der alten Petersbasilika (Heemskerck)

fang bezeichnenderweise mit der Thronbesteigung Julius' II., der als Papst eine bis dato beispiellose Machtstellung einnahm. Und sie beginnt künstlerisch mit der Zentralkuppel-Vorstellung des Bramante, die ebenfalls alle bisher dagewesenen Maßstäbe sprengt, die nach Bramantes eigener Aussage »das Pantheon auf den Friedenstempel (= die alte Peters-Basilika) setzen« will und die in dieser höchsten Anspannung der monumentalen Prätention der Bewußtseinslage des Papsttums dieser Zeit so recht entspricht. Allerdings denkt man zunächst kaum an die räumliche Zuordnung der Umgebung. Zwar ist ein konzentrierter monumentaler Wille ganz auf das Objekt gerichtet, jedoch noch nicht darauf, den weiteren Bereich räumlich auszurichten, perspektivisch auf die Mitte zu beziehen.

Der Gedanke des Zentralbaus, von Bramante zur Grundlage gemacht, wird unter dem Einfluß der verschiedenen neben- und nacheinander am Bau wirkenden Meister mehrfach abgewandelt. So entsteht, ganz in der Objektbezogenheit befangen, vorübergehend der Gedanke, das Ganze nach Süden zu orientieren (Bild 69 ist genordet!). Immer noch herrschte dabei die Neigung zu einem Hofkomplex vor, innerhalb dessen sich die Kirche als gewaltiges Monument erheben sollte. Eigentlich erst unter der Einwirkung des Antonio da Sangallo beginnen absolut perspektivische Vorstellungen maßgeblichen Einfluß. Der Zentralbau-Plan wird endgültig preisgegeben, die Möglichkeit des Abbruches des alten vatikanischen Mauergürtels auf der Ostseite des Kirchenstandortes und der Einbeziehung der Benediktionsloggia in das Kirchenprojekt wird erstmalig erwogen. Antonio da Sangallo vollbringt eine entscheidende Tat: er erhöht den Fußboden Bramantes um mehr als dreieinhalb Meter. Damit zerstört er zwar weitgehend die Proportionen des Kircheninneren, aber er schafft damit die Voraussetzungen für das perspektivische Projekt des östlichen Vorplatzes, für die spätere Vorhallen-Lösung Michelangelos und für die nach der Freilegung des Petersplatzes geradezu in Perspektive schwelgende Szenerie Berninis.

Damit hat der Anspruch und der Auftrag des Papsttums in diesem Stadium, in einem geistlich-obrigkeitlichen Sinne Zentrum der katholischen Welt zu sein (die ja trotz der Reformation sich gerade zu großen Erweiterungen anschickte durch die überseeischen Entdeckungen), hat diese weltweite Perspektive ohne Beispiel in ihrem Zentrum Rom Gestalt gewonnen. Durch die mit äußerstem perspektivischem Raffinement vollendete Anlage wird gleichsam eine ganze Welt von der päpstlichen Kathedrale aufgesogen (s. Bild 69).

(Gewiß ist die verpaßte Straßenregulierung zwischen St. Peter und der Engelsburg ein Makel an der Verwirklichung dieser grandiosen Vorstellung geblieben. Sie wurde nach Jahrhunderten von der italienischen Version der defizienten, ins Totalitäre abgesunkenen Endzeit-Phase der Perspektivischen Welt nachgeholt — bezeichnenderweise in völliger Beziehungslosigkeit zu dem ursprünglich perspektivischen Geist des Ortes.)

Die Geschichte des Peterplatzes als Zentrum der päpstlichen Macht (der weltlichen Regionalherrschaft wie der geistlichen Weltherrschaft) kann beinahe als »Fortsetzung« der Geschichte des Kapitols angesehen werden. Hat sich das Papsttum in der Gestalt des neuen Kapitols speziell gegenüber der Stadt Rom sichtbar durch-

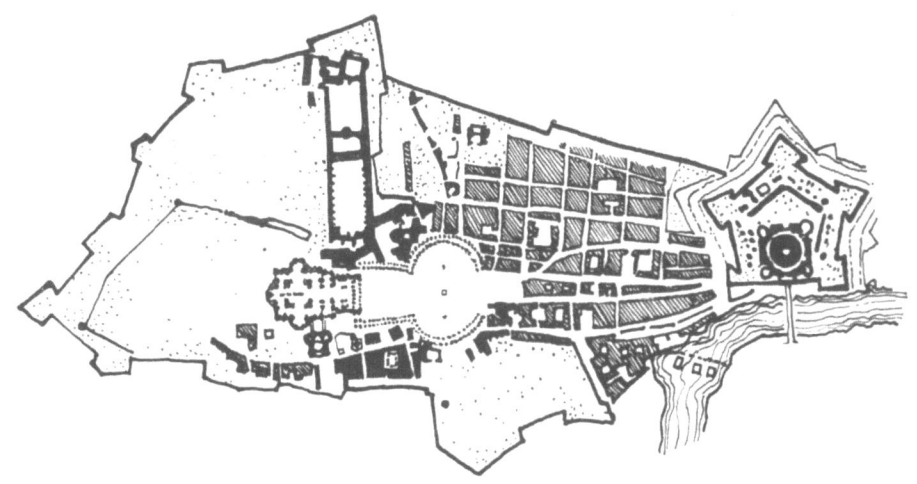

69 Rom, Vatikan, St. Peter und der Borgo

gesetzt, so gibt es mit der endgültigen Gestaltung des Petersdomes und seines östlichen Vorfeldes seinem geistlichen Weltherrschaftsanspruch die bauliche Entsprechung. Das ist absolute Perspektive.
Das gleiche Prinzip, die Durchsetzung der absolutistischen Herrschaft und Staatsmacht über das sich ihr im allgemeinen nur zu bereitwillig fügende und unterordnende Bürgertum, gestaltet sich allenthalben im abendländischen Bereich. Eine starke Ausprägung findet es in dem früh national geeinten Frankreich, in der Person Ludwigs XIV. vor allem, in der Gestalt seines (Hof-)Staates und in der entsprechenden Gestalt seiner Hauptstadt (Versailles einbezogen). Aber für das Erkennen des universalen Strukturwandels ist noch bedeutsamer als solche Höhepunkte das kleine Beispiel in seiner Häufigkeit, seiner Ubiquität. Dafür bietet das damalige Deutschland mit seiner Kleinstaaterei und der aus ihr bedingten Vielfalt absoluter Perspektive Möglichkeiten die Fülle. Greifen wir einige heraus:
Die Stadt W ü r z b u r g hat eine sehr alte Überlieferung. Schon in römischer Zeit spielte der Ort als Umschlagplatz zum germanischen Gebiet eine wichtige Rolle. Durch Bonifatius wurde er im Jahre 741 Bischofssitz. Als civitas ist Würzburg seit 1030 urkundlich belegt. Als das Geschlecht der Frankenherzöge, der Stadtherren Würzburgs, ausstarb, gingen die Stadtherrenrechte nach und nach an den Bischof über, und es entstand eine geistliche Stadtherrschaft. War Würzburg schon von jeher, seit der Gründung des Bistums durch Bonifatius, eine »geistliche« Stadt gewesen, so mußte sich dieser Charakterzug jetzt um so mehr vertiefen. Es wird behauptet,[1] daß die besonders ausgeprägte Glaubensfähigkeit der fränkischen Bevölkerung daran stark mitgewirkt habe.
Als die Herrschaft von den Frankenherzögen auf die Bischöfe übergegangen war,

[1] H. Kreisel in »Würzburg, die alte Stadt«.

errichteten diese ihre Residenz in der Stadt, unweit des Domes. Ihr Burggraf und der von ihnen eingesetzte Schultheiß hatten ihre Amtssitze mainwärts, an der von der Mainbrücke geradeswegs auf den Dom führenden Straße. Der eine im sogenannten »Grafeneckart« (Curia Eggehardi comitis), der andere in einem Gebäude gegenüber.

Auch in Würzburg hat sich das mittelalterliche Drama der jahrhundertelangen wechselvollen Auseinandersetzungen zwischen Bürgerschaft und Stadtherrschaft ausgiebig abgespielt. Über dreihundert Jahre währten, seit Erlangung der Stadteigenschaften, die Kämpfe um die Rechte in der Stadt. Der Bischof konnte jedoch der Stadt gegenüber stets eine verhältnismäßig starke Stellung bewahren, denn er genoß, besonders im 11. und 12. Jahrhundert, in hohem Maße Begünstigung durch den Kaiser. Dieses insofern, als er Herr über ein reichsunmittelbares Land war und dem Kaiser durch den Fortfall dynastischer Interessen besondere Sicherheit bot. So wurde Würzburg in den Jahrhunderten des salischen und staufischen Kaisertums zu einem starken Stützpunkt der Reichspolitik und genoß unter dieser Voraussetzung eine erste hohe Blütezeit. Der Bischof wurde 1168 von Friedrich Barbarossa offiziell zum Herzog von Franken bestätigt. Als die Reichsgewalt jedoch mit dem Abtreten der Staufer zerfiel, versuchte die Bürgerschaft um so heftiger, die Reichsunmittelbarkeit nach dem Vorbild so vieler anderer Städte zu erlangen. Der Bischof konnte sich jedoch, gestützt auf das aus dem Feudaladel gebildete Domkapitel, behaupten: die Stadt blieb unter seiner Botmäßigkeit. Allerdings sah er sich durch das Aufbegehren der Bürgerschaft veranlaßt, seinen Sitz aus der Stadt heraus auf die feste Marienburg zu verlegen. Diese wurde zur Zwingburg für die Stadt. Erst im 16. Jahrhundert wurde es, aus den bereits erörterten Gründen des allgemeinen Verfalls der bürgerlichen Willenskräfte, in der Stadt ruhig. Das Bürgertum verlor auch in Würzburg seine Dynamik, verzichtete auf politische Anstrengungen und fügte sich — Würzburg wurde endgültig Residenzstadt.

Im hohen und im ausgehenden Mittelalter war die Stadt in der wirtschaftlichen Bedeutung vom benachbarten, freien und bürgerlich verwalteten Nürnberg weit überflügelt worden. Nun aber, da die bürgerlich-unternehmerischen Kräfte erschlafften und die politische wie die ökonomische Bedeutung und Geltung mehr und mehr von den Bürgerstädten auf die Residenzstädte überging, wurde Würzburg als Residenzstadt einer der wohlhabendsten und einer der glanzvollsten Orte des deutschen Barock. Bei der besonderen Struktur der herrschaftlichen Verhältnisse Würzburgs war dafür die entscheidende Leistung, daß der Fürstbischof Julius Echter v. Mespelbrunn die Stadt über die Reformation hinweg dem Katholizismus erhielt. Sie wurde in der Folge eine Hochburg der Gegenreformation — und nur dadurch, nur durch die stark konzentrierte Kraft katholisch-geistlicher Herrschaft und durch das damit verbundene Bedürfnis, diese in den neuen Formen zu gestalten, zu repräsentieren, konnte mit dem Ende des Dreißigjährigen Krieges eine neue, die ohne Zweifel bedeutendste Glanzzeit der Stadt eingeleitet werden, eingeleitet durch den Fürstbischof Johann Philipp von Schönborn, gekrönt durch den Bau der prachtvollen neuen Residenz.

In manchem mit dem Beispiel Würzburgs vergleichbar ist das Gestaltschicksal

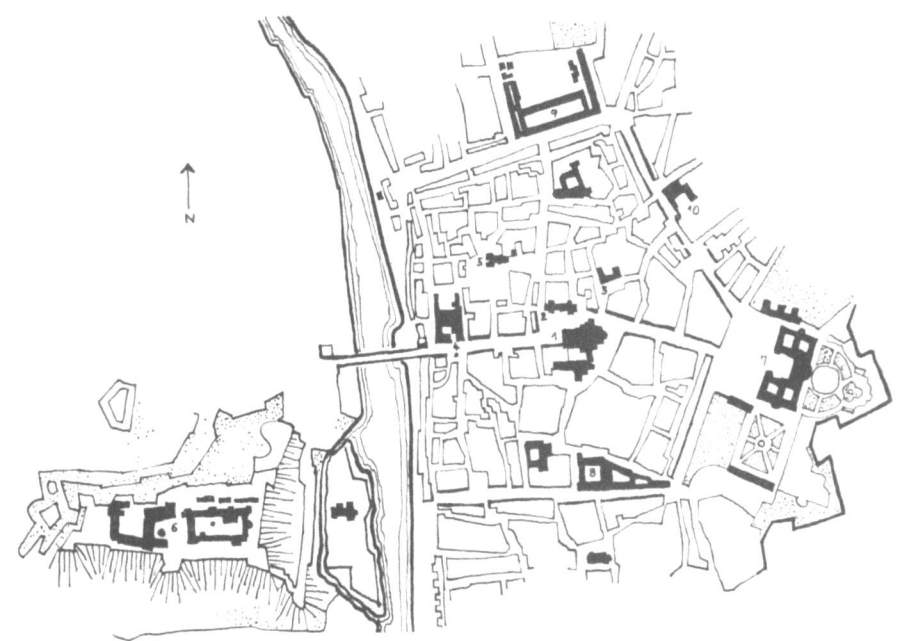

70 Würzburg, Stadtgrundriß. 1 Dom, 2 Neumünster, 3 Bischofspalast, 4 Grafeneckart (Rathaus), 5 Marktplatz mit Marienkapelle, 6 Festung Marienburg, 7 Neue Residenz, 8 Alte Universität, 9 Julius-Spital, 10 Bürger-Spital

Salzburgs. Auch Salzburg war und blieb Residenzstadt. Der Stich von Braun-Hogenberg aus dem Jahre 1581 (s. Bild 58) zeigt die Stadt noch in einer Gestalt, in der sich der Einfluß des Bürgertums in der höchsten hier erreichten Intensität ausprägt (vgl. S. 129). Die Stadt als Ganzes war hier mit räumlich-ästhetischen Mitteln gestaltet, die gestalthaften Zentren der Ordnungsmächte — Dom, Hauptpfarrkirche und Rathaus — in räumliche Beziehungen zueinander gesetzt, von denen die ganze Stadt erfaßt wurde, Stadtbaukunst!

Wie aber hat sich die Stadtgestalt in den gut sechzig Jahren bis zur Entstehung des Merianischen Stiches (Bild 71) gewandelt! Sehen wir ab von der Festungsanlage um die nördliche Vorstadt, die uns bei der vergleichenden Betrachtung zunächst ins Auge fallen mag. Sie kommt auf das Konto des großes Krieges, der ja zur Zeit der Entstehung dieses Stiches noch nicht zu Ende ist, unter dem die Stadt allerdings auch nicht unmittelbar gelitten hat. Die wesentliche Veränderung ist im Stadtinneren vor sich gegangen. Die frühere klare Beziehung zwischen den Zentren um den Markt herum ist gestört, ja aufgelöst. Der Dom, selbst in dem nun modernen Stil erneuert, ist freigelegt worden von den kleinen mittelalterlichen Kuriengebäuden, die ihn in der üblichen Weise umgaben. Jetzt steht er als stark räumlich wirkendes Monument in äußerst kraftvollen räumlichen Beziehungen zu der neu erbauten

71 Salzburg, Stadtansicht (Merian)

erzbischöflichen Residenz, durch welche die den neuen Anforderungen nicht mehr gemäße alte Kurie ersetzt worden ist. Die Residenz hat sich mit ihren weit ausholenden Trakten in den Marktplatz hineingeschoben und läßt nun die Pfarrkirche in der optischen Bedeutung weit zurücktreten. Das kraftvolle räumliche Spiel von Dom und Residenz wird nach Osten hin erweitert durch den Neubau des Landständehauses. Die ganze Gruppe beherrscht jetzt eindeutig die Innenstadt, alles übrige scheint auf sie bezogen. Das Rathaus erscheint nur mehr als ein Punkt am Weg von dieser großen räumlichen Anlage über die neue, etwas westlich der früheren liegenden Salzach-Brücke zu der ebenfalls völlig verwandelten Vorstadt. Sie wird jetzt dominiert von einem weiteren Residenzbau, dem Lustschloß Mirabell mit dem Lustgarten. So ist die Bürgerstadt dahin – der gewandelten inneren Ordnung entsprechend nur noch »Zutat«, Kulisse für den Glanz der Residenzbauten, die nun in beherrschender, alles andere sich unterordnender Raumfolge vom Schloß Hohensalzburg über die erzbischöfliche Stadtresidenz bis zum Lustschloß auf der Nordseite der Salzach in barockem Aufwand die Stadt strukturieren, ihr Wesen und ihre Gestalt bestimmen.

Die Stadt Münster in Westfalen ist ein beredtes nordwestdeutsches Beispiel für den Gestaltwandel von der Bürgerstadt zur Residenzstadt. Sie wuchs in ihren Anfängen um die ältere Domsiedlung herum. Schon im 11. Jahrhundert waren drei neue Pfarrbezirke entstanden (die sogenannte »Überwasserpfarre« um 1040, St. Mauritz um 1070, St. Lambertus um 1090), ab 1150 war die Stadt mit Markt- und Befestigungsrecht ausgestattet, das allgemeine Stadtrecht ist seit Beginn des 13. Jahrhunderts überliefert. Durch mehrere Jahrhunderte hindurch war Münster in der Folgezeit Oberhof eines dichten Stadtrechtskreises und wuchs zu einer ehrgeizig mit dem bischöflichen Stadtherrn um weitgehende Stadtfreiheiten ringenden, von starkem Bürgersinn erfüllten bedeutenden Stadtgemeinde heran. Rund vierhundert Jahre war Münster Mitglied des hansischen Städtebundes.

Die Kraft des mittelalterlichen Bürgertums dieser Stadt fand alsbald ihre ebenbildliche Ausprägung und Entsprechung in der baulichen Gestalt. An den ursprünglich vom bischöflichen Stadtherrn als rechteckige Verbreiterung des an der Domsiedlung vorbeiführenden alten Handelsweges angelegten Markt, dem späteren »Prinzipalmarkt«, schlossen sich, annähernd in der Form eines dreistrahligen Sterns, zwei weitere Märkte, der Roggenmarkt und der Fischmarkt, an (s. Bild 72 und 35). Im Zentrum dieses dreistrahligen Sterns stand die Hauptkirche St. Lamberti, die größte und reichste unter den Münsterschen Kirchen, mit ihrem hoch aufragenden Turm weithin sichtbares Zeichen des Selbstbewußtseins der Bürgerschaft gegenüber dem Domkapitel.

Die planmäßige Bebauung der drei Märkte mit den Giebelhäusern der wohlhabenden Bürger und mit kommunalen Gebäuden war im 13. Jahrhundert bereits nahezu abgeschlossen worden. Auch das Rathaus bestand in dieser Zeit schon am heutigen Platz (1250 erstmalig erwähnt), freilich noch nicht mit dem späteren gotischen Giebel. Wir erwähnten bereits die bewußt gewählte Stellung des ursprünglich »borgere hus« genannten Ratsgebäudes gerade gegenüber dem Zugang zum Dombezirk. Um diese Wirkung besonders zu verstärken, wurde 1335 die vordere Halle

des Rathauses mit den als Gerichtsstätte fungierenden Arkaden und dem darüber sich erhebenden anspruchsvollen Giebel errichtet (s. Bild 36).
Harald Seiler rühmt die »durch Jahrhunderte geübte Disziplin« der aufeinander sehr eng bezogenen Bürgerbauten Münsters als Kennzeichen für die bürgerliche »nachbarschaftliche Solidarität«, einen hier besonders ausgeprägten, grundtypisch mittelalterlichen Wesenszug. In ihrer Lebenshaltung wie in ihrer baulichen Repräsentanz sei es diesen Bürgern darum gegangen, »als Vertreter des allgemein städtischen Gedankens zum Ruhm des Gemeinwesens beizutragen«.[1]
In der frühen Zeit der Kommune hatte in einer sehr weitgehend demokratischen Verfassung die gesamte Bürgerschaft durch Versammlungspflicht an der Stadtverwaltung mitgewirkt. Das wird bereits in der ältesten Stadtrechtsfassung (vor 1214) erwähnt. Während der Heranbildung der Ratskörperschaft wirkte diese Allgemeinheit nachweisbar noch mit. Später wurde sie dann — dem allgemeinen Strukturwandel folgend — immer mehr unterschieden und schließlich unterdrückt vom »Kaufmannsadel«, dem Patriziat der Fernhändler und — mit der allgemeinen Verrentnerung zunehmend — der Grundbesitzer. Diese, in den Gilden korporiert, wurden mehr und mehr die Träger der städtischen Selbstverwaltung.
Mit der Reformation erreicht das Münstersche Bürgertum den Höhepunkt seiner städtischen Freiheit und Selbständigkeit. Mit dem Aufstand der »Wiedertäufer« jedoch beginnt bereits der Abstieg. 1536 wird die Stadt zum erstenmal durch den Fürstbischof erobert, der im Anschluß zwei Zwingburgen anlegt, die 1541 wieder abgerissene Engelsburg und den Zwinger. Aber das ist nicht die einzige Folge der Niederlage des Bürgertums für das Gestaltschicksal der Stadt. Es beginnt nun allmählich die Durchsetzung der Bürgerstadt mit den Höfen des Adels, zumeist auf bisherigen Baublocks des Kleinbürgertums. Mit den seit der Regierung des Fürstbischofs Johann III. (1566—74) in besonderem Maße einsetzenden gegenreformatorischen Bestrebungen des Domkapitels werden die Jesuiten in die Stadt geholt, die eine sich sehr schnell ausweitende Schule gründen. Es braucht allerdings noch über ein Jahrhundert, um die Gestaltkraft des Bürgertums endgültig zu brechen. Mit großer Anstrengung begehrt es immer wieder auf. In der zweiten Hälfte des 16. Jahrhunderts entstehen in den neuen Renaissance-Formen noch einmal großartige, die Stadtgestalt in hohem Maße mitbestimmende Bürgerbauten. So neben dem Rathaus und gleichsam zu seiner Erweiterung das »Stadtweinhaus«, das die städtische Weinverwaltung, die Stadtwaage und einen besonderen Erker für öffentliche Ankündigung der Stadtverwaltung enthielt, und — als deutliche Darstellung des ungebrochenen Selbstbewußtseins der Bürgergilden und -zünfte — das Krameramtshaus (1598), mit der Inschrift »Ehr is Dwang genog« versehen. Noch 1636 wird das bürgerliche Rathaus um das Stadtarchivgebäude erweitert.
Der Rat und die Gilden stehen der jesuitischen Tätigkeit in der Stadt und den sich immer mehr verstärkenden absolutistischen Tendenzen der Fürstbischöfe mit heftiger Ablehnung gegenüber. Im Jahre 1661 kommt es zur Revolution der Bürgerschaft gegen den Fürstbischof und den Adel — das wird der endgültige Untergang der bürgerlichen Ära Münsters. Der Fürstbischof Bernhard von Galen (1650—78) wirft

[1] Harald Seiler: »Münster, die alte Stadt«, Münster 1956.

72 Münster i. W. (Merian). Stadtansicht um die Mitte des 17. Jh.

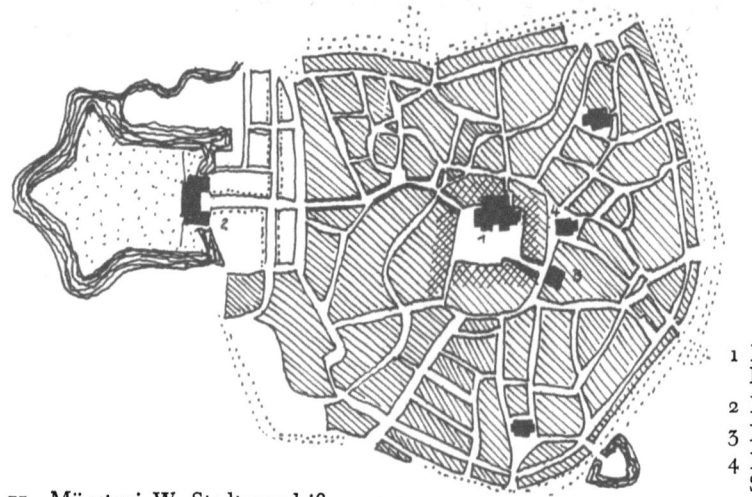

73 Münster i. W., Stadtgrundriß um 1700

1 Dom und Domfreiheit,
2 Residenz,
3 Rathaus,
4 Hauptkirche St. Lamberti

den Aufstand nieder, die Stadt erleidet erhebliche Zerstörungen. Im Westen der Stadt wird als neue Zwingburg die Paulsburg errichtet, die dann später von Schlaun zum Residenzschloß der Fürstbischöfe umgebaut wird (1767—73). Münster ist Residenzstadt geworden. Die Gilden-Vertretungen beim Rat werden aufgehoben, das sogenannte Erbmännertum geht im Landadel auf, die gewerblich-bürgerlichen Elemente werden endgültig von landesherrlicher Beamtenschaft aus den leitenden Ämtern der Stadtverwaltung verdrängt.

Der Absolutismus hat sich durchgesetzt und gestaltet jetzt auch Münster nach seinem Willen und nach seinem Wesen um. Die Residenz setzt sich in eine starke, beherrschende perspektivische Beziehung zur Stadt. Die jahrhundertealte Polarität zwischen dem bürgerlichen Zentrum um den Prinzipalmarkt und dem klerikalen Zentrum um den Dom wird nun überspielt durch die starke neue räumliche Beziehung zwischen der Residenz und dem von neuen Kuriengebäuden umgebenen Domhof (s. Bild 73). Gleichzeitig setzt in der Stadt selbst in besonders starkem Umfang die Bautätigkeit des dem Domkapitel angehörenden oder nahestehenden Feudaladels ein. In großer Zahl entstehen neue Adelskurien, zumeist in recht großzügiger und anspruchsvoller Weise ausgeführt. Sie tragen das perspektivische Prinzip in alle Teile der Stadt. Ebenso die im neuen Geist entstehenden Kirchen. Das Bild 74 zeigt als Beispiel einen der größten Adelshöfe, den »Erbdrostenhof«, das Bild 75 die neue Clemenskirche, die aus ihren Grundrissen bereits die Fülle des perspektivischen Anspruches an ihre städtebauliche Umgebung deutlich erkennen lassen.

Anders als mit Würzburg, Salzburg und Münster verhält es sich mit dem Gestaltwandel der Stadt Kassel. Hier wird durch den fürstlichen Willen zur Repräsentanz des absolutistischen Geistes eine neue Stadt neben der mittelalterlichen Altstadt gebaut, deren Bürgerschaft seit 1189 als civitas bezeichnet worden war. Durch den kreisrunden Königsplatz wird diese neue Stadt wie durch ein Gelenk mit der Altstadt verbunden (s. Bild 76). Über das erste Stück einer hier beginnenden neuen Hauptachse erreicht man sogleich das Zentrum der neuen Anlage, einen großen rechteckigen Platz, der auf der Ostseite von den Bauten der Residenz beherrscht wird. Streng regelmäßig ist dieser Platz angelegt, im Norden von der Magistrale tangiert, im Süden zum weiten Freiraum des Fuldatales, der Karls-Aue, geöffnet, zu der er sich jedoch durch seine strenge Regelmäßigkeit in deutlichen Gegensatz stellt. Er ist Repräsentanz des absolutistischen Obrigkeitsstaates. Um das noch deutlicher zur Wirkung zu bringen, stellt man in seiner Mitte das Standbild des Landgrafen Friedrich auf und besetzt die drei untergeordneten Platzseiten, die nördliche, die westliche und die südliche, mit einer regelmäßig umlaufenden Baumreihe. Im Westen des Friedrichsplatzes setzt sich die Stadtanlage in strenger Regelmäßigkeit fort. Der neue Markt ist als untergeordnete Funktion nach den neuen Vorstellungen von der zentralen Repräsentanz zu trennen. Er liegt entsprechend abseits im Norden. Und nun wird hier in der hessischen Residenzstadt ein grandioses perspektivisches Schauspiel aufgeführt: Unter geschickter Ausnutzung der landschaftlichen und topographischen Verhältnisse wird die Hauptachse nach Nordwesten fortgesetzt, ständig leicht ansteigend, in einem langen Zug bis zum Schloß Wilhelmsruh. Von hier aus setzt eine pompöse Terrassenanlage die fürstliche Achse steil aufwärts fort, mit dem monströsen weithin das Fuldatal überblickenden Herkules auf dem höchsten Punkt abschließend. Klein und bescheiden, gleichsam ein Restdasein fristend, liegt die bürgerliche Altstadt neben dieser überschwenglichen Demonstration perspektivisch-absolutistischer Gestalt.

Ein im Prinzip ähnliches Beispiel, wenn auch nicht unter so begünstigenden topographischen Verhältnissen vollzogen, bietet im Süden München. Aus einem Machtstreit zwischen dem Stadtgründer Heinrich dem Löwen und dem Freisinger Bischof ursprünglich hervorgegangen, erfährt München alsbald einen jähen und lang anhaltenden Aufschwung als Umschlag- und Stapelplatz für den Salzhandel aus dem Salzkammergut nach dem Norden und Westen. Die ost-westliche Längsachse der mittelalterlichen Stadt, der heutige Zug Neuhauser Straße—Kaufinger

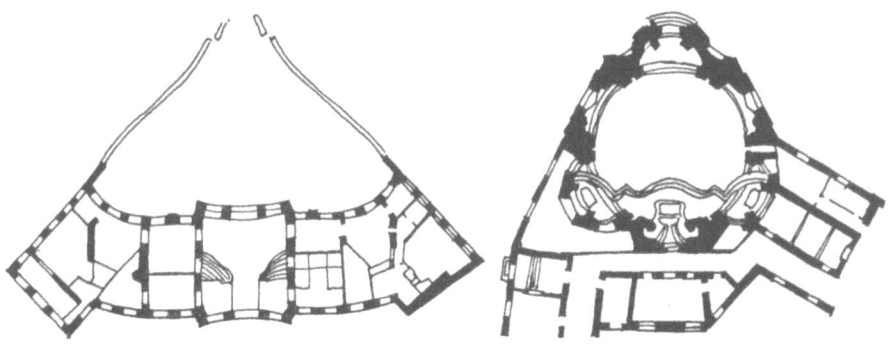

74 Münster i. W., Erbdrostenhof 1753–56   75 Münster i. W., Clemenskirche 1745–54

76 Kassel, Ausschnitt aus dem Stadtgrundriß. 1 Altstadt-Rathaus, 2 Pfarrkirche der Altstadt, 3 Königsplatz, 4 Denkmal des Landgrafen Friedrich

Straße—Marienplatz und seine Fortsetzung bis zum Taltor und Isartor, ist ein Teil der großen alten Salzhandelsstraße.

Auf Grund seiner raschen Entfaltung bietet sich München bei der Teilung des Herzogtums Bayern in Ober- und Niederbayern (1255) als Hauptstadt für das Teilherzogtum Oberbayern an, jedoch wird es erst unter Ludwig dem Bayern zur ständigen Hofhaltung. Seitdem ist München Residenzstadt, jedoch tritt diese Eigenschaft jahrhundertelang nur in dem mittelalterlichen Polaritätsverhältnis zutage. Das Münchener Bürgertum weiß sich ein hohes Maß an Selbständigkeit und Freiheit zu erringen. Das findet seinen Höhepunkt in der zweiten Hälfte des 15. und in der ersten Hälfte des 16. Jahrhunderts. Der sogenannte »Albertinische Rezeß« teilt noch 1561 die volle Gerichtsbarkeit in der Stadt dem Rat zu, lediglich Hof, Hofstaat, Adel und Geistlichkeit sind davon ausgenommen. Das alte Rathaus und die mächtige Frauenkirche waren beredte Wahrzeichen des Münchener Bürgerstolzes und -selbstbewußtseins. In der zweiten Hälfte des 16. Jahrhunderts setzt jedoch auch in München die Stagnation ein und damit der Abstieg und allmähliche Verfall der

bürgerlichen Kräfte, erfüllt sich auch in dieser Stadt der Gestaltwandel vom stadtbürgerlichen Mittelalter zur staatsbürgerlichen Neuzeit.
Mit der Hofhaltung des Herzogs Albrecht V. (1550–79), die ganz im Stile eines italienischen Principe aufgezogen ist, hält auch die Formenwelt der italienischen Renaissance ihren Einzug in München. Die Kunst wird höfisch. Die Prachtliebe des Fürsten und das routinierte internationale Formvermögen der vom Hof herbeigeholten, größtenteils fremdländischen Künstler prägt der bis dahin fast rein gotischen Stadt (Sandtner-Modell!) ein neues Gesicht auf. Nach der Reformation bringt die unbedingte katholische Haltung des Fürstenhauses, im besonderen des Herzogs Wilhelm V., einen Rückgang in wirtschaftlicher Kraft und Einwohnerzahl, jedoch setzt Wilhelm den Katholizismus durch und macht — ähnlich wie Julius v. Mespelbrunn in Würzburg — die Stadt zu einer Hochburg der Gegenreformation. Damit kommt starker jesuitischer Einfluß in die Stadt. In den letzten beiden Jahrzehnten des 16. Jahrhunderts wird mit dem Bau der Maxburg ein weiterer tiefer Eingriff in die alte gotische Bürgerstadt getan. In den ersten beiden Jahrzehnten des 17. Jahrhunderts erfolgt ein erster Höhepunkt in der Perspektivierung der Stadt mit dem Neubau der Residenz durch den Kurfürsten Maximilian. Außerhalb des Altstadtbereiches, mit allen Nebenanlagen diesem an Ausdehnung fast gleichkommend, entsteht auf dem Platz der alten Wasserburg die neue Gestalt eines absolutistischen Sendungsbewußtseins in der großartigen Raumfolge eines neuen, fürstlichen Zeremoniells, erfüllt vom feudalen Lebensstil des Fürsten und seines Hofstaates, der ein halbes Tausend Menschen umfaßt. Ein ausgedehnter Vorplatz, der Max-Joseph-Platz, vermittelt die perspektivische Wirkung an die Altstadt (s. Bild 77).
Die unter dem Druck des dreißigjährigen Kriegsgeschehens aufgeführte, überaus starke neue Stadtbefestigung war nun bereits nicht mehr Sache der Bürgerschaft, sondern des Fürsten und seiner Staatskasse. Ergebnis: Auf den Marktplatz, das Zentrum der alten Bürgerstadt (Schrannenplatz), zog eine kurfürstliche Wache. Seit 1649 gab es in München kurfürstliche Kasernen. Gleichzeitig wuchs im nördlichen Bereich des erweiterten Stadtgebietes, zwischen Residenz und Maxburg, ein ausgedehntes Adelsviertel.
Der Dreißigjährige Krieg mit seinen auch für München verhängnisvollen Folgen unterbrach die perspektivische Umgestaltung der Stadt für reichlich ein halbes Jahrhundert. Dann aber, zu Beginn des 18. Jahrhunderts, setzte sie mit den bayerischen Großmachtträumen in verstärktem Maße und in barocken Formen wieder ein. Nymphenburg entstand und im Schloßgarten die Amalienburg. Die Befestigungen des Dreißigjährigen Krieges wurden geschleift, dafür entstanden räumlich stark wirksame »Empfangsanlagen« an den Toren, besonders um das Karlstor, den westlichen Eingang der Altstadtachse (s. Bild 77).
Die erste Hälfte des 19. Jahrhunderts erst brachte die Systematisierung der nun weithin ausgedehnten Residenzstadt, die ähnlich wie Kassel die alte Bürgerstadt neben sich liegen läßt, um sich ohne Bindungen nach den neuen Prinzipien entfalten zu können. Der Residenz wird nun nach Norden hin auch hier eine Prachtachse in wechselnder Raumfolge vorgelagert, vom Siegestor auf die Feldherrnhalle führend, einer ihres Sinnes völlig entbehrenden, rein perspektivischer Schau dienen-

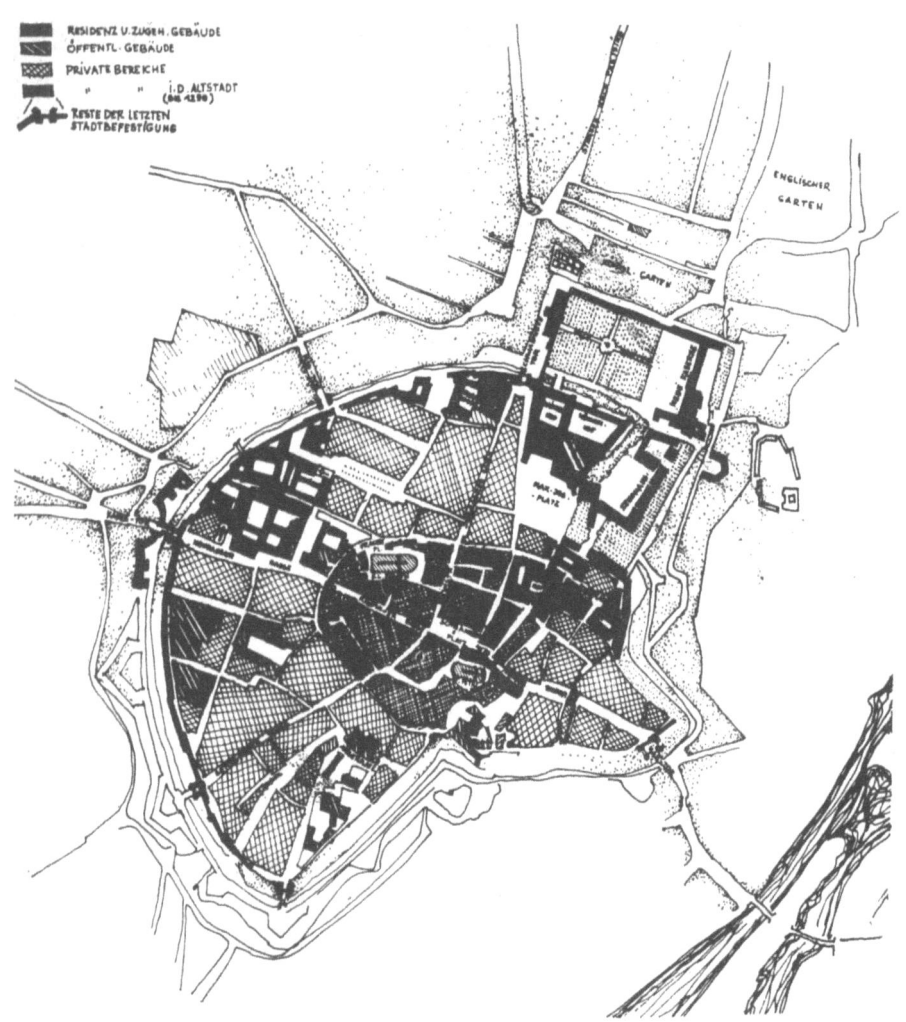

77 München, Stadtgrundriß 1807

den, im ganzen etwas dürftigen Nachahmung der Loggia dei Lanzi in Florenz. Diesem Auffang der Prachtstraße zuliebe hatte nun auch das alte Schwabinger Tor weichen müssen. Die Achse selbst wurde gesäumt von den »Folgeeinrichtungen« der Residenz: den repräsentativen Bauten der Universität, des Priesterseminars, der Erziehungsanstalt, der Bibliothek, des Damenstiftes, des »Odeons«. Durch das Siegestor die Stadt von Norden her betretend, wurde der Fremde so durch eine Folge von

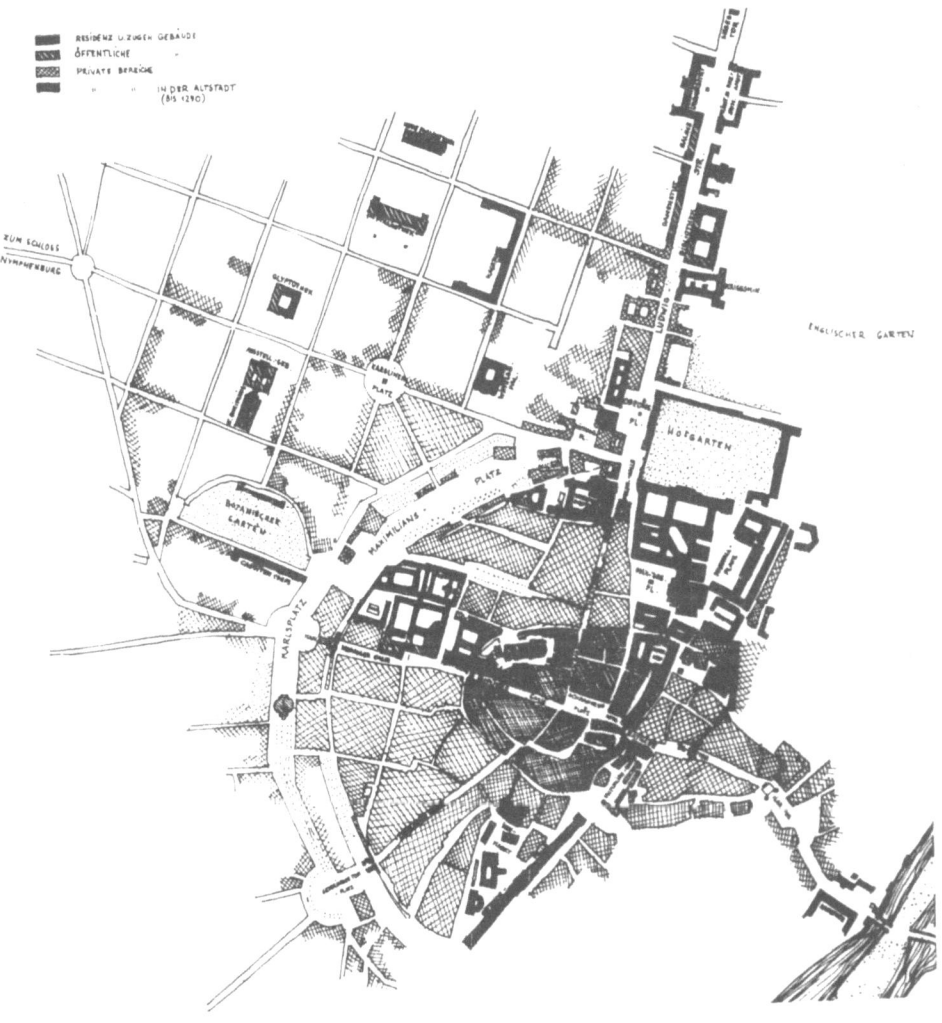

78 München, Stadtgrundriß 1852

repräsentativ sich steigernden Platz- und Straßenräumen mit dem Geist der Residenzstadt, mit der neuen Gestalt Münchens bereits vertraut gemacht. Von der Achse aus nach Nymphenburg zu wurde die Stadt mit einem großzügig rechtwinklig aufgebauten Grundriß erweitert. In weitläufiger Gruppierung bildeten auch hier die Stiftungen und Einrichtungen der Monarchie das Gefüge der neuen Bebauung. Und eine neue Ost-West-Achse stellte nun, ebenfalls über eine Folge von Plätzen,

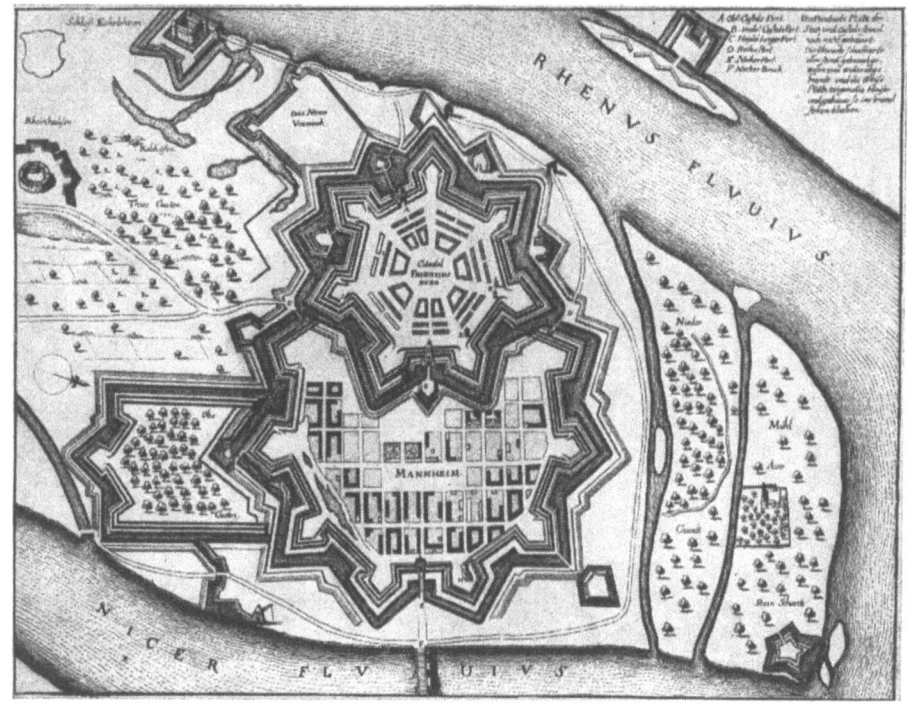

79 Mannheim, Stadtgrundriß nach dem großen Brande (Merian)

die räumliche Beziehung zwischen der Stadtresidenz und dem Schloß Nymphenburg her. Spät erst wurde so die perspektivische Gestalt Münchens vollendet — gerade noch rechtzeitig, ehe der innere Verfall der Perspektivischen Welt, der alle perspektivische Gestalt entleeren, pervertieren sollte, sich lähmend auf diesen absolutistischen Gestaltwillen legen konnte.

Dies waren Beispiele von Städten, die einen Gestaltwandel vom Mittelalter zur Neuzeit durchlebt haben, die also im Mittelalter bereits entstanden und im Aufbruch der Perspektivischen Welt umgestaltet worden sind. War an diesen Beispielen der allmähliche Wandel vom Mittelalter zur perspektivischen Neuzeit innerhalb einzelner Städte stufenweise erkennbar, so treten die unter absolutistischer Herrschaft wieder häufiger werdenden Neugründungen naturgemäß sofort ganz klar in perspektivischer Gestalt auf. Einige Beispiele sprechen hierfür so deutliche Sprache, daß sie kaum eines längeren Kommentars bedürfen:

Mannheim zeigt innerhalb eines regelmäßig angelegten Festungsgürtels eine durch und durch »verordnete« Stadtgestalt. Das ist nie Bürgerstadt gewesen im mittelalterlichen Sinne. Das ist eine Staatsbürgerstadt, angefügt an die Zitadelle, die hier den Absolutismus vertritt. Und man spürt aus dem Grundriß heraus (Bild 79) bereits die soziale Struktur: Hofleute, Beamte, Militärs, Rentner, Kleinbürger im Dienste der höfischen Repräsentanz. Im sozialen wie im baulichen Gefüge ist diese Stadt in einem Entwurf von einzigartiger Straffheit und Konsequenz, die stark an die Idealstadt des Perret erinnern (vgl. oben Bild 62), gänzlich dem absolutistischen, dem perspektivischen Prinzip untergeordnet, das im eigenen, völlig in sich geschlossenen Bereich im buchstäblichen wie im übertragenen Sinne die Stadt »krönt«. Die Zitadelle, das spätere Schloß, verhält sich zur Stadt wie der Thronsaal zum übrigen Hofe – die »bürgerliche« Stadt existiert um ihretwillen, ihr zu dienen und ihr die für ihre absolutistische Macht- und Prachtentfaltung erforderliche Kulisse zu bieten. Diese Aufgabe der Stadt ist in ihrem baulichen habitus mit konsequenter Eindeutigkeit und Einheitlichkeit ebenbildlich gestaltet. (Bild 79 zeigt den Stadtgrundriß etwa so, wie er vor der Belagerung des Jahres 1622 zu denken ist.)

Noch zwei Städte, deren Namen sich nur in einer Winzigkeit unterscheiden, wenngleich sie von sehr unterschiedlicher Lage und Bedeutung sind: Carlsruhe in Oberschlesien und Karlsruhe, die badische Residenz. (Es ist schon bezeichnend für den Wandel, der sich vollzogen hat, daß diese in der absolutistischen Ära gegründeten Städte nun die Namen der begründenden Fürsten tragen, was es im Mittelalter so gut wie gar nicht gab. Im Mittelalter hatten auch die Namen der Gründerstädte zumeist geographische oder religiöse Beziehung.)

Carlsruhe (Bild 80) wurde im Jahre 1747 von Herzog Carl Erdmann von Württemberg gegründet. Seine Struktur ist eindeutig zentralperspektivisch angelegt. Acht Straßen-Strahlen laufen auf einen Mittelplatz zu, der nicht etwa der Marktplatz oder der Stadtplatz im Sinne einer Repräsentation des Stadtbürgertums ist,

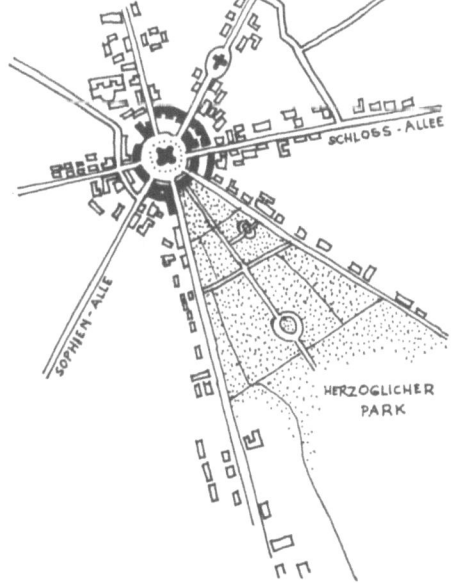

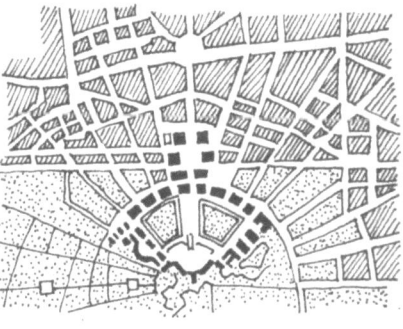

80 (links) Carlsruhe (Oberschlesien), Grundriß des Stadtkerns

81 (rechts) Karlsruhe, Ausschnitte aus dem Stadtgrundriß

sondern auf dem sich der vierflügelige Schloßbau erhebt, diesergestalt in alle acht Straßen optisch-räumlich einwirkend. Eine der Radialstraßen ist zwar kurz vor Erreichen der Platzanlage, aus welchen Gründen auch immer, abgeknickt und in die nächste eingeschwenkt, die Bebauung um das zentrale Rondell ist jedoch auch in der Achse dieser Straße wie in denen aller übrigen offengelassen, so daß die beabsichtigte optische Wirkung unbeschadet des tatsächlichen Straßenverlaufes gewährleistet ist. Die Peripherie des zentralen Schloßplatzes ist von den weiteren Bauten der Residenz und denen des Adels eingefaßt. Der Hof schart sich streng reguliert um die zentrale Position des Schlosses. Alle anderen Funktionen und Bereiche des Stadtwesens (Kirche!) sind dieser Grund- und Ausgangs-Vorstellung untergeordnet.

Karlsruhe (Bild 81), das letzte große Beispiel absolutistisch-perspektivischer Stadtgestalt, im Jahre 1715 gegründet und dann in mehreren Etappen bis 1820 ausgebaut, vor allem durch Weinbrenner (s. die Entwürfe für die Lange Straße), ist in seiner späteren Ausdehnung nicht mehr so konsequent durchgeführt worden, wie es einmal von den Begründern geplant war. Dennoch ist die großartige perspektivische Grundidee deutlich abzulesen. Auch diese Stadtgestalt ist auf die Residenz ausgerichtet, auf das Schloß, dem auch hier die zugehörigen Nebenbauten und die Häuser des Hofadels vorgelegt sind. Strahlenförmig in einem Viertelkreis-Sektor, laufen die Straßenzüge auf die Residenz zu, beiderseits einer Hauptachse, der Langen Straße, die im Wechsel von Straßen und Platzräumen die perspektivische Wirkung variiert und auf das Schloß zu immer mehr steigert. Auch Karlsruhe zeigt zu dieser Zeit die typische soziale Struktur der gegründeten Residenzstadt. Die Stadtgesellschaft ist vollständig auf den Hof, auf seine Bedürfnisse und seine Repräsentation ausgerichtet.

Hier in Karlsruhe zeigt sich jedoch bereits — und zwar nicht nur in der Durchführung, sondern auch schon in den Entwürfen Weinbrenners — ein starker Zug zum Schema, zum Diktat der Form, ohne Rücksicht auf die in ihr geborgenen (oder nun eigentlich verborgenen) Inhalte. Die logische Konsequenz aus dem fürstlichen Gestaltungswillen, der alle Bereiche sich unterzuordnen bestrebt war, mußte es sein, daß die Stadt nicht mehr als Vielfalt verschiedener, eigenartiger Wesenheiten sich ganzheitlich gestaltete, sondern daß nun die Sinninhalte dem formbetonten zentralen Willen einheitlich untergeordnet wurden. Geschlossenem, einheitlichem Ausdruck zuliebe wurden die Formen nivelliert, die nivellierte Form dominierte über die Wesenheit des einzelnen — ein erheblicher Gestaltverlust war die unabweisbare Folge.

Die Perspektivität schlägt hier endgültig und deutlich sichtbar ins Defiziente um — hier beginnt der Weg steilab zu fallen in die grausige Gleichmacherei des späten 19. Jahrhunderts, in das Chaos des sinnentleerten wesenlosen Schematismus. Der Beginn zeigt sich auch bereits deutlich an in der barocken Anlage des »bürgerlichen Zentrums« von Mannheim (s. Bild 82): Zwei durchaus wesensunterschiedliche Inhalte — Rathaus und Pfarrkirche — sind als Flügelbauten in gleiche Formen gepreßt! Mit gleicher Dachform, gleichem Gesims, gleicher Pilaster-Gliederung, gleicher Sockelhöhe, fast gleicher Eingangsornamentik flankieren sie den gemeinsamen

82 Mannheim, Rathaus und katholische Pfarrkirche (Gruber)

Turm! Wie eine Selbstironie der Erbauer möchte es beinahe wirken, daß immerhin die Fenster unterschiedlich ausgebildet sind. Das Ganze ist eben auch nicht selbständig lebendes Wesen, sondern von vorgefaßter, formaler Vorstellung bestimmt. Es ist primär Platzwand, Teil des perspektivischen Raumgefüges, des totalen Raumes. Das einzelne Wesen ist verdrängt, die einzelne Gestalt aufgelöst, dem Schema geopfert.

Strukturell, geschichtlich und durchaus logisch bedingt endet die bürgerliche Epoche nach dem bewußtseinserweiternden Raumgewinn des Aufbruchs, nach der vollen Entfaltung der Perspektivität in der absolutistischen Frühzeit schließlich in einem katastrophalen Gestaltverlust, als mit dem Ausklingen der absolutistischen Herrschaftsform die perspektivischen Ausdrucksmittel ohne Sinn und Mitte, ohne jede echte Beziehung völlig schematisch auf jedermann übertragen werden und so die gräßlichen gestaltlosen Stadtmassen des späten 19. Jahrhunderts entstehen, in deren Anblick man versucht ist, den Namen »Stadt« gleichzusetzen mit Zivilisationskrankheit, Dekadenz, Unnatürlichkeit der Lebensform, Auflösung. Ein kursorischer Überblick über die Gestaltgeschichte einer der bedeutendsten deutschen Städte seit dem frühen Mittelalter soll uns den ganzen Verlauf der perspektivischen Entfaltung und Verendung noch einmal im Zeitraffer vor Augen führen:

Die Stadt Frankfurt am Main, im Mittelalter schon eine bedeutende Handelsstadt, Zentrum des Tuchhandels und wichtiger Partner des Orienthandels, seit dem letzten Viertel des 14. Jahrhunderts reichsunmittelbar, wird uns in ihrem neuzeitlichen Gestaltschicksal von drei Graphikern in drei Etappen, gleichsam in Momentaufnahmen aus der Geschichte des Strukturwandels, in jeweils sehr ausführlicher Darstellung vorgeführt.

Der Ausschnitt aus dem großen Blatt Fabers, im Jahre 1552 entstanden, zeigt den Domhügel Frankfurts, einen Teil des Stadtzentrums in einer noch stark mittelalterlich gebundenen Gestalt. Die Reihen der Giebelhäuser umdrängen den mächtigen Dombau, dessen Turm symbolhaft aus ihrer Mitte hoch aufragt. Keine räumlichen Wirkungen — dicht vor dem Westportal eine Gruppe von Bürgerhäusern, die Südseite der Domkirche, vor der sich ein Freiraum öffnet, ist von diesem durch die Kirchhofmauer verstellt. Ein Ausschnitt aus einer nach symbolischem Prinzip aus mittelalterlichem ordo vollzogenen Stadtgestalt (Bild 83).

Der Stich Merians aus dem Jahre 1628, rund 75 Jahre jünger als die Darstellung Fabers, zeigt den unweit des Domhügels gelegenen Römerplatz, seit der Erweiterung des alten Frankfurter Rathauses um das Haus »zum Römer« und die ihm benachbarten Gebäude der Rathausplatz der Stadt. Er zeigt diesen Platz in der Epoche, in der die Welt des Bürgertums auf der Höhe ihrer Entfaltung sich in der Stadtgestalt repräsentiert: Bürgerliche Stadtbaukunst! — Auf der Westseite des Platzes der Römer, Teil des Rathauses, das durch Zuerwerb und Umbauten benachbarter Patrizierhäuser auf einen ganzen Block ausgedehnt wurde und so eine vielfältige, formenreiche Gruppe bildet, fünf Schaugiebel dem Platz zugekehrt. Im spitzen Winkel dazu, als südlicher Auffang des Platzes, die stark raumwirkende Nikolaikirche, seit dem 15. Jahrhundert Ratskirche, zum Platz hin mit einer Galerie versehen, die häufig auch aus Anlaß weltlicher Feste den Ratsherren und ihren Familien als Tribüne diente.[1] Den Abschluß der übrigen beiden Wände des unregelmäßig geformten Platzes bilden reiche Bürgerhäuser, die Mitte ziert ein prachtvoller Brunnen. Eine starke räumliche Beziehung besteht zu dem östlich gelegenen Dombereich, dem anderen, geistlichen Pol dieser Stadt, die sich nicht nur durch eine gewaltige eigene Anstrengung die Reichsfreiheit errang,[2] sondern auch als Bürgerstadt — nicht als Residenz! — ein Zentrum der Reichspolitik geworden war, als Ort zahlreicher Kaiserkrönungen und Reichstage.

Auch die Beziehung des Stadtplatzes zum Flußlauf des Mains, der als Handelsweg für die wirtschaftliche Entfaltung und damit für das Schicksal der Fernhandelsstadt von wesentlicher Bedeutung war, ist mit räumlichen Mitteln, im Wechsel von Einschnürungen und platzartigen Erweiterungen spannungsvoll gestaltet. Hier bewahrt jedes Teil noch seine Eigenart, zeigt sein eigenes Wesen vor und ist doch kunstvoll zum Ganzen gefügt. Aus der Schönheit der Übereinstimmung von Wesen und Form in der Gestalt dieses Stadtzentrums spricht uns der Geist kraftvollen bürgerlichen Unternehmertums an, das seinen Erfolg (seine »virtú«!) an seiner Stadt zu gestalten wußte (Bild 84).

Wie bereits bemerkt: Frankfurt war wohl als Bürgerstadt eine erkorene Stadt des

---

[1] Siehe bei Fried Lübbecke: »Das Antlitz der Stadt, nach Frankfurts Plänen von Faber, Merian und Delkeskamp (1552—1824)«.

[2] Nachdem bereits in der zweiten Hälfte des 12. Jh. die im Namen des Kaisers ausgeübten Machtbefugnisse vom Vogt auf den Schultheißen übergegangen waren, wurde zu Beginn des 14. Jh., wahrscheinlich 1311, das Schultheißenamt von dem in starker wirtschaftlicher Not befindlichen Kaiser verpfändet. Mit gewaltigen Anstrengungen gelang es der Bürgerschaft, das Pfand einzulösen (1372), womit sie die tatsächliche Reichsunmittelbarkeit erwarb.

83 Frankfurt am Main, Dom und Domhügel (Faber), Ausschnitt

Kaisers, aber es war niemals Residenzstadt und wurde es auch nicht. Es konnte daher auch nicht durch den absolutistischen Willen eines Fürsten umgestaltet werden. Die große Kraft seines Bürgertums ließ es als freie Stadt — ähnlich Lübeck und Bremen — seine bürgerliche Gestalt noch lange in die Perspektivische Welt hinein erhalten. Aber schließlich, mit dem Sichtbarwerden der Verfallsepoche, konnte sich auch diese Stadt dem durchgreifenden allgemeinen Wandel der gesellschaftlichen und baulichen Strukturen nicht mehr entziehen. Blieb es dem Absolutismus versagt, die Stadt — wie Münster, München oder viele andere — »mit Gewalt« umzugestalten, so wurden ihre Formen doch allmählich des echten Inhaltes beraubt mit dem allgemeinen Niedergang der freiheitlich-stadtbürgerlichen Welt.
Wird die absolute, die vollkommene Perspektive in dieser Stadt sozusagen ausgespart, so gelangt gleichsam durch die Hintertür schließlich das Schema in sie hinein, die Flut inhaltlos gewordener perspektivischer Form in sinn- und wesenloser Masse. Das beraubt die Stadt ihrer ganzheitlichen Gestalt. Wo einst die Vielfalt eigenartiger Einzelgestalt zu einem räumlich wirksamen Ganzen kunstvoll gefügt war, ist nun, rund 250 Jahre später als der Meriansche Stich von Delkeskamp dargestellt (Bild 85), alles zu sinn- und gestaltlosen, perspektivische Form ohne Wesensgehalt demonstrierenden Blöcken nivelliert. Die Überlebenden der größeren Zeit,

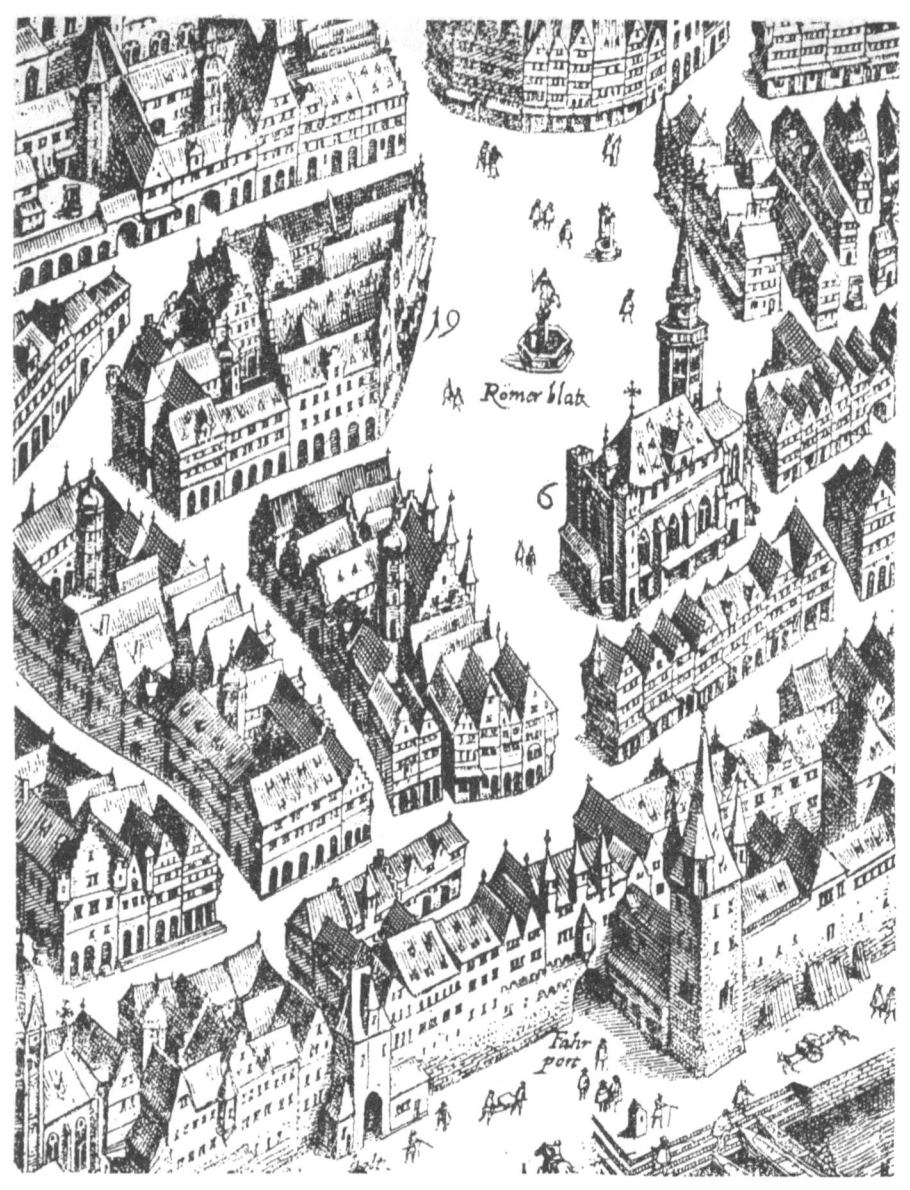

84 Frankfurt am Main, Römerberg und Fahrtor (Merian), Ausschnitt

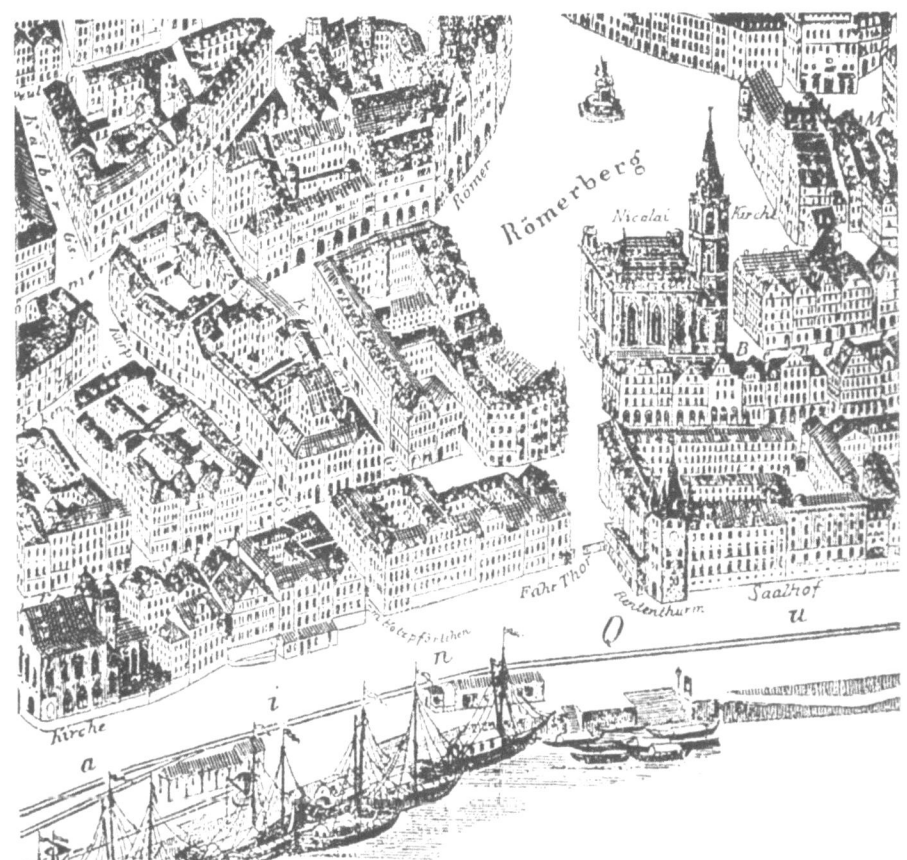

85 Frankfurt am Main, Römerberg und Fahrtor (Delkeskamp), Ausschnitt

Nikolai-Kirche und Römer, haben in dieser Umgebung, baulich wie ihrem Wesen nach, nur noch Denkmalswert. Wo einst in reizvoller Spannung wechselnde Räume einander folgten und die Stadtgestalt sinnvoll gliederten, da sind jetzt plumpe, schematische Fluchten gezogen, Perspektiven ohne Bezug, ohne Sinn- und Wesensgehalt. Man vergleiche zum Beispiel die Partie zwischen dem Römerplatz und dem Main in den beiden Darstellungen von Merian und von Delkeskamp! Um 1864 ist vom Römerplatz eine fast gleichförmig durchlaufende Schneise zum Fluß geschlagen, das Fahrtor abgebrochen, der alte Rententurm (Zollstation) ist damit auch unnütz geworden und steht recht sinnlos an der Ecke zwischen palastartig geformten Neubauten herum.

Fast überall sind die alten Giebelhäuser durch traufständige Neubauten mit grundsätzlich durchgehender Traufhöhe ersetzt. Die Eigenart des einzelnen Bauwerkes ist verschwunden. Da ist das Beispiel des Gebäudes mit den drei Türmchen, das in der Merianischen Darstellung der Nikolai-Kirche auf deren Westseite, an der Öffnung des Römerplatzes zum Hafen hin, gegenübersteht. Was aber steht 250 Jahre später an dieser Stelle! Hier wie überall regiert das Schema, die Gestaltlosigkeit aus der sinnlosen Addition von Formen, die eines wesenhaften Inhaltes weitgehend entbehren, nimmt überhand. Form und Inhalt gehen hier wie allenthalben getrennte Wege. Die Gestalt wird durch das Schema paralysiert. Die Perspektivische Welt verfällt der Auflösung, die bis in unsere Tage währt.

Folgerungen

Wir haben versucht, den eingangs entwickelten Gestaltbegriff der Stadt an einem geschichtlichen Strukturwandel zu erläutern, am Beispiel des Bewußtseinswandels vom Mittelalter zur Neuzeit, den wir mit »Aufbruch der Perspektivischen Welt« kennzeichnen. Wir haben uns bemüht, die Zusammenhänge darzustellen zwischen dem gesellschaftlichen Selbstverständnis des Menschen und der baulichen Repräsentanz dieses Selbstverständnisses (oder besser: Selbstbewußtseins) in der Stadtgestalt. Wir fanden, daß mit den Wandlungen dieses gesellschaftlichen Selbstbewußtseins jeweils bestimmte Prinzipien in den Vordergrund treten: Im Mittelalter ein symbolisches Prinzip, im Übergangsstadium der aufbrechenden Neuzeit ein ästhetisches und mit der voll entfalteten Neuzeit ein perspektivisches Prinzip. Wir haben diese Prinzipien auf dem Aspekt des Gestaltanliegens gefunden, des Gestaltwollens und des Gestaltgebens, eines »fortschreitenden« Geschehens also, und wir fanden weiter, daß mit dem Wandel des Bewußtseins und dem daraus folgenden Wandel der Prinzipien auch eine Umschichtung der gestaltwirkenden Kräfte und ihres Verhältnisses zueinander eintritt. Wir haben diese gestaltwirkenden Kräfte und ihre Umschichtung im Wandel vom Mittelalter zur Neuzeit darzustellen versucht.
Die aus dem jeweiligen gesellschaftlichen Selbstbewußtsein heraus nach den dominierenden Prinzipien gestaltwirkenden Kräfte und ihr sich wandelndes Verhältnis zueinander bewirken neue Wesenheiten beziehungsweise die Wandlung bereits vorhandener Wesenheiten.
Das gewandelte Bewußtsein bringt aber nicht nur neue Wesenheiten, neue Begriffsinhalte hervor, sondern auch neue Formen als Mittel, die Wesensinhalte zu repräsentieren, die Wesenheiten zur Gestalt zu vollziehen. Wie wir diese neuen Formen in der Malerei und Bildnerei jeweils finden, wie wir zum Beispiel in den Sonetten Petrarcas und in den Novellen Boccaccios neue Formen entdecken, die neue Wesenheiten auszudrücken haben, wie uns in der Musik neue Formen begegnen, die aus der Zweidimensionalität des gregorianischen Gesanges herausführen in die dreidimensionale Harmonie, so bemächtigen sich auch die Bauenden einer neuen

Formensprache, den neuen Wesenheiten ihres Auftrages Ausdruck zu geben. Romanik und Gotik als Formensprachen (Stile) des Mittelalters werden abgelöst durch das variationsreiche Idiom der »Renaissance« als Formensprache eines neuen Humanismus, dieses wiederum von der Vokabulatur des Barocks, dann des Rokokos, schließlich des »Klassizismus« – alle drei, mit unterschiedlichen Betonungen, Ausdruck verschiedener aufeinanderfolgender Stufen der vom Absolutismus geprägten vollendeten Neuzeit.

Aus der Vereinigung der jeweiligen Wesens-Substanz mit der jeweils entsprechenden Formenwelt wird die jeweilige G e s t a l t vollzogen – auf allen Lebensgebieten, in allen Lebensäußerungen der jeweiligen Epoche. So das kleinbürgerliche, mythisch-symbolkräftige, kosmisch-gebundene Wesen des Mittelalters mit den Formensprachen der Romanik und der Gotik, die großbürgerliche, mental-wache, vom persönlichen Willen getragene Weseswelt der aufbrechenden Neuzeit mit der kraftvollen Formenwelt der Renaissance, schließlich das rationale Herrschaftswesen der voll entfalteten Neuzeit mit den wechselnden Variationen des Klassizismus (Barock und Rokoko hierin eingeschlossen), wobei die gegenseitige Bedingtheit zwischen wechselnder Intensität des absolutistischen Wesens und entsprechend wechselnder Intensität der klassizistischen Formensprache deutlich erkennbar wird.

Die Stadt ist, wie eingangs dargelegt, ein komplexes Gebilde, nicht Summe einer Vielzahl von einzelnen Gestaltungen, sondern Vollzug wesenhafter Beziehungen der Einzelgestaltungen zueinander mit entsprechenden Formen zu einer Gestalt höherer Ordnung. Das Gestaltanliegen ist etwas Umfassendes, auf das Ganze der Beziehungen Ausgehendes, am Ganzen Wirkendes, Und so schafft das sich wandelnde Bewußtsein der Stadtgesellschaft – über die aus seiner Wandlung resultierenden gestaltwirkenden Kräfte – mit der Wandlung der wesenhaften Beziehungen aller Einzelgestalt untereinander eine Wandlung der Gesamtwesenheit »Stadt«.

Konkret auf Teilaspekte bezogen: Mit dem Wandel des Bewußtseins, der Prinzipien und der gestaltwirkenden Kräfte verändern sich die wesenhaften Beziehungen beispielsweise von Haus zu Straße, von Straße zu Platz, von Haus zu Platz und mit ihnen die Formen, in denen sich diese wesenhaften Beziehungen ausdrücken, mit denen sie zur Gestalt vollzogen werden.

Wir haben im ersten Teil unserer Betrachtungen gesehen, wie klar ein solches Beziehungssystem zwischen den verschiedenen »Elementen« der Stadt – auf sozialem wie auf baulichem Aspekt – sich aus einer bestimmten Bewußtseinslage heraus ordnete, wie es mit einer ihm gemäßen Formenwelt Gestalt wurde. Und wir haben weiterverfolgt, wie mit dem »Fortschreiten«, mit der Weiterentfaltung des Bewußtseins die Beziehungsverhältnisse sich wandeln, eben weil das Wesen der Elemente sich wandelte, Bedeutungen sich wesentlich verschoben.

Weil die Wesenheit »Kirche« im Bewußtsein der Stadtgesellschaft eine Wandlung erfuhr (durch den Vorgang der Säkularisierung), darum veränderten sich auch ihre wesenhaften Beziehungen zum Beispiel zum Markt, zum Rathaus, zu den Bürgerhäusern. Weil die Wesenheit »Bürgerhaus« eine Wandlung erfuhr (durch den Wesenswandel des Bürgertums), darum wandelten sich auch seine wesenhaften Beziehungen zu Straße und Platz, zu Kirche und Rathaus, zu den anderen Bürgerhäusern in der Nachbarschaft. Weil mit dem Wandel der Wesenheit »Bürgerhaus« sich dessen Wesensbeziehungen zur »Straße«, zur Öffentlichkeit veränderten, erfuhr auch diese Wesenheit Straße eine Wandlung. War ihr Wesen vorher primär funktionell bestimmt, als Ort jedweder Kommunikation zu allen öffentlichen Lebensbereichen, so wurde sie jetzt mehr und mehr zum Ort und zum Mittel der neuen, auf W i r k u n g zielenden optischen Repräsentation, zur Schaustellung persönlicher Schönheitsliebe, individueller Bedeutung, Wohlhabenheit, Macht.

Mit diesen ad exemplum genannten und mit allen anderen vielfältigen Veränderungen wesentlicher Beziehungen aus gewandeltem Bewußtsein vollzog sich der Wandel der Stadtgestalt: Neues, anderes soziales Bewußtsein bedingt neue, andere bauliche Repräsentation dieses Bewußtseins, die von der frühen Neuzeit-Gesellschaft, wie wir sahen, mit großer Intensität und Vitalität vollbracht wird. (Erinnern wir uns zum Beispiel des Gestaltwandels von Florenz, von Rom, von München, Würzburg, Münster, Braunschweig, Bremen und vielen anderen.) Wie aber die Vitalität erlahmt, der kulturelle Impetus der bürgerlichen Bewegung verebbt, wie mit dem absolutistischen S t a a t eine neue S t a t i k eintritt (hier möchte man den philologischen Zusammenhang der beiden Worte recht deutlich bemühen), wie die Formen (aus Gewohnheit, aus Nachlassen des Gestalt w o l l e n s) bleiben und der Wesensgehalt aber immer mehr verflacht, nicht mehr echte Wandlung zu neuer Bedeutung erfährt, sondern nur mehr Entfremdung (Staatsbürgertum als Staffage höfischer Repräsentation einerseits — in ihrer Gesamtheit wesenlose Masse andererseits), wie der im Neuzeit-Bewußtsein von Anbeginn keimende Kulturdualismus zu voller Auswirkung kommt, da wuchert und flutet die Form immer inhaltloser, wesenloser, sinnloser. Quantität tritt, wie schon im Verfall der antiken Kultur, immer mehr an die Stelle der Qualität, nicht mehr eigenes Wesen wird repräsentiert, sondern aus fremden Lebensbereichen entliehene Wunschbilder werden vorgeführt. Falsch verstanden zumeist und damit entwertet schon in der äußeren Erscheinung. (Man denke nur an die Extreme totalitärer Formwucherei faschistischer wie kommunistischer Provenienz.) Und nun befördert die bauliche Gestaltlosigkeit zurückwirkend den sozialen Gestaltverlust, beschleunigen die wesen- und sinnentleerten, gestaltlosen Umweltbilder die Auflösung der sozialen Gestalt.

Wir erwähnten die polare Position des mittelalterlichen Bürgerhauses zwischen »Straße« und »Garten«, zwischen Öffentlichkeit und Privatheit als ein Grundmotiv mittelalterlicher Stadtgestalt. Die Blockbebauung der mittelalterlichen Stadt, die Straßenrandlage der Bürgerhäuser und die Innenlage der zu ihnen gehörenden Gärten hatten in dieser wesentlichen polaren Spannung ihren tiefen Sinn. Umgekehrt: die polare Spannung zwischen Öffentlichkeit und Privatheit fand in dieser generellen städtebaulichen Ordnung ihre Entsprechung.

Mit der anbrechenden Neuzeit beginnt diese Spannung sich aufzulösen, wie das ganze Spannungssystem des ordo, das ganze kosmische Weltsystem aufgelöst werden. Die Notwendigkeit des Gartens für die Existenz und die Repräsentation dieser Polarität entfällt damit. Der Garten wird, nachdem er die funktionelle Bedeutung innerhalb der mittelalterlichen Kosmik verloren hat, ebenfalls Mittel der optischen Wirkung, wird »Lustgarten«, auch für den nun höfische Lebensgewohnheiten annehmenden beziehungsweise imitierenden Bürger. Mit der fortschreitenden Neuzeit verschwindet der private Garten immer mehr aus der Stadt. Der höfische und der öffentliche Park treten an seine Stelle. Wie sich der eine Pol aber aus dem polaren Spannungsverhältnis löst, so tritt zwangsläufig auch der andere heraus. Die vorher aus der Öffentlichkeit-Privatheit-Spannung wesentlich bedingte Straßenrandbebauung verliert mit der Auflösung dieser Spannung ihren wesentlichen Inhalt. Sie wird ebenfalls Mittel der Wirkung. Zunächst noch, in der Übergangszeit, als individuelles Ganzes (Palazzo, Patrizierhaus), als individuelle Repräsentation der »virtú«, der Tüchtigkeit, Macht und Wohlhabenheit ihrer im Gemeinwesen führenden Bewohner. Bald aber, mit der fortschreitenden Perspektivierung, wird der individuelle Wesensgehalt nivelliert unter vorgefaßten, verordneten Formvorstellungen. Das städtische Bürgerhaus ist nicht mehr das totum in toto des Mittelalters, nicht mehr die Repräsentation individueller Lebensleistung der Übergangsepoche, es ist jetzt Mittel perspektivischer Verherrlichung und mit deren Schematisierung bereits »Masse«. In willkürlicher Zahl, mit verwischten Abgrenzungen voneinander und möglichst gleichen Gesims- und Traufhöhen, ausgerichtet nach verordneten geometrischen Formen, schematisiert und ohne eigene, selbständige Lebensmöglichkeit, steht es in Reih und Glied, nur existent als Teil einer Quantität, Einheit ohne Ganzheit, perspektivisch ausgerichtet auf den Willen des Souveräns, schließlich auch dieser Sinngebung entkleidet, nur noch Schema.

Das Wesen ist verdrängt, die Form dominiert. Ganz logisch ist damit der Begriff des Mietshauses entstanden. Das bürgerliche Stadthaus ist nicht mehr Behausung einer Familie, eines Hausstandes, nicht mehr Spielraum und intime Welt eines kleinen Ganzen in Polarität zum größeren Ganzen, sondern es wird Unterkunft einer beliebigen, beliebig austauschbaren, von Zufallsgegebenheiten abhängigen Quantität. Es repräsentiert diese seine wesentliche neue Eigenschaft jedoch nicht, sondern imitiert in seinen Formen wesensfremde Bilder, vor allem den Palazzo — und erreicht damit schließlich die völlige Auflösung seiner Gestalt.

Wir können den Werdegang exemplarisch noch einmal in großen Schritten an einigen unserer Abbildungen verfolgen: Das mittelalterliche totum in toto, wie wir es zum Beispiel aus den Bildern 3 (Biberach), 8 (Lübeck), 14 (Goslar) wahrnehmen, wird auf der neuen Front des Stadtplatzes von Graz (Bild 40), im Bild rechts vom Rathaus, von gewollter formaler Gleichartigkeit mit dem Ziel perspektivischer Wirkung verdrängt. Ein Zwischenstadium ist beispielsweise der Einbruch der »Weser-Renaissance« in Hameln (vgl. S. 103 im Text — die mit diesen Bauten begonnene Perspektivierung des ost-westlichen Hauptstraßenzuges ist in Bild 48 nur wenig zu erkennen). Die vollkommene Perspektive führten uns am klarsten die Bilder 79 bis 81 (Mannheim, Carlsruhe, Karlsruhe) vor Augen. Das Ende in Nivellierung und Schematisierung zeichnet sich bereits ab in den Bildern 82 (Ansicht aus Mannheim) und 85 (Frankfurt a. M.). Gruber zeigt als weitere Beispiele (siehe a. a. O.) den Place Vendôme und den Place des Vosges in Paris, wo die Wohnhäuser als einheitlich geformte Kulisse jeweils einem Fürstendenkmal dienen. Unser Frankfurter Beispiel (Bild 85) zeigt jedoch, daß diese Schematisierungen schon nicht mehr auf die absolutistischen Zentren beschränkt sind, sondern sogar in einem so großen Beispiel ehemals rein bürgerlicher Stadtkultur zur Norm werden. Die Endphase zu zeigen, in die solche Trennung von Wesen und Form und damit die Gestaltauflösung der bürgerlichen Welt von hier aus führt, bedarf es nicht: Wir sehen sie in allen unseren großen Städten noch heute — oft nur allzu deutlich — vor Augen. Und das nicht nur an den noch immer umfangreichen Resten der bürgerlichen Scheinwelt vor dem ersten Weltkrieg, sondern auch an manchen »neuen«, nach dem zweiten Weltkrieg errichteten Stadtbereichen, in denen nur allzu häufig die völlige Ratlosigkeit gegenüber dem Zustand unserer heutigen Gesellschaft ihren Niederschlag findet und in denen man nach der völligen Katastrophe der Perspektivischen Welt immer noch mit deren entleerten Begriffen und formalen Mitteln hantiert (schematische Straßenrandbebauung, Unterscheidung von »Straßenfront« und »Hoffront«, dreidimensionale Raumvorstellungen, die auf zufällige und somit sinnlose Blickpunkte bezogen sind, Zonen nach Geschoßzahl, Zonen nach Dachform, Festlegung von Traufhöhen und ähnliches mehr).

Wir haben einem Mißverständnis vorzubeugen: Der Aufbruch der Perspektivischen Welt, der Gestaltwandel vom Mittelalter zur Neuzeit kann kein »Modellfall« sein für die Lösung der Gegenwarts- und Zukunftsprobleme. Analogieschlüsse sind unmöglich. Die Geschichte des menschlichen Bewußtseins kennt keine Analogien, keine Wiederholungen. So konnte es uns, da wir dennoch gleich zu Beginn den unmittelbaren Bezug auf unsere Gegenwart heraufbeschworen, auch nicht um vordergründige Fakten und Abläufe gehen. Diese waren uns Anlaß und Mittel, den hinter äußeren Erscheinungen, hinter den »Ebenbildern« stehenden ganzheitlichen Zusammenhängen aller aus dem jeweiligen gesellschaftlichen Bewußtsein wirkenden Kräfte nachzugehen. Und wenn es gelingen sollte, dieser hintergründigen, vielschichtigen ganzheitlichen Zusammenhänge wieder bewußt zu werden — was ja bedeutet, den Werdegang unseres eigenen gesellschaftlichen Selbstbewußtseins zu realisieren —, dann haben wir darin den Ausgangspunkt der unmittelbaren Beziehung dieser Bewußtseinsgeschichte zu unseren Gegenwarts- und Zukunftsproblemen. Denn diese sind vor allem Probleme des gesellschaftlichen B e w u ß t w e r d e n s, der Erspürung des Wesens gegenwärtiger und zukünftiger Gesellschaft, ihrer Maßstäbe, woher auch immer sie diese beziehen mag, ihres Charakters, wie immer dieser geartet sein mag. Es sind Probleme der Beseitigung von Vorurteilen und Halbwahrheiten, der Beseitigung von rudimentären perspektivischen Vorstellungen, der Verwirklichung neuer Dimensionen, der Realisierung bewußt seinsgeschichtlicher Wahrheit, welcher Art auch immer sie sein mag.

Es war unser Ziel, aus der Darstellung eines als Beispiel gewählten Strukturwandels, des Aufbruchs der Perspektivischen Welt, eindringlich bewußt zu machen, daß Stadtgestalt nur dort zu werden vermag, wo aus dem gesellschaftlichen Bewußtsein heraus Wesen und Form sich zu ihr vereinigen. Das Mittelalter vollzog seine Gestalt »selbstverständlich« aus dem ordo heraus — mit der gleichen Selbstverständlichkeit, mit der es die Gestalt seiner romanischen und gotischen Kirchen vollbrachte. In der Perspektivischen Welt wurde alle Gestalt aus dem individuellen Willen heraus vorgestellt. Heute ist die Perspektivische Welt zusammengebrochen. Ihre gesellschaftliche Ordnung und ihr gesellschaftliches Bewußtsein sind dahin.

Ihre Gestalt gehört der Geschichte an. Wer und was soll heute, hinter dem Ende der Neuzeit, neue Gestalt vollziehen und woher? Welches ist das Wesen, welches die Form, aus denen neue Gestalt überhaupt vollziehbar wird?
Die Gegenwärtigung des ebenbildlichen Verhältnisses von Stadt und Gesellschaft, von baulicher und sozialer Gestalt der Stadt, das Erkennen eines auf dieser ebenbildlichen Entsprechung beruhenden Gestaltbegriffes schließt die Möglichkeit aus, daß Stadtgestalt irgendwann irgendwo aus dem bloßen Experiment mit der Form werden könnte. Daraus kann bestenfalls eine Mode entstehen, niemals aber Gestalt. So ist es unumgänglich, das Wesen zu ergründen, das, mit neuer Form vereinigt, zu neuer Gestalt vollziehbar werden kann. Die Frage nach dem Wesen aber ist auf dem Aspekt der Stadtgestalt gleichbedeutend mit der Frage nach dem gesellschaftlichen Bewußtsein.
Wir wollten eine vertiefte Grundlage dafür geben, diese Frage aufzuwerfen. Ihr nachzugehen, sie immer wieder unter allen Aspekten zu prüfen, sie möglicherweise schließlich einer Antwort zuzuführen, ist — wir sagten es eingangs — ein weites Feld und bedarf der Anstrengung, der gemeinsamen oder doch eng korrespondierenden Anstrengung aller, die gegenwärtiges und zukünftiges menschliches Miteinanderleben zum Gegenstand ihres Denkens machen. Aber die Frage selbst türmt bereits vor allen Beteiligten die große Verantwortung auf, der wir in der pragmatischen Selbstgefälligkeit unserer einseitig materialisierten Scheinwelt bisher so wenig genügen.
Wie lange noch?

Literatur

Below, Georg v.: »Die Entstehung der deutschen Stadtgemeinde«. Düsseldorf, Voss & Co., 1889.
Below, Georg v.: »Das ältere deutsche Städtewesen und Bürgertum (Monographien zur Weltgeschichte 6)«. Bielefeld, Velhagen & Klasing, 2. Aufl., 1905.
Braunfels, Wolfgang: »Mittelalterliche Stadtbaukunst in der Toskana«. Berlin, Gebr.-Mann-Verlag, 1953.
Brinckmann, A. E.: »Deutsche Stadtbaukunst in der Vergangenheit«. Frankfurt a. M., Keller, 1911.
Brinkmann, Karl: »Die soziologische Dimension der Fachwissenschaften« in »Soziologie und Leben«. Tübingen, Jahrg. 1952.
Bülow, Fr., und Bernsdorf, W. (Hrsg.): »Wörterbuch der Soziologie«. Stuttgart, Enke, 1955.
Christen, A.: »Zur Entwicklungsgeschichte des Städtebaus«. Erlenbach-Zürich, Verlag für Architektur, 1946.
Conrad-Martius, Hedwig: »Der Raum«. München, Kösel-Verlag, 1958.
Fuhrmann, Karl-Heinrich: »Gründung und Grundriß der Stadt des Deutschen Ritterordens in Preußen«. Berlin, Funk, 1932.
Gebser, Jean: »Ursprung und Gegenwart«, Bd. 1: »Die Fundamente der aperspektivischen Welt«. Stuttgart, Deutsche Verlags-Anstalt, 1949.
Bd. 2: »Die Manifestationen der aperspektivischen Welt«. Stuttgart, Deutsche Verlags-Anstalt, 1953.
Gebser, Jean: »Abendländische Wandlungen«. Lizenzausg. bei Ullstein, Berlin 1956.
Geiger, Theodor: »Gesellschaft« in »Handwörterbuch der Soziologie«, hrsg. von Alfred Vierkandt, siehe dort.
Griep, H. G.: »Das Bürgerhaus in Goslar«. Tübingen, Wasmuth, 1959.
Gruber, Karl: »Die Gestalt der deutschen Stadt — ihr Wandel aus der geistigen Ordnung der Zeiten«. München, Georg D. W. Callwey, 1952.
Häring, Hugo: »Über das Geheimnis der Gestalt« in »Anmerkungen zur Zeit«, Heft 3, hrsg. v. d. Akademie der Künste, Berlin, 1957.
Hamm, Ernst: »Die deutsche Stadt im Mittelalter«. Stuttgart, Stuttgarter Verlags-Institut, 1935.
Heil, Bernhard: »Die deutschen Städte und Bürger im Mittelalter«. Stuttgart, Teubner, 3. Aufl. 1912.
Jaspers, Karl: »Vom Ursprung und Ziel der Geschichte«. München, R. Piper & Co., 3. Aufl. 1952.
Keyser, Erich (Hrsg.): »Deutsches Städtebuch, Handbuch städtischer Geschichte«. 5 Bände. Stuttgart, Kohlhammer, 1939.
Klopfer, Paul: »Das deutsche Bauern- und Bürgerhaus, seine Entwicklung und Geschichte mit Berücksichtigung des Städtebaus«. Leipzig, Kröner, 1915.

Kötzschke, P. R.: »Geschichte der ostdeutschen Kolonisation«. Leipzig, Bibliogr. Inst., 1937.
Lichtenberg, Reinhold Frh. v.: »Haus, Dorf, Stadt – zur Entwicklungsgeschichte des antiken Städtebildes«. Leipzig, R. Haupt, 1909.
Lichtwark, Alfred: »Die drei Entwicklungsphasen des deutschen Städtebaus« in »Ausgewählte Werke«. 2 Bände. Berlin, Cassirer, 1917.
Liebeschütz, H.: »Das allegorische Weltbild der heiligen Hildegard von Bingen«. Leipzig/Berlin, Teubner, 1930.
Martin, Alfred v.: »Coluccio Salutati und das humanistische Lebensideal«. Leipzig/Berlin, Teubner, 1916.
Martin, Alfred v.: »Kultursoziologie des Mittelalters« in »Handwörterbuch der Soziologie«, hrsg. v. Alfred Vierkandt, siehe dort.
Martin, Alfred v.: »Kultursoziologie der Renaissance« in »Handwörterbuch der Soziologie«, hrsg. v. Alfred Vierkandt, siehe dort.
Martin, Alfred v.: »Mittelalterliche Welt- und Lebensanschauung im Spiegel der Schriften Coluccio Salutatis«. München/Berlin, Oldenbourg, 1913.
Martin, Alfred v.: »Soziologie der Renaissance – Physiognomik und Rhythmik einer Kultur des Bürgertums«. 2. Aufl. Frankfurt a. M., Josef Knecht, 1949.
Münter, G.: »Geschichte der Idealstadt« in »Städtebau«, Jahrg. 1929.
Planitz, Hans: »Die deutsche Stadt im Mittelalter«. Graz/Köln, Böhlau, 1954.
Poland, Reisinger, Wagner: »Die antike Kultur«. Leipzig/Berlin, B. G. Teubner, 1925.
Rappaport, Philipp: »Sitten und Siedlungen im Spiegel der Zeiten«. Stuttgart, Kohlhammer, 1952.
Rose, Hans: Kommentar zu Heinrich Wölfflin: »Renaissance und Barock«, siehe dort.
Rosenau, Helen: »The Ideal City in its architectural Evolution«. London, Routledge and Kegan Paul Ltd., 1959.
Rüstow, Alexander: »Ortsbestimmung der Gegenwart«. 3 Bde. Erlenbach/Zürich, Rentsch, 1950, 1952, 1957.
Sander, Paul: »Geschichte des deutschen Städtewesens«. Bonn/Leipzig, K. Schröder, 1922 (Bremer staatswissenschaftl. Untersuchungen, Heft 6).
Scharoun, Hans: »Struktur in Raum und Zeit« in »Handbuch moderner Architektur«, hrsg. v. R. Jaspert, Berlin, Safari, 1957.
Siebenhüner, Herbert: »Das Kapitol in Rom – Idee und Gestalt«. München, Kösel-Verlag, 1954.
Siedler, Jobst: »Märkischer Städtebau im Mittelalter«. Berlin, Julius Springer, 1914.
Sombart, Werner: »Städtische Siedlungen« in »Handwörterbuch der Soziologie«, hrsg. v. Alfred Vierkandt, siehe dort.
Tönnies, Ferdinand: »Gemeinschaft und Gesellschaft« in »Handwörterbuch der Soziologie«, hrsg. v. Alfred Vierkandt, siehe dort.
Toynbee, Arnold J.: »Der Gang der Weltgeschichte«. Zürich/Wien, Europa-Verlag, 2. Aufl. 1949.
Vierkandt, Alfred: »Kleine Gesellschaftslehre«. Stuttgart, Enke, 2. Aufl. 1950.

Vierkandt, Alfred: »Handwörterbuch der Soziologie«, hrsg. v. Alfred Vierkandt, Stuttgart, Enke, 1931.
Weber, Alfred: »Kulturgeschichte als Kultursoziologie«. München, Piper, 2. Aufl. 1950.
Weber Alfred: »Kultursoziologie« in »Handwörterbuch der Soziologie«, hrsg. v. Alfred Vierkandt, siehe dort.
Weber, Max: »Die Stadt« in »Grundriß der Sozialökonomik«. Bd. III: »Wirtschaft und Gesellschaft«. Tübingen, J. C. B. Mohr, 1922.
Wiese, Leopold v.: »Beziehungssoziologie« in »Handwörterbuch der Soziologie«, hrsg. v. Alfred Vierkandt, siehe dort.
Wölfflin, Heinrich: »Renaissance und Barock, eine Untersuchung über Wesen und Entstehung des Barockstils in Italien«. München, F. Bruckmann, 1926.

Stadtbeschreibungen

Braunschweig
O. Stelzer: »Braunschweig«. München/Berlin, Deutscher Kunstverlag, 1952.
Florenz
G. Michelucci und E. Migliorini: »Firenze« in »Urbanistica«, Jahrg. 12, 1953.
Frankfurt am Main
F. Lübbecke: »Das Antlitz der Stadt, nach Frankfurts Plänen von Faber, Merian und Delkeskamp (1552–1864)«. Frankfurt a. M., Kramer, 1952.
F. Lübbecke: »Treuners Alt-Frankfurt, das Altstadtmodell im historischen Museum«. Frankfurt a. M., Kramer, 1955.
Hameln
Fritz Seifert: »Hameln, die alte Rattenfängerstadt an der Weser«. Hameln, Seifert, 1953.
Karlsruhe
Kurt Ehrenberg: »Baugeschichte von Karlsruhe (1715–1820)«. Karlsruhe, Braunsche Hofbuchdruckerei, 1908.
Lübeck
H. A. Gräbke: »Lübeck«. München/Berlin, Deutscher Kunstverlag, 1953.
München
Heinrich Kreisel: »München – die Stadt als Kunstwerk«. München/Berlin, Deutscher Kunstverlag, 1950.
Norbert Lieb: »München – Lebensbild einer Stadtkultur«. München, Callwey, 1952.
Münster i. W.
Harald Seiler: »Münster, die alte Stadt«. Münster i. W., Aschendorff, 1956.
Würzburg
Heinrich Kreisel: »Würzburg, die alte Stadt«. Berlin/München, Deutscher Kunstverlag, 1951.

Bei Fragen zur Produktsicherheit wenden Sie sich bitte an:
If you have any questions regarding product safety,
please contact:

Birkhäuser Verlag GmbH
Im Westfeld 8
4055 Basel, Schweiz
productsafety@degruyterbrill.com